Sports Physical Therapy Seminar Series ⑨

下肢の
スポーツ疾患治療の
科学的基礎：
筋・腱・骨・骨膜

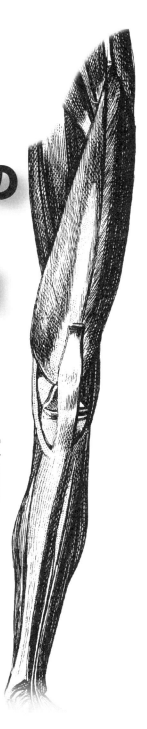

監修
早稲田大学スポーツ科学学術院教授　福林　徹
早稲田大学スポーツ科学学術院教授　金岡恒治
広島国際大学総合リハビリテーション学部准教授　蒲田和芳

編集
北翔大学生涯スポーツ学部　吉田　昌弘
横浜市スポーツ医科学センターリハビリテーション科　鈴川　仁人
北海道千歳リハビリテーション学院理学療法学科　小林　匠

NAP Limited

監　修：	福林　　徹	早稲田大学スポーツ科学学術院
	金岡　恒治	早稲田大学スポーツ科学学術院
	蒲田　和芳	広島国際大学保健医療学部総合リハビリテーション学科
編　集：	吉田　昌弘	北翔大学生涯スポーツ学部スポーツ教育学科
	鈴川　仁人	横浜市スポーツ医科学センターリハビリテーション科
	小林　　匠	北海道千歳リハビリテーション学院理学療法学科
	蒲田　和芳	広島国際大学保健医療学部総合リハビリテーション学科
執筆者：	池田　祐真	札幌医科大学大学院保健医療学研究科理学療法学・作業療法学専攻 帯広整形外科リハビリテーション科
	伊藤　　雄	朋仁会整形外科北新病院リハビリテーション科
	野村　勇輝	札幌医科大学大学院保健医療学研究科理学療法学・作業療法学専攻
	本村　遼介	札幌医科大学大学院保健医療学研究科理学療法学・作業療法学専攻
	真木　伸一	目白整形外科内科
	宮田　　徹	相模原協同病院リハビリテーション室
	来住野麻美	横浜市スポーツ医科学センターリハビリテーション科
	井上　夏香	八王子スポーツ整形外科リハビリテーションセンター
	生田　　太	下北沢病院膝ラボ 広島国際大学大学院医療・福祉科学研究科医療工学専攻
	是澤　晃平	三条整形外科スポーツクリニック
	坂　　雅之	広島国際大学大学院医療・福祉科学研究科医療工学専攻
	濱田　孝喜	貞松病院リハビリテーション科
	伊藤　一也	貞松病院リハビリテーション科
	永野　康治	新潟医療福祉大学健康科学部健康スポーツ学科
	東原　綾子	日本学術振興会特別研究員
	高橋佐江子	国立スポーツ科学センタースポーツ科学研究部
	吉村　直心	やまぎわ整形外科

注意：すべての学問と同様，医学も絶え間なく進歩しています．研究や臨床的経験によってわれわれの知識が広がるに従い，方法などについて修正が必要になります．本書で扱ったテーマに関しても同じことがいえます．本書では，発刊された時点での知識水準に対応するよう著者および出版社は十分な注意をはらいましたが，過誤および医学上の変更の可能性を考慮し，著者，出版社および本書の出版にかかわったすべての者が，本書の情報がすべての面で正確，あるいは完全であることを保証できませんし，本書の情報を使用したいかなる結果，過誤および遺漏の責任も負えません．読者が何か不確かさや誤りに気づかれたら出版社にご一報くださいますようお願いいたします．

巻　頭　言

　下肢のスポーツ疾患の治療に関する科学的なエビデンスがこの本に集約されています。多くの研究者がスポーツにおける障害・外傷を予防するために，またヒトの身体機能を解明するために行ってきた研究から得られたさまざまな知見が詰まったすばらしい内容になっています。

　ここに知識は集約されました。しかし，あなたが知識を得ただけでは何も変わりません。本書で得た知識を使って，実際のスポーツ現場に活かしていくトレーナーもいるでしょうし，本書で得た知識から新たな仮説を立ててさらに研究を深めていく研究者もいるでしょう。今年の大河ドラマ"花燃ゆ"のなかで吉田松陰先生は，"知行合一，知識だけでは意味が無い，行いを伴ってこそ，その知識には意味がある！"と強く述べています。

　知識を行動に活かすためにはどうすればよいのでしょう。それは，その知識を鵜呑みにするのではなく，まずは自分の目の前に起きている事実と照らし合わせて合理的かどうかを考えましょう。臨床面では自分の患者さんの病態や介入結果と比べてみて，その知識が受け入れられるかどうか，検証してみましょう。このとき，あなたには多くの情報を受け入れる寛容さと，それを冷静に分析する知性が求められます。それが正しくできるかどうかがその知識を生かせるかどうかの分かれ道です。知性の足りない人はもっと物事をよく考えることからはじめる必要があります。松陰先生のような，しかるべき師に就いて勉強し直してください。

　得られた知識が合理的で受け入れられるようなら，次は臨床面で応用してみて，その結果を自分で評価してみましょう。その結果がいままでよりよければその知識は自分の経験のひとつとして，自分の力として永遠に残ります。

　このように知識を取捨選択し，実践していくことで，正しい情報，人の役に立つ重要な知識のみが生き残っていきます。臨床への応用はある意味で実験です。臨床家の皆さんも研究者の皆さんも新しい知見を求めて，自分の知性を高めていくよう行動していきましょう。

2015年2月

早稲田大学スポーツ科学学術院　教授　金岡　恒治

SPTSシリーズ第9巻
発刊によせて

　SPTSはその名の通り"Sports Physical Therapy"を深く勉強することを目的とし，2004年12月から企画が開始された勉強会です。横浜市スポーツ医科学センターのスタッフが事務局を担当し，2005年3月の第1回SPTSから現在までに10回のセミナーが開催されました。これまでSPTSの運営にご協力くださいました関係各位に心より御礼申し上げます。そして，この度，SPTSシリーズ第9巻を発刊させていただく運びとなりました。

　本書は2013年3月に開催された第9回SPTS「下肢のスポーツ疾患治療の科学的基礎：筋・腱・骨・骨膜」における発表を文章化したものです。文献検索は，セミナー発表準備時期である2013年1月前後に行われ，さらに本書の原稿執筆時期である2013年4〜8月ころに追加検索が行われました。したがって，本書には2013年夏ころまでの文献レビューが記載されています。

　本書では，下肢に発生するスポーツ疾患のうち，関節疾患を除き，筋・腱・骨・骨膜に主症状を呈する疾患についての文献調査を行いました。このなかには，肉ばなれ，腱炎（腱症），疲労骨折，骨膜炎などが含まれます。いずれもスポーツ現場で多発し，また予定されたスケジュール通りに治療が進まないことが多く，治療プロトコルが確立されていない疾患ばかりです。文献的に無作為化対照研究やメタ分析によって十分なエビデンスは得られないにしても，既知の情報を集約し，次の研究課題を明確にすることは今後の研究に役立つはずです。また，既知の情報を踏まえて現在の治療を見直す必要性に迫られることもあると思われます。最終章には「私の治療法」として3名の著者の治療法を紹介していただきました。いずれも，各先生が実際に行われている運動機能の詳細な評価と機能改善のための治療法を詳しく紹介していただきましたので，スポーツ現場でも活用していただけることと思います。

　本書が，下肢のスポーツ疾患に携わるすべての医療従事者，アスレティックトレーナー，研究者のパートナーとなることを祈念しております。臨床家はもとより，論文執筆中の方，研究結果から臨床的なアイデアの裏づけを得たい方，そしてこれからスポーツ理学療法の専門家として歩み出そうとする学生や新人理学療法士など，多数の方々のお役に立つものと考えております。本書が幅広い目的で，多くの方々にご活用いただけることを念願いたします。

　末尾になりますが，SPTSの参加者，発表者，座長そして本書の執筆者および編者の方々，事務局を担当してくださいました横浜市スポーツ医科学センタースタッフに深く感謝の意を表します。

2015年2月

広島国際大学保健医療学部総合リハビリテーション学科　蒲田　和芳

【SPTS について】

　SPTS は何のためにあるのか？　SPTS のような個人的な勉強会において，出発点を見失うことは存在意義そのものを見失うことにつながります。それを防ぐためにも，敢えて出発点にこだわりたいと思います。その質問への私なりの短い回答は「Sports Physical Therapy を実践する治療者に，専門分野のグローバルスタンダードを理解するための勉強の場を提供する」ということになるでしょうか。これを誤解がないように少し詳しく述べると次のようになります。

　日本国内にも優れた研究や臨床は多数存在しますし，SPTS はそれを否定するものではありません。しかし，"井の中の蛙"にならないためには世界の研究者や臨床家と専門分野の知識や歴史観を共有する必要があります。残念なことに"グローバルスタンダード"という言葉は，地域や国家あるいは民族の独自性を否定するものと理解される場合があります。もしも誰かが1つの価値観を世界に押し付けている場合には，その価値観や情報に対して警戒心を抱かざるを得ません。一方，世界が求めるスタンダードな知識（または価値）を世界中の仲間たちとつくり上げようとするプロセスでは，最新情報を共有することによって誰もが貢献することができます。SPTS は，日本にいながら世界から集められた知識に手を伸ばし，そこから偏りなく情報を収集し，その歴史や現状を正しく理解し，世界の同業者と同じ知識を共有することを目的としています。

　世界の医科学の動向を把握するにはインターネット上での文献検索が最も有効かつ効果的です。また情報を世界に発信するためには，世界中の研究者がアクセスできる情報を基盤とした議論を展開しなければなりません。そのためには，Medline などの国際論文を対象とした検索エンジンを用いた文献検索を行います。Medline がアメリカの NIH から提供される以上，そこには地理的・言語的な偏りが既に存在しますが，これが知識のバイアスとならないよう読者であるわれわれ自身に配慮が必要となります。

　では，SPTS は誰のためにあるのか？　その回答は，「Sports Physical Therapy の恩恵を受けるすべての患者様（スポーツ選手，スポーツ愛好者など）」であることは明白です。したがって，SPTS への対象（参加者）はこれらの患者様の治療にかかわるすべての治療者ということになります。このため，SPTS は，資格や専門領域の制限を設けず，科学を基盤としてスポーツ理学療法の最新の知識を積極的に得たいという意思のある方すべてを対象としております。その際，職種の枠を超えた知識の共通化を果たすうえで，職種別の職域や技術にとらわれず，"サイエンス"を1つの共通語と位置づけたコミュニケーションが必要となります。

　最後に，"今後 SPTS は何をすべきか"について考えたいと思います。当面，年1回のセミナー開催を基本とし，できる限り自発的な意思を尊重してセミナーの内容や発表者を決めていく形で続けていけたらと考えております。また，スポーツ理学療法に関するアイデアや臨床例を通じて，すぐに臨床に役立つ知識や技術を共有する場として，「クリニカルスポーツ理学療法（CSPT）」を開催しております。そして，SPTS の本質的な目標として，外傷やその後遺症に苦しむアスリートの再生が，全国的にシステマティックに進められるような情報交換のシステムづくりを進めて参りたいと考えています。今後，SPTS に関する情報はウェブサイト（http://SPTS.ortho-pt.com）にて公開いたします。本書を手にされた皆様にも積極的にご閲覧・ご参加いただけることを強く願っております。

もくじ

第1章 筋障害（編集：吉田　昌宏）

1.	ハムストリングスの肉ばなれ	（池田　祐真）	3
2.	大腿四頭筋の肉ばなれ	（伊藤　雄）	15
3.	下腿の肉ばなれ	（野村　勇輝）	22
4.	下腿コンパートメント症候群	（野村　勇輝）	26
5.	筋挫傷	（本村　遼介）	29

第2章 腱障害（編集：鈴川　仁人）

6.	アキレス腱炎	（真木　伸一）	39
7.	膝蓋腱炎	（宮田　徹）	50
8.	鵞足炎	（来住野麻美）	61
9.	腸脛靱帯炎	（井上　夏香）	67

第3章 疲労骨折・骨膜炎（編集：小林　匠）

10.	大腿骨疲労骨折	（生田　太）	77
11.	膝蓋骨疲労骨折	（是澤　晃平）	86
12.	下腿疲労骨折	（坂　雅之）	91
13.	シンスプリント	（濱田　孝喜 他）	105

第4章 下肢のスポーツ疾患の私の治療法（編集：蒲田　和芳）

14.	スプリント動作の特徴からみたハムストリングス肉ばなれの危険因子とリハビリテーション	（永野　康治 他）	119
15.	腱障害（アキレス腱症）の治療	（高橋佐江子）	128
16.	疲労骨折・骨膜炎の治療	（吉村　直心）	140

第1章
筋障害

　スポーツ現場において，肉ばなれをはじめとする筋障害の発生頻度は高い。ほとんどの筋障害は，観血的治療ではなく保存療法が適用される。このため，治療に携わる理学療法士やトレーナーの適切な評価およびプログラムの組み立てが，安全かつ迅速な競技復帰を実現するために必要とされる。

　スポーツ外傷・障害の病態を捉えるためには，理学所見がきわめて重要である。しかしながら，損傷部位が深部である場合や広範囲にわたるケースなどでは，理学所見の情報のみから病態を正確に把握することは難しい。特に重症例では，正確な損傷部位，程度を把握するために画像所見は欠かすことができない。近年の筋障害の画像所見に関する研究によると，理学所見のみでは把握しきれないさまざまな損傷パターンがある。いくつかの報告では，画像所見と理学所見の評価結果が一致していない可能性があると指摘された。理学療法士やトレーナーには，画像所見に関する科学的知見を踏まえながら，各種評価・治療プログラムの精度を高めることが求められる。

　近年の研究を整理すると，筋障害の治療および予防介入に関する報告は少数であり，発生頻度の高いハムストリングスの肉ばなれに関する研究も少ない。これは受傷機転が十分に明らかになっていないためであると考えられる。肉ばなれのメカニズムに関して，三次元動作解析を用いた筋骨格シミュレーションによって筋長や伸張率などを算出し，受傷機転を明らかにする試みがみられる。現時点で，筋骨格シミュレーションを実施している研究グループは少数であり，測定機器の精度などに課題があるため十分なエビデンスが得られているとはいえない。しかしながら，筋骨格シミュレーションは筋障害の研究において今後の重要なトピックスとなると考えられる。

　本章では，スポーツで発生する筋障害のうち，ハムストリングス，大腿四頭筋および下腿の肉ばなれ，慢性コンパートメント症候群，筋挫傷，およびこれらの疾患に付随する合併症について文献的検討を行った。それぞれの疾患について，疫学，病態，臨床症状，発生メカニズム，診断・評価，治療に関する知見を整理した。また，治療に関する知見については，生体内および動物実験のデータも取り扱い，治癒過程に関する生理的メカニズムを整理した。これらの文献情報から，各種筋障害の病態，評価・診断および治療のコンセンサスと今後の研究課題を導きたい。

第1章編集担当：吉田　昌弘

1. ハムストリングスの肉ばなれ

はじめに

　下肢筋の肉ばなれはさまざまな競技で発生するスポーツ外傷であり、その発生率は6〜46％と高い[1〜15]。ハムストリングスの肉ばなれは下肢筋の肉ばなれのなかで最も多く、特にスプリント動作を含む競技で高頻度に発生する。その疫学や発生メカニズム解明のために多くの報告がある。本項では、ハムストリングスの肉ばなれの疫学、病態、重症度の予測、そしてリハビリテーションや予防プログラムについて文献レビューを行い、最新の情報を整理する。

A. 文献検索方法

　文献検索にはPubMedを利用し、2013年5月の時点で検索をした。「sports injury」「hamstring」「hamstrings」「strain」「injury」「epidemiology」「biomechanics」をキーワードとして検索し、今回のテーマに関連する文献を選択した。また、ハンドサーチにて、今回のテーマに関連するものも適宜加え、合計51論文をレビューした。

B. 疫学

1. 肉ばなれの発生率

　2004年の夏季オリンピックアテネ大会おける傷害調査によると、全傷害377例のうち下肢筋の肉ばなれの発生率は10％であり、筋挫傷46％、捻挫13％に次ぐ3番目に高い発生率であった[11]。2008年北京大会では、全傷害1,055例のうち大腿部の肉ばなれの発生率は6.8％であり、足関節捻挫7.3％に次ぐ2番目に高い発生率であった[10]。冬季競技における傷害調査によると、2010年の冬季オリンピックバンクーバー大会では、全傷害287例のうち下肢筋の肉ばなれは12.6％（女性8.1％、男性16.3％）であり、筋挫傷27.8％（女性31.6％、男性25.5％）、捻挫17.7％（女性19.8％、男性10.6％）に次ぐ3番目に高い発生率であった[9]。2012年に開催された第1回冬季ユースオリンピック大会でも同様に、全傷害111例のうち肉ばなれの発生率は10％と、筋挫傷39.8％、捻挫18％に次ぐ3番目に高い発生率であった[14]。以上より、肉ばなれは夏季競技、冬季競技のいずれの種目においても発生率の高いスポーツ外傷であると考えられる。

　種目別に調査された疫学データは多数報告されてきた。サッカーにおける肉ばなれの発生率は21〜35％であり、肉ばなれはサッカーにおいて最も高い発生率を示す傷害の1つであった（**表1-1**）[6〜8, 12, 13, 15]。ラグビーでは、Bathgateら[4]による1994〜2000年の期間でのオーストラリア代表選手の傷害調査の結果、ハムストリングスの筋腱移行部の損傷は20.3％であった。また、Bestら[5]によると、2003年のラグビーワールドカップにおける肉ばなれは傷害全体の7.9％であった。Feeleyら[16]によるアメリカンフットボールでは、1998〜2007年のトレーニングキャンプ、プレシーズンゲームの傷害発生の結果、肉ばなれはトレーニングキャンプにおいて全傷害の

第1章 筋障害

表1-1 サッカーの外傷調査における肉ばなれ発生率

報告者	調査期間	研究方法	対象	対象人数	発生率
Ekstrand ら [7]	1シーズン	前向き	スウェーデン，アマチュア	180人	25%
Nielsen ら [13]	1シーズン	前向き	デンマーク，アマチュア	123人	21%
Lüthje ら [12]	1シーズン	前向き	フィンランド，トップリーグ	263人	31%
Volpi ら [15]	5シーズン（1995～2000年）	調査	イタリア，プロリーグ	—	30.7%
Dvorak ら [6]	2006年W杯	調査	2006年W杯	—	15%
Ekstrand ら [8]	7シーズン（2001～2008年）	前向き	ヨーロッパ，プロリーグ	2,226人	35%

46%と，最高の発生率であった。また，プレシーズンゲームでは，全傷害の22%と2番目に多い傷害であった。陸上競技においては，世界陸上競技選手権大会における傷害調査において，肉ばなれの発生率は2007年には全傷害の25.8%[2]，2009年には全障害の20.1%[3]，2011年には全障害の30.9%[1]と，いずれの大会においても最も多発した。以上より，単一競技を対象にした疫学調査においても，下肢筋の肉ばなれは発生頻度の高いスポーツ外傷の1つであるといえる。

2. 肉ばなれの筋別発生率

サッカーにおける肉ばなれの好発筋についての疫学データは，多くの論文に記載されている。Volpiら[15]によるイタリアのプロサッカー選手を対象とした調査の結果，5シーズンに発生した肉ばなれ103例の罹患筋別の発生率は，大腿四頭筋32.0%（33例），ハムストリングス28.1%（29例），股関節内転筋群19.4%（20例），腓腹筋12.6%（13例），腹筋群2.9%（3例），縫工筋・殿筋群・腸腰筋合わせて4.9%（5例）であった。Ekstrandら[17]によるヨーロッパプロサッカー選手を対象にした調査では，最大8シーズンで発生した下肢肉ばなれ2,908例の筋別の発生率は，ハムストリングス37%（1,084例），内転筋群23%（672例），大腿四頭筋17%（485），下腿三頭筋13%（368例）であった。また，試合中における1,000時間あたりの肉ばなれ発生率は，ハムストリングス3.70件/1,000 athlete exposures (AE)（95%CI：3.43, 3.99），内転筋群2.00件/1,000 AE（95%CI：1.80, 2.22），大腿四頭筋1.15件/1,000 AE（95%CI：1.00, 1.32），下腿三頭筋1.04件/1,000 AE（95%CI：0.90, 1.20）であった。一方，練習中における1,000時間あたりの肉ばなれ発生率は，ハムストリングス0.43件/1,000 AE（95%CI：0.39, 0.47），内転筋群0.32件/1,000 AE（95%CI：0.29, 0.36），大腿四頭筋0.28件/1,000 AE（95%CI：0.25, 0.32），下腿三頭筋0.18/1,000 AE（95%CI：0.16, 0.21）であった。

サッカー以外ではアメリカンフットボールや陸上競技についての疫学データが存在する。Feeleyら[16]は，National Football League (NFL)の1チームを対象とした10シーズンの調査において，練習1,000時間あたりの肉ばなれ発生率は，ハムストリングス1.79件/1,000 AE，内転筋群0.70件/1,000 AE，大腿四頭筋0.60件/1,000 AE，股関節屈筋群0.60件/1,000 AE，殿筋群0.12件/1,000 AE であったと報告した。さらに，試合中における1,000時間あたりの肉ばなれ発生率は，ハムストリングスで4.07件/1,000 AE，内転筋群で1.63件/1,000 AE，大腿四頭筋で1.08件/1,000 AE，股関節屈筋群で1.08件/1,000 AE，殿筋群で0.00件/1,000 AE であった。一方，陸上競技においては，Alonsoら[1]による2011年世界陸上競技選手権大会の調

表1-2 ハムストリングス内の筋別肉ばなれ発生率

報告者	競技	受傷機転	単独損傷				複合損傷
			大腿二頭筋長頭	大腿二頭筋短頭	半膜様筋	半腱様筋	大腿二頭筋長頭＋半腱様筋
Ekstrandら[21]	サッカー	スプリント(70%)	84%	11%	5%	—	—
Cohenら[20]	アメリカンフットボール	スプリント(68.2%)	65.8%	13.2%	34.2%	31.6%	24%
Koulourisら[22]	アメリカンフットボール	—	84%	10%	6%	—	—
Asklingら[19]	陸上	スプリント	100%	—	—	—	—
Asklingら[24]	多競技	過剰な伸張	10%		83%	20%	—
Asklingら[23]	ダンス	過剰な伸張	—		87%	—	—

ハムストリングス以外の肉ばなれを除いて作成.

査の結果,ハムストリングスの肉ばなれは,報告された全傷害248例中39例(15.7%)と,最多であった.以上より,ハムストリングスの肉ばなれは,スプリント動作を行う競技において,下肢肉ばなれのなかでも最も高い発生率を示す傷害であることが推察される.

3. ハムストリングス内の筋別発生頻度

ハムストリングスは半腱様筋,半膜様筋,そして長頭・短頭の大腿二頭筋から構成される筋群である.Heiderscheitら[18]は,ハムストリングス肉ばなれを2つの受傷機転に分類した.1つは最大速度での走動作であるスプリント動作における受傷,もう1つは過剰な股関節屈曲,膝関節伸展により生じる過伸張(ストレッチングタイプ)による受傷である.スプリント動作では大腿二頭筋長頭が損傷し[19~22],過剰な伸張による損傷では半膜様筋が多く損傷する[23,24]ことが報告された(表2-2).

C. 病態

1. 各筋内の損傷部位とその解剖学的特徴

1)大腿二頭筋

肉ばなれを受傷した大腿二頭筋内の損傷部位の詳細が,MRIを用いて分析されてきた.Asklingら[19]によると,肉ばなれを受傷した大腿二頭筋18例のうち,近位筋腱移行部を含む損傷が16例であった.Koulourisら[25]によると,124例の肉ばなれを受傷した大腿二頭筋のうち,76例が筋腱移行部での損傷であった.De Smetら[26]によると,肉ばなれを受傷した大腿二頭筋11例のうち,7例が近位筋腱移行部での損傷であり,ほかの4例は遠位筋内腱との筋腱移行部での損傷であった.以上より,大腿二頭筋肉ばなれは筋腱移行部での損傷が多く,特に近位部での損傷が多いことが示唆される.

大腿二頭筋長頭の近位筋腱移行部の腱膜は,半膜様筋,半腱様筋と異なり,遠位の腱膜と比較して細いという解剖学的特徴が報告された[27~29].Rehornら[28]は,MRI画像から大腿二頭筋長頭の三次元有限要素モデルを作成し,腱膜が大腿二頭筋の伸張に与える影響を計算した.その結果,遠位と比較して近位の腱膜が細いほど,近位筋腱移行部の伸張率が大きかった.Fiorentinoら[27]は,MRI画像から近位腱膜の幅には5.8 ± 1.8 mm($3.1～9.2$ mm)と個人差があることを報告した.さらに,細い近位腱膜は太い近位腱膜と比較して,遠心性収縮時ではより伸張されやすかった(0.26 ± 0.15 vs. 0.14 ± 0.04, $p<0.05$).

以上より，大腿二頭筋肉ばなれが近位筋腱移行部に好発する理由として，大腿二頭筋長頭の近位筋膜が細いという解剖学的特徴があげられる。また，大腿二頭筋の近位筋膜厚の個人差が報告された[27]。以上より，特に細い大腿二頭筋近位腱膜をもつ選手は，大腿二頭筋長頭肉ばなれのリスクが高い可能性がある。

2）半膜様筋

半膜様筋内での損傷部位の詳細がMRIを用いて分析されてきた。受傷機転がストレッチングタイプによる損傷であることが明らかな場合，全例で近位遊離腱（proximal free tendon）の損傷を含んでいたと報告された[23, 24]。一方，アメリカンフットボール選手を対象とした研究において，受傷機転の多くがスプリント動作（68.2％）であり，受傷部位の多くが近位筋腱移行部であったと報告された[20]。Koulourisら[25]は，医療機関を受診したハムストリングス肉ばなれ症例154例を対象とし，ハムストリングス各筋の肉ばなれ発生率を調査した。その結果，半膜様筋の損傷は21例であり，そのうち16例は筋腹中央での損傷，残り5例は遠位1/3での損傷であった。このことから，受傷機転がストレッチングタイプである半膜様筋の肉ばなれの多くは，近位遊離腱に発生することについては一定のコンセンサスが得られているが，ストレッチングタイプの受傷のメカニズムについては十分解明されていない。また，その他の受傷機転と損傷部位との関連性について一定の見解は得られていない。

3）半腱様筋

半腱様筋内の損傷部位もMRIにて検討されてきた。De Smetら[26]は，全肉ばなれ15例中8例で半腱様筋の損傷を認め，単独損傷であった3例のうち1例は近位筋内腱部の筋腱移行部，2例は遠位筋腱移行部での損傷であったと報告した。さらに，その他の5例はすべて大腿二頭筋長頭の肉ばなれを合併しており，そのすべてが半腱様筋の近位筋腱移行部での損傷であったと報告した。Koulourisら[25]は，全肉ばなれ154例中9例で半腱様筋の損傷を認め，そのうち8例が中央1/3，1例が大腿二頭筋長頭の肉ばなれとの合併損傷であったと報告した。Cohenら[20]は，38例中12例で半腱様筋の損傷を認め，そのうち9例は大腿二頭筋肉ばなれとの合併損傷であり，損傷部位は近位接合部での損傷であったと報告した。以上より，半腱様筋は大腿二頭筋との合併損傷が多く，その際には近位筋腱移行部での受傷であることが示唆される。

半腱様筋と大腿二頭筋長頭との合併損傷が多い理由として，半腱様筋と大腿二頭筋長頭は起始部において共同腱をもつという解剖学的特徴が指摘された[29, 30]。Battermannら[30]は，101体の屍体下肢を用いてハムストリングスの解剖学的特徴を調査した結果から，半腱様筋は共同腱に対し羽状角をもって分岐しており，遠心性収縮時に対して損傷しやすいと推察した。また，大腿二頭筋長頭の線維は共同腱の坐骨結節から5.7±1.5 cm離れた位置からのみ分岐していた。以上より，半腱様筋の複雑な解剖学的特徴から，近位大腿二頭筋肉ばなれと診断される症例の一部には半腱様筋との共同腱での損傷が含まれていた可能性がある。

2. 受傷メカニズム解析

肉ばなれの受傷メカニズムに関して，ランニング，スプリント動作についての研究は多いが，ストレッチングタイプの受傷メカニズムの研究は見当たらない。そこで，スプリント動作における肉ばなれの受傷メカニズムについて整理する。

スプリント動作時の受傷メカニズムの解析では，三次元動作解析を用いた筋骨格シミュレーションが用いられている[31~35]。スプリント動作中

1. ハムストリングスの肉ばなれ

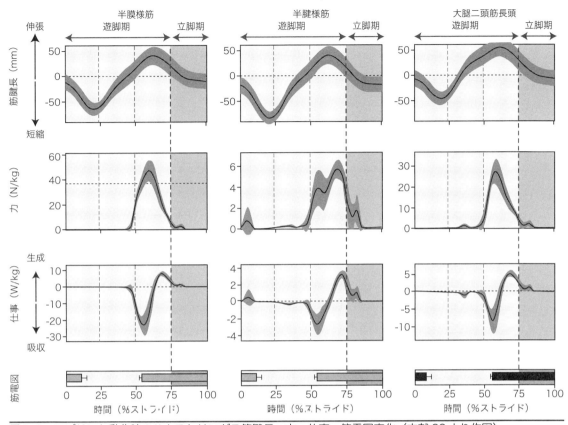

図1-1 スプリント動作時のハムストリングス筋腱長,力,仕事,筋電図変化(文献33より作図)

のハムストリングス(大腿二頭筋,半膜様筋,半腱様筋)の筋腱長の推定結果によると,ハムストリングスは遊脚期後半の接地直前で最も伸張されていた(**図1-1**)[31,33,34]。また,大腿二頭筋の伸張率は半膜様筋,半腱様筋と比較して大きかった(**図1-2**)[32~34]。筋電図学的検討によると,ハムストリングスの筋活動は遊脚期後半の接地直前から立脚初期にかけて高い(**図1-1**)[33,35,36]。遊脚期後半の接地直前では,ハムストリングスは伸張されつつ伸張性筋力を発揮し,負の仕事(negative work)を担う(**図1-1**)[33,35,37]。以上より,ハムストリングスは遊脚期後半の接地直前において,肉ばなれが発生するリスクが高い可能性がある。また,大腿二頭筋の受傷率が高い理由として,その伸張率がほかの筋よりも大きいためと推察されている。

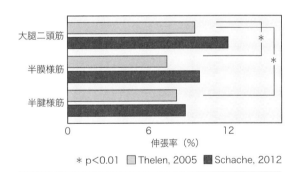

図1-2 スプリント動作での筋腱伸張率(文献33,34より作図)
大腿二頭筋の伸張率は半膜様筋,半腱様筋と比較して大きかった。

Heiderscheitら[32]は,スプリント動作解析中に発生した大腿二頭筋長頭の近位筋腱移行部での肉ばなれについて,関節運動ならびに筋長変化を分析した。その結果,トレッドミルランニング(5.36 m/s,15°傾斜)中,遊脚後期(接地直

7

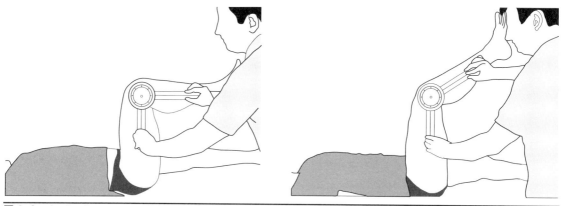

図1-3 Active knee extension test（文献38より作図）
背臥位，股関節屈曲90°，膝関節屈曲90°位から自動膝伸展した際の膝関節伸展制限角度を測定する。

表1-3 Active knee extension testと競技復帰までのリハビリテーション期間（文献38, 39より引用）

グレード	伸展角度不足	競技復帰までのリハビリテーション期間
I	10°未満	6.9 ± 2.0 日
II	10〜19°	11.7 ± 2.4 日
III	20〜29°	25.4 ± 6.2 日
IV	30°以上	55.0 ± 13.5 日

前）の遠心性収縮時に肉ばなれが発生したことが示唆された。受傷側の遊脚期の股関節伸展および膝関節屈曲モーメントは，非受傷側と比較してそれぞれ22％および12％大きかった。また，大腿二頭筋の伸張率の変化は半腱様筋，半膜様筋と比較して最大であった。この研究により，スプリント動作中の大腿二頭筋肉ばなれは遊脚期後半の接地直前に起こると信じられるようになった。

D. 重症度予測

1. 理学所見による重症度予測

Malliaropoulosら[38〜40]は，背臥位，股関節屈曲90°，膝関節屈曲90°位から自動膝伸展した際の膝関節伸展制限角度から重症度を4段階に分類するactive knee extension test（図1-3）の結果と復帰までのリハビリテーション期間との関係を分析した。その結果，膝関節伸展の制限角度と競技復帰までに要したリハビリテーション期間と強い相関関係があり（r=0.830）[39]，各グレードのリハビリテーション期間に有意差があった（p＜0.001）[39]（表1-3）。以上より，active knee extension testはハムストリングス肉ばなれの重症度を反映する可能性が示唆された。

2. MRI画像所見による重症度予測

Connellら[42]は，スプリント動作において肉ばなれを発症した60症例について，MRIで計測した筋損傷長と競技復帰までの日数との関係をスピアマンの順位相関係数を用いて分析した。その結果，筋損傷長と競技復帰日数との間に有意な相関関係があった（r=0.58, p＜0.0001）（図1-4）。Koulourisら[22]は，同シーズン内に再受傷した選手のMRI画像から，再受傷した10名中9名において筋損傷長が60 mmを超えていたと報告した。以上より，MRIによる筋損傷長は競技復帰までの予後予測を可能とし，また損傷長が60 mmを超える場合には再受傷の危険性が高くなる可能性が示唆された。

Asklingら[19]は，スプリント動作により肉ばなれを受傷した選手のMRI画像による損傷部位と競技復帰までの期間の関係を分析した。その結

1. ハムストリングスの肉ばなれ

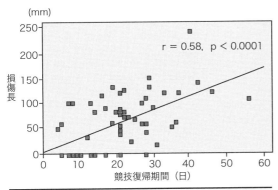

図1-4 筋損傷長と競技復帰期間の関係（文献42より引用）
筋損傷長と競技復帰日数との間に有意な相関関係がある。

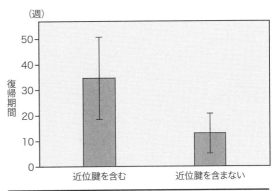

図1-5 損傷部位と競技復帰期間の関係（文献19より引用）
近位遊離腱を含む損傷の場合，含まない損傷と比較し競技復帰までの期間が有意（p=0.009）に延長した。

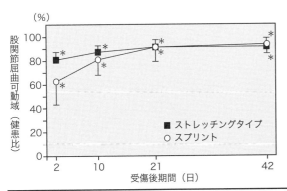

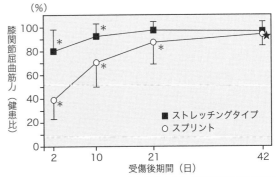

図1-6 ハムストリングス肉ばなれ受傷後期間とSLRによる股関節可動域，膝関節屈曲筋力の関係（健患比）（文献43より引用）
受傷後早期ではスプリント群の低下が著明だが，受傷後42日では両群とも健側の90％程度にまで回復した。健側に比べ患側で有意に低下した（＊p＜0.05）。

果，近位遊離腱を含む損傷の場合，含まない損傷と比較し競技復帰までに有する期間が有意に延長することを報告した（p＝0.009）（図1-5）。また，近位遊離腱と近位筋腱移行部を含む損傷群と遠位筋腱移行部，遠位腱を含む損傷群とで競技復帰までに有した期間を比較した。その結果，近位遊離腱，近位筋腱移行部を含む損傷群において，競技復帰までの期間が有意に延長したと報告した（p＝0.028）[19]。以上より，近位遊離腱ならびに近位筋腱接合での損傷を含む場合，競技復帰までの期間が延長する可能性が示唆された。

3．受傷機転と重症度

Asklingら[43]は，スプリント動作で受傷した群（スプリント群）とストレッチングタイプで受傷した群（ストレッチングタイプ群）で膝関節屈曲筋力，straight leg raise（SLR）testによる股関節柔軟性の健患比，競技復帰までの期間を比較した。その結果，受傷2日後の筋力ならびに股関節柔軟性は，スプリント群がストレッチングタイプ群と比較して有意に健患比が小さいと報告した（p＜0.05）（図1-6）。その後，両群ともに受傷後42日で健患比が90％を超えると報告した。しかしながら，競技復帰までの期間はスプリント群で平均16週（6〜50週），ストレッチングタ

表1-4 PATS群，PRES群の競技復帰期間とその時期における筋力，柔軟性（文献44より作成）

	PATS群 (n=13)	PRES群 (n=12)
競技復帰期間（日）	28.8 ± 11.4	25.2 ± 6.3
股関節伸展筋力（膝伸展）	MMT 5	MMT 5
（膝屈曲）	MMT 5	MMT 5
膝関節屈曲筋力（～15°）	MMT 5	MMT 5
（～90°）	MMT 5	MMT 5
SLR（°）	83 ± 13	80 ± 13
Active knee extension（°）	18 ± 10	23 ± 11

イプ群で平均50週（30～76週）とストレッチングタイプ群で有意に延長すると報告した。したがって，スプリント動作およびストレッチングタイプの2つの受傷機転の違いにより，復帰までに要する期間が異なる可能性が示唆された。

E. 治療および予防プログラム

1. 保存療法の効果

Silderら[44]は2種類のリハビリテーションプログラムを比較する無作為化対照研究を実施した。ハムストリングス肉ばなれを受傷した29名を，ともに3フェイズに分けた異なるリハビリテーションプログラムを行うprogressive agility and trunk stabilization (PATS) 群とprogressive running and eccentric strengthening (PRES) 群に無作為に割りつけ，復帰まで有した期間，復帰時の筋力，股関節柔軟性を比較した。PATS群は体幹スタビライゼーショントレーニング，体幹回旋を取り入れたランジウォークによるハムストリングス伸張下での骨盤コントロール，アジリティトレーニングを積極的に実施した。PRES群はフェイズ1から歩幅を狭くしたランニング，ハムストリングス等尺性収縮トレーニング，フェイズ2，3ではスプリント動作，加速・減速走，そしてハムストリングス遠心性収縮トレーニングを積極的に実施した。脱落により最終的にPATS群13名，PRES群12名を再評価した。その結果，復帰期間，復帰時の筋力，柔軟性において有意な差はみられなかった（表1-4）。

Masonら[41]はコクランレビューにおいて，Cochrane Bone, Joint and Muscle Trauma Group Specialised Register, Cochrane Central Register of Controlled Trials, MEDLINE, EMBASE, PEDro, CINAHL, AMED, SPORT Discus and WHO International Clinical Trials Registry Platformのデータベースから2011年9月までに発表された無作為比較試験により行われたハムストリングス肉ばなれのリハビリテーションに関する245文献のうち，取り込み基準に該当した2文献を報告した。まず，Malliaropoulosら[40]は，80名のハムストリングス肉ばなれを受傷した陸上競技選手を無作為に2群に分け，静的ストレッチングが競技復帰期間および柔軟性（active knee extension testの健患差）に与える影響を検証した。30秒間の静的ストレッチ（図1-7）3回を1セットとし，A群は1日1セット，B群は1日4セット行った。その結果，柔軟性は健患差がA群（7.32 ± 0.525°），B群（5.57 ± 0.71°）とB群で有意に低値を示し，復帰期間はA群（15.05 ± 0.81日），B群（13.27 ± 0.71日）とB群において有意に短い期間での復帰が可能であった。一方，Sherryら[45]は，24名のハムストリングス肉ばなれを受傷した選手を無作為に，静的ストレッチとハムストリングス筋力トレーニング，アイシングを行うSTST群と積極的なアジリティトレーニングと体幹スタビライゼーショントレーニングを行うPATS群の2群に分け，競技復帰期間，復帰後2週間の再受傷率，1年後の再受傷率を比較した。その結果，競技復帰期間は，STST群37.4 ± 27.6日，PATS群22.2 ± 8.3日であり，有意な差はみられなかった（p＝0.2455）。復帰後2週

間の再受傷率はSTST群6人/11人（54.5%），PATS群0人/13人（0%）とSTST群で有意に再受傷率が高かった（p=0.00343）。1年後の再受傷率は，STST群7人/10人（70%），PATS群1人/13人（7.7%）であり，STST群において有意に高い再受傷率を示した（p=0.0059）。

以上より，ハムストリングスの静的ストレッチングは競技復帰期間を短縮させ，アジリティトレーニングと体幹スタビライゼーショントレーニングを組み合わせたプログラムは再受傷率を低下させる可能性が示唆された。保存療法の報告においては，質の高い研究報告が少なく，今後，受傷機転，重症度，競技種目などのサブグループ分析が必要とされている。

図1-7　Malliaropoulosらが推奨したハムストリングスのストレッチ法（文献40より作図）
疼痛自制内で最大限にハムストリングスを伸張させる。頭部は水平を維持し，肩甲骨内転，腰椎前弯させる。

2. 予防介入の効果

ハムストリングス肉ばなれの予防を目的とした介入研究は多く存在するが，質の高い研究報告はかぎられる。Goldmanら[46,47]はコクランレビューにおいて，前述のデータベースを用いてハムストリングス肉ばなれに対する予防介入研究を調査した。その結果，285文献が該当し，そのうち無作為研究である23文献が取り込み基準に該当した。23件のうち，無作為化対照研究でない3文献，ハムストリングス損傷のデータが含まれない5文献，有用なハムストリングス肉ばなれの予防データが含まれない5文献，介入が再受傷を目的とする1文献，抄録のみの未発表の1文献を除いた計7文献を対象とし報告した。

1) 筋力トレーニング

筋力トレーニングの効果に関して3件の文献が該当した。Askingら[48]は遠心性ハムストリングス筋力トレーニングを行う介入群（15名）と対照群（15名）における肉ばなれの発生率を比較した。その結果，介入群では3名，対照群では10名が受傷し，トレーニング効果はあった（risk ratio：RR 0.30，95%CI：0.1，0.88）。Gabbeら[49]は遠心性ハムストリングス筋力トレーニングを行う介入群（114名）と対照群（106名）に分けて肉ばなれの発生率を比較したが，介入効果は認められなかった（RR 1.2，95%CI：0.5，2.8）。しかし，介入プログラムをすべて実施した介入者のみを対象とした場合，介入による受傷率の低下傾向がみられた（RR 0.3，95%CI：0.1，1.4；p=0.098）。Engebretsenら[50]も同様に，遠心性ハムストリングス筋力トレーニングでの介入効果が得られなかったと報告した（RR 2.71，95%CI：0.35，20.79）。

2) ウォーミングアップ，クールダウンとストレッチング

ウォーミングアップ，クーリングダウン，ストレッチングの効果に関しては1件の文献のみが該当した。van Mechelenら[51]は，6分間のランニングエクササイズ，3分間のルーズニングエクササイズ，10分間のストレッチングのウォーミングアップ，その逆順で行うクールダウンによる

介入効果を，介入群159名，対照群167名を対象に検証した。その結果，有意な介入効果は得られなかった（RR 1.05, 95%CI：0.22, 5.13）。

以上より，コクランレビューの結果に基づくと，無作為比較試験においてハムストリングス肉ばなれに対する有効的な介入効果は得られていないと結論づけられる。しかしながら，相対リスクの値が低値を示している研究も多いことから，今後の研究により介入効果の高いサブグループが特定される可能性がある。

F. まとめと今後の課題

1. すでに真実として承認されていること
- 下肢筋の肉ばなれのうち，ハムストリングス肉ばなれの発生率が最も高い。
- ハムストリングス肉ばなれの受傷機転として疾走時が多く，罹患筋として大腿二頭筋の受傷が多い。
- ストレッチングタイプ肉ばなれでは半膜様筋に多発し，その場合，近位遊離腱での損傷が多い。
- 大腿二頭筋肉ばなれでは，近位から中間の筋腱移行部での受傷が最も多い。
- 遊脚期後半の立脚期直前で，ハムストリングスは伸張され，負の仕事をする
- 無作為化対照研究において予防介入の効果についてのエビデンスは得られていない。

2. 議論の余地はあるが，今後の重要な研究テーマであること
- 大腿二頭筋長頭は近位筋腱移行部の腱膜が細いため，近位筋腱移行部での損傷が多く，またほかの筋と比較し損傷しやすい可能性。
- 半腱様筋の肉ばなれは大腿二頭筋の肉ばなれと合併受傷する頻度が高い可能性。
- スプリント動作中の筋伸張は大腿二頭筋が最も大きい可能性。
- スプリント動作でのハムストリングスの肉ばなれは，遊脚期後半の立脚期直前に起こっている可能性。
- ハムストリングス肉ばなれ受傷後の保存療法では，ストレッチによる介入により競技復帰までの期間を短縮させる可能性。
- アジリティトレーニング，体幹スタビライゼーショントレーニングのような機能的トレーニングは復帰期間の短縮には効果がないが，再受傷リスクを軽減させる可能性。

文献

1. Alonso JM, Edouard P, Fischetto G, Adams B, Depiesse F, Mountjoy M: Determination of future prevention strategies in elite track and field: analysis of Daegu 2011 IAAF Championships injuries and illnesses surveillance. *Br J Sports Med*. 2012; 46: 505-14.
2. Alonso JM, Junge A, Renstrom P, Engebretsen L, Mountjoy M, Dvorak J: Sports injuries surveillance during the 2007 IAAF World Athletics Championships. *Clin J Sport Med*. 2009; 19: 26-32.
3. Alonso JM, Tscholl PM, Engebretsen L, Mountjoy M, Dvorak J, Junge A: Occurrence of injuries and illnesses during the 2009 IAAF World Athletics Championships. *Br J Sports Med*. 2010; 44: 1100-5.
4. Bathgate A, Best JP, Craig G, Jamieson M: A prospective study of injuries to elite Australian rugby union players. *Br J Sports Med*. 2002; 36: 265-9; discussion 269.
5. Best JP, McIntosh AS, Savage TN: Rugby World Cup 2003 injury surveillance project. *Br J Sports Med*. 2005; 39: 812-7.
6. Dvorak J, Junge A, Grimm K, Kirkendall D: Medical report from the 2006 FIFA World Cup Germany. *Br J Sports Med*. 2007; 41: 578-81; discussion 581.
7. Ekstrand J, Gillquist J: The frequency of muscle tightness and injuries in soccer players. *Am J Sports Med*. 1982; 10: 75-8.
8. Ekstrand J, Hagglund M, Walden M: Injury incidence and injury patterns in professional football: the UEFA injury study. *Br J Sports Med*. 2011; 45: 553-8.
9. Engebretsen L, Steffen K, Alonso JM, Aubry M, Dvorak J, Junge A, Meeuwisse W, Mountjoy M, Renström P, Wilkinson M: Sports injuries and illnesses during the Winter Olympic Games 2010. *Br J Sports Med*. 2010; 44: 772-80.
10. Junge A, Engebretsen L, Mountjoy ML, Alonso JM, Renstrom PA, Aubry MJ, Dvorak J: Sports injuries during the Summer Olympic Games 2008. *Am J Sports Med*.

2009; 37: 2165-72.
11. Junge A, Langevoort G, Pipe A, Peytavin A, Wong F, Mountjoy M, Beltrami G, Terrell R, Holzgraefe M, Charles R, Dvorak J: Injuries in team sport tournaments during the 2004 Olympic Games. *Am J Sports Med*. 2006; 34: 565-76.
12. Lüthje P, Nurmi I, Kataja M, Belt E, Helenius P, Kaukonen JP, Kiviluoto H, Kokko E, Lehtipuu TP, Lehtonen A, Liukkonen T, Myllyniemi J, Rasilainen P, Tolvanen E, Virtanen H, Walldén M: Epidemiology and traumatology of injuries in elite soccer: a prospective study in Finland. *Scand J Med Sci Sports*; 1996; 6: 180-5.
13. Nielsen AB, Yde J: Epidemiology and traumatology of injuries in soccer. *Am J Sports Med*. 1989; 17: 803-7.
14. Ruedl G, Schobersberger W, Pocecco E, Blank C, Engebretsen L, Soligard T, Steffen K, Kopp M, Burtscher M: Sport injuries and illnesses during the first Winter Youth Olympic Games 2012 in Innsbruck, Austria. *Br J Sports Med*. 2012; 46: 1030-7.
15. Volpi P, Melegati G, Tornese D, Bandi M: Muscle strains in soccer: a five-year survey of an Italian major league team. *Knee Surg Sports Traumatol Arthrosc*. 2004; 12: 482-5.
16. Feeley BT, Kennelly S, Barnes RP, Muller MS, Kelly BT, Rodeo SA, Warren RF: Epidemiology of National Football League training camp injuries from 1998 to 2007. *Am J Sports Med*. 2008; 36: 1597-603.
17. Ekstrand J, Hagglund M, Walden M: Epidemiology of muscle injuries in professional football (soccer). *Am J Sports Med*. 2011; 39: 1226-32.
18. Heiderscheit BC, Sherry MA, Silder A, Chumanov ES, Thelen DG: Hamstring strain injuries: recommendations for diagnosis, rehabilitation, and injury prevention. *J Orthop Sports Phys Ther*. 2010; 40: 67-81.
19. Askling CM, Tengvar M, Saartok T, Thorstensson A: Acute first-time hamstring strains during high-speed running: a longitudinal study including clinical and magnetic resonance imaging findings. *Am J Sports Med*. 2007; 35: 197-206.
20. Cohen SB, Towers JD, Zoga A, Irrgang JJ, Makda J, Deluca PF, Bradley JP: Hamstring injuries in professional football players: magnetic resonance imaging correlation with return to play. *Sports Health*. 2011; 3: 423-30.
21. Ekstrand J, Healy JC, Walden M, Lee JC, English B, Hagglund M: Hamstring muscle injuries in professional football: the correlation of MRI findings with return to play. *Br J Sports Med*. 2012; 46: 112-7.
22. Koulouris G, Connell DA, Brukner P, Schneider-Kolsky M: Magnetic resonance imaging parameters for assessing risk of recurrent hamstring injuries in elite athletes. *Am J Sports Med*. 2007; 35: 1500-6.
23. Askling CM, Tengvar M, Saartok T, Thorstensson A: Acute first-time hamstring strains during slow-speed stretching: clinical, magnetic resonance imaging, and recovery characteristics. *Am J Sports Med*. 2007; 35: 1716-24.
24. Askling CM, Tengvar M, Saartok T, Thorstensson A: Proximal hamstring strains of stretching type in different sports: injury situations, clinical and magnetic resonance imaging characteristics, and return to sport. *Am J Sports Med*. 2008; 36: 1799-804.
25. Koulouris G, Connell D: Evaluation of the hamstring muscle complex following acute injury. *Skeletal Radiol*. 2003; 32: 582-9.
26. De Smet AA, Best TM: MR imaging of the distribution and location of acute hamstring injuries in athletes. *AJR Am J Roentgenol*. 2000; 174: 393-9.
27. Fiorentino NM, Epstein FH, Blemker SS: Activation and aponeurosis morphology affect *in vivo* muscle tissue strains near the myotendinous junction. *J Biomech*. 2012; 45: 647-52.
28. Rehorn MR, Blemker SS: The effects of aponeurosis geometry on strain injury susceptibility explored with a 3D muscle model. *J Biomech*. 2010; 43: 2574-81.
29. Woodley SJ, Mercer SR: Hamstring muscles: architecture and innervation. *Cells Tissues Organs*. 2005; 179: 125-41.
30. Battermann N, Appell HJ, Dargel J, Koebke J: An anatomical study of the proximal hamstring muscle complex to elucidate muscle strains in this region. *Int J Sports Med*. 2011; 32: 211-5.
31. Chumanov ES, Heiderscheit BC, Thelen DG: The effect of speed and influence of individual muscles on hamstring mechanics during the swing phase of sprinting. *J Biomech*. 2007; 40: 3555-62.
32. Heiderscheit BC, Hoerth DM, Chumanov ES, Swanson SC, Thelen BI, Thelen DG: Identifying the time of occurrence of a hamstring strain injury during treadmill running: a case study. *Clin Biomech (Bristol, Avon)*. 2005; 20: 1072-8.
33. Schache AG, Dorn TW, Blanch PD, Brown NA, Pandy MG: Mechanics of the human hamstring muscles during sprinting. *Med Sci Sports Exerc*. 2012; 44: 647-58.
34. Thelen DG, Chumanov ES, Hoerth DM, Best TM, Swanson SC, Li L, Young M, Heiderscheit BC: Hamstring muscle kinematics during treadmill sprinting. *Med Sci Sports Exerc*. 2005; 37: 108-14.
35. Yu B, Queen RM, Abbey AN, Liu Y, Moorman CT, Garrett WE: Hamstring muscle kinematics and activation during overground sprinting. *J Biomech*. 2008; 41: 3121-6.
36. Higashihara A, Ono T, Kubota J, Okuwaki T, Fukubayashi T: Functional differences in the activity of the hamstring muscles with increasing running speed. *J Sports Sci*. 2010; 28: 1085-92.
37. Chumanov ES, Heiderscheit BC, Thelen DG: Hamstring musculotendon dynamics during stance and swing phases of high-speed running. *Med Sci Sports Exerc*. 2011; 43: 525-32.
38. Malliaropoulos N, Isinkaye T, Tsitas K, Maffulli N: Reinjury after acute posterior thigh muscle injuries in elite track and field athletes. *Am J Sports Med*. 2011; 39: 304-10.
39. Malliaropoulos N, Papacostas E, Kiritsi O, Papalada A, Gougoulias N, Maffulli N: Posterior thigh muscle injuries in elite track and field athletes. *Am J Sports Med*. 2010; 38: 1813-9.

40. Malliaropoulos N, Papalexandris S, Papalada A, Papacostas E: The role of stretching in rehabilitation of hamstring injuries: 80 athletes follow-up. *Med Sci Sports Exerc*. 2004; 36: 756-9.
41. Mason DL, Dickens VA, Vail A: Rehabilitation for hamstring injuries. *Cochrane Database Syst Rev*. 2012; 12: CD004575.
42. Connell DA, Schneider-Kolsky ME, Hoving JL, Malara F, Buchbinder R, Koulouris G, Burke F, Bass C: Longitudinal study comparing sonographic and MRI assessments of acute and healing hamstring injuries. *AJR Am J Roentgenol*. 2004; 183: 975-84.
43. Askling C, Saartok T, Thorstensson A: Type of acute hamstring strain affects flexibility, strength, and time to return to pre-injury level. *Br J Sports Med*. 2006; 40: 40-4.
44. Silder A, Sherry MA, Sanfilippo J, Tuite MJ, Hetzel SJ, Heiderscheit BC: Clinical and morphological changes following 2 rehabilitation programs for acute hamstring strain injuries: a randomized clinical trial. *J Orthop Sports Phys Ther*. 2013; 43: 284-99.
45. Sherry MA, Best TM: A comparison of 2 rehabilitation programs in the treatment of acute hamstring strains. *J Orthop Sports Phys Ther*. 2004; 34: 116-25.
46. Goldman EF, Jones DE: Interventions for preventing hamstring injuries. *Cochrane Database Syst Rev*. 2010; (1): CD006782.
47. Goldman EF, Jones DE: Interventions for preventing hamstring injuries: a systematic review. *Physiotherapy*. 2011; 97: 91-9.
48. Askling C, Karlsson J, Thorstensson A: Hamstring injury occurrence in elite soccer players after preseason strength training with eccentric overload. *Scand J Med Sci Sports*. 2003; 13: 244-50, 2003.
49. Gabbe BJ, Branson R, Bennell KL: A pilot randomised controlled trial of eccentric exercise to prevent hamstring injuries in community-level Australian Football. *J Sci Med Sport*. 2006; 9: 103-9.
50. Engebretsen AH, Myklebust G, Holme I, Engebretsen L, Bahr R: Prevention of injuries among male soccer players: a prospective, randomized intervention study targeting players with previous injuries or reduced function. *Am J Sports Med*. 2008; 36: 1052-60.
51. van Mechelen W, Hlobil H, Kemper HC, Voorn WJ, de Jongh HR: Prevention of running injuries by warm-up, cool-down, and stretching exercises. *Am J Sports Med*. 1993; 21: 711-9.

〔池田　祐真〕

2. 大腿四頭筋の肉ばなれ

はじめに

　大腿四頭筋肉ばなれは，スポーツの現場において頻回に発生する疾患である．近年，前向き研究による大腿四頭筋肉ばなれの危険因子が報告された[1,2]．また，スポーツ種目ごとの発生メカニズムについてもさまざまな報告がみられる．しかしながら，大腿四頭筋肉ばなれの発生率や受傷機転，受傷部位の解剖学的特徴による発生メカニズムに関する報告は，ハムストリングスの肉ばなれと比較して非常に少ない．本項では，大腿四頭筋肉ばなれのスポーツ種目別の発生率，関連する危険因子，受傷機転，受傷部位，画像診断法に関する論文をレビューする．

A. 文献検索方法

　文献検索にはPubMedを使用し，2013年4月の時点で検索を実施した．「muscle strain」「muscle pull」「muscle tear」の組み合わせで検索した後，「quadriceps」で筋を絞り込んだ．また，ハンドサーチで本テーマに関連する文献も適宜加え，合計25文献をレビューした．

B. 疫学と危険因子

1. 大腿四頭筋肉ばなれの発生率

　大腿四頭筋肉ばなれは，キック動作やスプリント動作を頻回に行うスポーツで頻発する外傷である．2005年以降では，大腿四頭筋肉ばなれの発生率を調査した報告は4件ある．Ekstrandら[3]は，プロサッカー選手を対象に10年間の外傷調査を実施し，大腿四頭筋肉ばなれの発生率は全外傷中5.2%であったと報告した．Waldenら[4]は，プロサッカー選手を対象に実施した外傷調査において，大腿四頭筋肉ばなれの発生率は全外傷の5.4%であったと報告した．アメリカンフットボール選手における外傷調査では，Brophyら[5]は全外傷中10.7%，Feeleyら[6]は3.8%が大腿四頭筋肉ばなれであったと報告した．また，これら4つの報告における肉ばなれ発生率を筋別にみるとハムストリングスが上位を占めており，大腿四頭筋肉ばなれは9～21%と競技種目や調査によって発生率が異なる（表2-1）．

2. 大腿四頭筋肉ばなれの危険因子

　大腿四頭筋肉ばなれの危険因子を特定することを目的とした前向きコホート研究がいくつかある．Orchard[1]は，オーストラリアンフットボールリーグ（AFL）所属の選手1,607人を対象に，1992～1999年のシーズンにおける下肢の肉ばなれを前向きに調査した．AFLデータベースより取得した各選手の既往歴や身長，体重，BMI，環境因子（試合レベル，試合時間，天候）の情報をもとに解析した結果，8週間以内の大腿四頭筋肉ばなれ既往歴，8週間以上前の大腿四頭筋肉ばなれの既往歴，8週間以内のハムストリングス肉ばなれの既往歴，試合前7日間の低降雨量，身長182 cm以下が有意な危険因子であった．Fousekisら[2]は，ギリシャ国内リーグのプロサッカー選手100人を対象に，シーズン前に

第1章 筋障害

表2-1 筋別の肉ばなれ発生率

報告者	スポーツ種目	筋	件数（%）
Ekstrand ら[3]	サッカー	ハムストリングス	1,084（41.5）
		内転筋群	672（25.8）
		大腿四頭筋	485（18.5）
		下腿筋	368（14.1）
Brophy ら[5]	アメリカンフットボール	内転筋群	64（30.7）
		ハムストリングス	50（24.0）
		大腿四頭筋	30（14.4）
		下腿筋	25（12.2）
Feeley ら[6]	アメリカンフットボール	ハムストリングス	85（28.8）
		腰部筋	51（17.3）
		股関節屈筋	29（ 9.8）
		大腿四頭筋	28（ 9.4）
Walden ら[4]	サッカー	ハムストリングス	67（39.6）
		大腿四頭筋	36（21.3）
		鼠径部	35（20.7）
		その他	31（18.3）

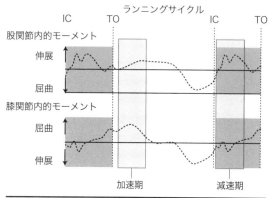

図2-1 ランニング中における膝関節・股関節内的モーメント（文献10より引用）
加速期，減速期において大腿直筋に遠心性負荷が増大する。IC：初期接地，TO：足尖離地。

身長，体重，BIODEX，柔軟性，足関節固有感覚，KT-1000を調査し，シーズン中における下肢肉ばなれを前向きに調査した。体重，身長，大腿四頭筋柔軟性の非対称性，大腿四頭筋遠心性筋力非対称性が大腿四頭筋肉ばなれの危険因子として抽出されたが，いずれも有意差を認めなかったと報告した。これら2つの研究より大腿四頭筋肉ばなれの危険因子として，大腿四頭筋・ハムストリングスの肉ばなれの既往歴，身長，体重，大腿四頭筋機能（柔軟性，筋力）があがっているが，決定的な因子についてのコンセンサスは得られていない。

C. 病態

1. 受傷機転

大腿四頭筋肉ばなれの受傷機転として，スポーツ場面で頻回にあるスプリント動作とサッカーやオーストラリアンフットボールなどでみられるキック動作が多いと報告された[7,8]。Riley ら[9]はスプリント動作の動作解析を行い，大腿直筋は遊脚初期に筋長が最大となると報告した。Schache ら[10]は，スプリント動作の動作解析より遊脚初期における膝関節屈曲の減速と股関節屈曲の加速に特徴づけられる加速期，立脚初期における膝関節屈曲，股関節伸展の遠心性制御に特徴づけられる減速期において大腿直筋に遠心性負荷が増大すると報告した（図2-1）。キック動作での受傷では，下肢の後方へのスイング動作とそれに続く前

2. 大腿四頭筋の肉ばなれ

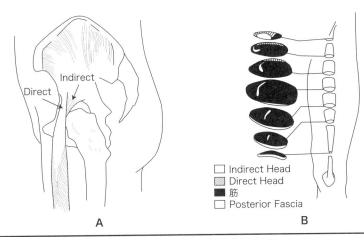

図2-2 大腿直筋の解剖（文献17より引用）
A：近位腱の付着部，B：さまざまな高位での筋の構成要素。下前腸骨棘を起始とするdirect headは筋の近位1/3の表層を覆うように走行し，前方表層筋内腱を形成する。寛骨臼上縁を起始とするindirect headは，direct headの筋内腱に沿ってその深層を走行し，筋の遠位1/3では腱が平坦化し，外側に広がる。

方へのスイング相における受傷メカニズムが報告された。Nunomeら[11,12]は，後方へのスイング動作では，スイングに伴う膝関節屈曲と股関節伸展を制御するために大腿直筋が遠心性に制御されていると推測した。また，その後の前方へのスイング相における膝関節最大屈曲時に，大腿直筋が過度な膝関節屈曲に対抗するために遠心性収縮する[12〜14]。いずれの受傷機転においても，大腿直筋への遠心性負荷の増大と一致して発生することについてはコンセンサスが得られている。大腿四頭筋肉ばなれの受傷場面の画像解析による受傷機転の推定が困難なため，実験室内での下肢の生体力学的解析が必要とされている。

2. 受傷部位

大腿四頭筋の肉ばなれの発生率は，これを構成する大腿直筋，中間広筋，内側広筋，外側広筋の4筋間で異なる。Crossら[15]によると，オーストラリアンフットボール1チーム40人において1シーズンに発生した18名22件の大腿四頭筋肉ばなれの内訳は，大腿直筋15件，中間広筋6件，外側広筋1件，内側広筋0件であった。最も発生率が高かった大腿直筋における損傷部位は，筋内腱部損傷7件（47%），筋実質部損傷8件（53%）であった。Gyftopoulosら[16]は，20例の大腿直筋肉ばなれ罹患者のうち筋内腱部損傷13件（65%），筋実質部損傷7件（35%）であったと報告した。症例数は少ないものの大腿四頭筋のなかで大腿直筋の損傷頻度が最も高い可能性がある。さらに，大腿直筋の受傷部位としては筋内腱部が半数以上を占めることが示唆された。

3. 解剖学的特徴
1）筋

大腿直筋は，2つの起始を有する二頭筋である[16〜18]。下前腸骨棘（AIIS）を起始とするdirect（straight）headは筋の近位1/3の表層を覆うように走行し，前方表層筋内腱を形成する。寛骨臼上縁を起始とするindirect（reflected）headは，direct headの筋内腱に沿ってその深層を走行し，筋の遠位1/3では腱が平坦化し，外側に広がる（図2-2）。これら2つの頭は筋内腱を介して結合している。大腿四頭筋のなかでは大腿直筋にのみ筋内腱が存在することと，大腿直

第1章 筋障害

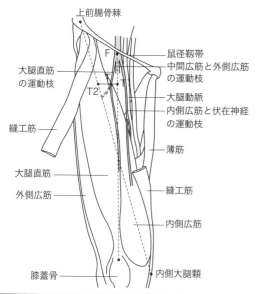

図2-3 大腿神経の分枝（文献19より引用）
大腿神経には上方分枝と下方分枝の2本の分枝が存在する。F：大腿神経の幹が発生する点，T：大腿直筋の運動枝から上方分枝が分かれる点，T1：Tと同じ高位の垂直線との交点，T2：Tと同じ高位での斜軸線との交点。

筋内腱部の損傷が高頻度であることとの関連性が疑われてきた。しかし，実際に大腿直筋に負荷が生じた際の筋内腱部やその他の筋実質部への負荷の詳細を明らかにした研究はなく，大腿直筋の解剖学的特徴と肉ばなれの発生メカニズムとの関連性については明らかにされていない。

2）神　経

大腿直筋は2つの神経支配を受けている。Sungら[19]は，大腿直筋を支配する大腿神経には上方分枝と下方分枝の2本の分枝が存在すると報告した。上方分枝は後方筋膜下を外側に走行して筋の近位1/3の点で筋に進入し，下方分枝は筋の中間内側部にて筋膜下に進入してそのまま内側に沿って下降する（図2-3）。Yangら[20]は40体の屍体の大腿直筋を調査し，大腿神経分枝に伴行する血管分布には個人差があることを報告した。主に下方分枝の分布が1つだけのものが12.5％，主要な1つの分布ともう1つの小さな分布をもつものが80％，2つの主要な分布をもつものが7.5％であった。これらより，大腿直筋には近位側・遠位側それぞれ独立した運動点を有している可能性が示唆されている。しかしながら，実際の大腿四頭筋肉ばなれ罹患者の大腿神経の分布に関する報告はない。大腿直筋が2つの異なる起始をもつこと，かつそれぞれに独立した運動点が存在することが，大腿直筋の筋内腱部での損傷が多いことに影響を与えるかは不明である。これらを解明するためには，大腿直筋肉ばなれ罹患者の大腿直筋における詳細な解剖学的特徴の分析が必要である。

4．予後予測

損傷の部位および範囲と予後との関連性について分析した研究が散見される。Crossら[15]は，MRIによる大腿四頭筋肉ばなれの損傷部位，損傷位置と，競技へ完全復帰するまでの期間について調査した。大腿直筋筋内腱部の損傷後に完全復帰までに要した期間は26.9日であり，大腿直筋実質部損傷の9.2日，広筋群損傷の4.4日よりも有意に長かった。大腿直筋筋内腱部の損傷のうち，特に中間部の損傷後に完全復帰に要した期間は34.2日であり，近位部損傷の19.5日に比して有意に長かった。Baliusら[21]は，20名の大腿直筋肉ばなれ患者において，中間部での損傷は近位部での損傷に比してスポーツ復帰までの期間が有意に長かったと報告した。一方，大腿四頭筋損傷範囲と復帰までの期間に関して，Crossら[15]は，MRIの軸画像における筋断面積中に占める血腫の割合が15〜24％，あるいは25％以上である場合，1〜14％である場合に比して復帰までの期間が有意に長いことを示した。また，大腿四頭筋損傷長が13 cm以上の場合，1〜7 cm，8〜12 cmの場合に比して復帰までの期間が有意に長かった。損傷範囲，損傷長ともに大腿直筋にお

いてのみ受傷部位との交互作用があったことから，大腿直筋の筋内腱部における広範囲に及ぶ損傷の場合は，復帰までの期間が長くなる可能性がある。これらより，MRIによる損傷部位，損傷位置，損傷範囲の特定は大腿四頭筋肉ばなれ後の予後予測因子となる可能性がある。

表2-2　Chanらによる肉ばなれの新たな分類（文献23より引用）

損傷部位	損傷位置	損傷組織
近位筋腱接合部		筋腱部
筋	近位部 中間部 遠位部	筋内 筋膜 筋膜/周膜 筋腱部 複合
遠位筋腱接合部		筋腱部

D. 診 断

1. 重症度分類

肉ばなれの重症度分類は，MRIを用いた損傷範囲の推定からグレードI〜IIIに分類されるのが一般的となっている[22]。しかしながら，前項に示したように，筋内における損傷部位，損傷位置により予後が変わるという報告もあり，近年新しい分類が提唱された。Chanら[23]は，損傷部位の分類として近位筋腱結合部，筋実質部，遠位筋腱結合部，また筋実質部における損傷位置，損傷組織を細分化した分類を提唱した（表2-2）。しかし，これらの分類の妥当性および信頼性については十分に検討されていない。

2. 画像診断

大腿四頭筋肉ばなれ受傷後，損傷部位の特定に用いられる身体所見の1つに圧痛点がある。Crossら[15]は，40人のオーストラリアンフットボール選手を対象に，肉ばなれ損傷後急性期における圧痛点とMRI上における最大損傷範囲との間の距離について調査した。その結果，圧痛点とMRI上の損傷部との距離は平均2.09 cm（0〜5 cm）であり，正確に一致した選手が18.2％，1〜2 cmの誤差が36.4％，3 cm以上の誤差があった選手が45.4％であった。大腿四頭筋肉ばなれ後だけでなくほかの筋の肉ばなれ後にも使用される超音波治療器の使用を考慮すると，正確に損傷部位・範囲を特定することは重要である。そのため，皮下の状態を精査し，正確な解剖学的損傷位置，損傷サイズを把握するためにMRIの適用が推奨されている。

大腿直筋筋内腱部での肉ばなれの競技復帰までの期間が有意に長いという報告があることから，筋内腱部の損傷を同定することが重要であるとされている。Crossら[15]，Gyftpoulosら[16]は，MRI画像における筋内腱部の損傷の特徴としてbull's eye signを提唱した。Bull's eye signは，大腿直筋肉ばなれ後の急性期，慢性期ともに認められる。急性期には腱周囲の腫脹や血腫が認められ，二次的な萎縮による腱周囲の筋への脂肪浸潤や瘢痕組織の形成が認められることから，腱周囲の損傷段階の判定，腱周囲の治癒段階の判定に有用である可能性がある[15, 16]。

E. 治 療

大腿四頭筋肉ばなれの治療法として手術療法と保存療法があるが，ほとんどの症例において保存療法が選択される。手術療法と保存療法の選択に関する研究は少ない。Garmadtら[24]は手術療法と保存療法との選択には，受傷部位（起始部筋腱結合部かあるいは筋実質部か）や重症度（グレードI〜III，剥離損傷）を考慮して決定するべきであると主張した。Gyftpoulosら[16]は，グレードIIIは手術適応であると述べた。手術療法に関する詳細な基準に関する報告がない理由の1つとして，手術が選択される程度の損傷が少ないこと

があげられる。Ouellette ら[25]は，3,160 例の大腿直筋起始部の MRI で起始部損傷は 17 件（0.5%）のみ，Garmadt ら[24]は，ナショナルフットボールリーグ（NFL）20 年間の傷害調査 23,806 件中起始部剥離損傷は 11 件（0.05%）のみであったと報告した。したがって，手術が選択される起始部剥離損傷の頻度が極端に少ないため，手術選択に関する十分なデータが蓄積されていない可能性がある。

F. まとめ

1. すでに真実として承認されていること

- 大腿四頭筋肉ばなれは遠心性負荷によって生じる。
- 大腿四頭筋は二頭筋であり，2 つの頭を連結する筋内腱を有する。
- 大腿四頭筋肉ばなれでは大腿直筋の損傷が多い。
- 大腿四頭筋肉ばなれの重症度分類には MRI が有用である。

2. 議論の余地はあるが，今後の重要な研究テーマとなること

- 大腿四頭筋肉ばなれの受傷部位が予後予測因子となる可能性がある。
- 大腿四頭筋には大腿神経の分枝が 2 本存在し，近位・遠位で独立した運動点を有している可能性。

G. 今後の課題

- 大腿四頭筋肉ばなれ受傷メカニズムの詳細な解明。
- 肉ばなれ罹患者の解剖学的特徴，危険因子の検討。
- 大腿四頭筋肉ばなれ受傷後の治療選択に関する基準の構築。
- 大腿四頭筋肉ばなれ後の保存療法におけるエビデンス。

文献

1. Orchard JW: Intrinsic and extrinsic risk factors for muscle strains in Australian football. *Am J Sports Med*. 2001; 29: 300-3.
2. Fousekis K, Tsepis E, Poulmedis P, Athanasopoulos S, Vagenas G: Intrinsic risk factors of non-contact quadriceps and hamstring strains in soccer: a prospective study of 100 professional players. *Br J Sports Med*. 2010; 45: 709-14.
3. Ekstrand J, Hagglund M, Walden M: Epidemiology of muscle injuries in professional football (soccer). *Am J Sports Med*. 2011; 39: 1226-32.
4. Walden M, Hagglund M, Ekstrand J: UEFA Champions League study: a prospective study of injuries in professional football during the 2001-2002 season. *Br J Sports Med*. 2005; 39: 542-6.
5. Brophy RH, Wright RW, Powell JW, Matava MJ: Injuries to kickers in American football: the National Football League experience. *Am J Sports Med,* 2010; 38: 1166-73.
6. Feeley BT, Kennelly S, Barnes RP, Muller MS, Kelly BT, Rodeo SA, Warren RF: Epidemiology of National Football League training camp injuries from 1998 to 2007. *Am J Sports Med*. 2008; 36: 1597-603.
7. Volpi P, Melegati G, Tornese D, Bandi M: Muscle strains in soccer: a five-year survey of an Italian major league team. *Knee Surg Sports Traumatol Arthrosc*. 2004; 12: 482-5.
8. Orchard J, Seward H: Epidemiology of injuries in the Australian Football League, seasons 1997-2000. *Br J Sports Med*. 2002; 36: 39-44.
9. Riley OP, Franz J, Dicharry J, Kerrigan CD: Changes in hip joint muscle-tendon lengths with mode of locomotion. *Gait & Posture*. 2010; 31: 279-83.
10. Schache AG, Dorn TW, Blanch PD, Brown NA, Pandy MG: Mechanics of the human hamstring muscles during sprinting. *Med Sci Sports Exerc*. 2011; 44: 647-58.
11. Nunome H, Asai T, Ikegami Y, Sakurai S: Three-dimensional kinetic analysis of side-foot and instep soccer kicks. *Med Sci Sports Exerc*. 2002; 34: 2028-36.
12. Nunome H: Segmental dynamics of soccer instep kicking with the preferred and non-preferred leg. *J Sports Sci*. 2006; 24: 529-41.
13. Brophy RH, Backus SI, Pansy BS, Lyman S, Williams RJ: Lower extremity muscle activation and alignment during the soccer instep and side-foot kicks. *J Orthop Sports Phys Ther*. 2007; 37: 260-8.
14. Kellis E, Katis A: The relationship between isokinetic knee extension and flexion strength with soccer kick kinematics: an electromyographic evaluation. *J Sports Med Phys Fitness*. 2007; 47: 385-94.
15. Cross TM, Gibbs N, Houang MT, Cameron M: Acute

quadriceps muscle strains: magnetic resonance imaging features and prognosis. *Am J Sports Med*. 2004; 32: 710-9.
16. Gyftopoulos S, Rosenberg ZS, Schweitzer ME, Bordalo-Rodrigues M: Normal anatomy and strains of the deep musculotendinous junction of the proximal rectus femoris: MRI features. *AJR Am J Roentgenol*. 2008; 190: W182-6.
17. Hasselman CT, Best TM, Hughes C 4th, Martinez S, Garrett WE Jr: An explanation for various rectus femoris strain injuries using previously undescribed muscle architecture. *Am J Sports Med*. 1995; 23: 493-9.
18. Temple HT, Kuklo TR, Sweet DE, Gibbons CL, Murphey MD: Rectus femoris muscle tear appearing as a pseudotumor. *Am J Sports Med*. 1998; 26: 544-8.
19. Sung DH, Jung JY, Kim HD, Ha BJ, Ko YJ: Motor branch of the rectus femoris: anatomic location for selective motor branch block in stiff-legged gait. *Arch Phys Med Rehabil*. 2003; 84: 1028-31.
20. Yang D, Morris SF: Neurovascular anatomy of the rectus femoris muscle related to functioning muscle transfer. *Plast Reconstr Surg*. 1999; 104: 102-6.
21. Balius R, Maestro A, Pedret C, Estruch A, Mota J, Rodriguez L, Garcia P, Mauri E: Central aponeurosis tears of the rectus femoris: practical sonographic prognosis. *Br J Sports Med*. 2009; 43: 818-24.
22. Garrett WE, Safran MR, Seaber AV, Glisson RR, Ribbeck BM: Biomechanical comparison of stimulated and nonstimulated skeletal muscle pulled to failure. *Am J Sports Med*. 1987; 15: 448-54.
23. Chan O, Del Buono A, Best TM, Maffulli N: Acute muscle strain injuries: a proposed new classification system. *Knee Surg Sports Traumatol Arthrosc*. 2012; 20: 2356-62.
24. Gamradt SC, Brophy RH, Barnes R, Warren RF, Thomas Byrd JW, Kelly BT: Nonoperative treatment for proximal avulsion of the rectus femoris in professional American football. *Am J Sports Med*. 2009; 37: 1370-4.
25. Ouellette H, Thomas BJ, Nelson E, Torriani M: MR imaging of rectus femoris origin injuries. *Skeletal Radiol*. 2006; 35: 665-72.

（伊藤　　雄）

3. 下腿の肉ばなれ

はじめに

下腿の肉ばなれの多くは下腿三頭筋に発生する。下腿三頭筋の肉ばなれは再発が多く，選手生命を脅かすスポーツ外傷であるが，再発予防を含めた治療法が十分に確立されていない。本項では，下腿三頭筋の肉ばなれの重症度別発生率，筋別発生数や筋腱移行部などの組織別発生数について，超音波画像診断装置やMRIの画像所見を用いた知見，腓腹筋の組織別伸張率についてレビューする。

A. 文献検索方法

文献の検索にはPubMedを用いた。2013年までに掲載された文献のなかで「muscle strain」と「leg」をキーワードとして組み合わせてヒットした465件，「muscle strain」と「calf」を組み合わせてヒットした134件の文献から，本項のテーマである下腿の肉ばなれに関するものを抽出した。また，抽出した文献で引用されている文献も適宜加えた。

B. 疫学

全傷害における下腿の肉ばなれの発生率についてはいくつか報告されている（表3-1）[1〜5]。Alonsoら[1]によると，2007年の世界陸上競技選手権大会において発生した全傷害192例のうち，下腿の肉ばなれの発生率は7.3％であった。また，2011年の世界陸上競技選手権大会において発生した全傷害248例のうち，下腿の肉ばなれの発生率は4.4％であった[2]。Waldénら[3]らは，2004年のサッカーEUROにおいて発生した全傷害17例のうち，下腿肉ばなれの発生件数は0件であったと報告した。また，2005年のサッカー女子選手権大会において発生した全傷害18例のうち，下腿肉ばなれの発生率は5.6％であり，2005年のサッカー男子U-19選手権大会では，全傷害45例の2.2％が下腿肉離れであったと報告した。Jungeら[5]は，2004年のアテネオリンピックにおいて発生した全傷害377例のうち，下腿の肉ばなれの発生率は0.8％であったことを報告した。以上のように，下腿肉ばなれの発生率は0〜7.3％と一定した結果が報告されてきたが，上記の調査には受傷機転や下腿の筋別発生率に関する記載はない。

C. 重症度別発生率

画像診断を用いた腓腹筋肉ばなれの重症度別発生率についての研究が散見される。Weishauptら[6]が1.5テスラ（以下，T）のMRIを使用して腓腹筋肉ばなれの重症度別発生率を分析した結果，腓腹筋の完全断裂が23％，腓腹筋の部分断裂が32％，腓腹筋の浮腫・出血が45％であった。Kwakら[7,8]が超音波画像診断装置を使用して腓腹筋肉ばなれの重症度別発生率を分析した結果，腓腹筋の完全断裂が32〜37％，腓腹筋の部分断裂が63〜68％であった。以上より，MRIと超音波画像診断装置では肉ばなれの検出力が異な

3. 下腿の肉ばなれ

表 3-1　主な研究による全外傷における下腿の肉ばなれの発生率

報告者	競技	大会名	全外傷数	下腿の肉ばなれ 数	下腿の肉ばなれ 発生率
Alonso ら[2]	陸上競技	世界陸上 2011（韓国）	248	11	4.4%
Waldén ら[4]	サッカー	ヨーロッパ男子プロサッカーリーグ 2001-2002～2009-2010 シーズン	5,949	251	4.2%
Alonso ら[1]	陸上競技	世界陸上 2007（日本）	192	14	7.3%
Waldén ら[3]	サッカー	男子 U-19 選手権大会 2005（北アイルランド）	45	1	2.2%
	サッカー	女子選手権大会 2005（イングランド）	18	1	5.6%
	サッカー	EURO 2004（ポルトガル）	17	0	0
Junge ら[5]	サッカー，野球，バスケットボール，フィールドホッケー，ソフトボール，ハンドボール，水球，バレーボール	アテネオリンピック 2004	377	3	0.8%

表 3-2　下腿の肉ばなれの組織別発生数（1.5 T MRI を用いた）（文献 10 より引用）

筋		単独損傷 筋腱移行部	単独損傷 筋膜	単独損傷 遠位部	複合損傷 筋腱移行部	複合損傷 筋膜	複合損傷 遠位部
腓腹筋	内側	18	0		16	0	
	外側	1	0		4	0	
ヒラメ筋	内側	7	7		10	5	
	外側	0	4		0	1	
足底筋				2			0
前脛骨筋		0			3		
長母趾屈筋		0			1		

るため，診断装置によって重症度が異なる可能性がある．

D. 筋別および組織別発生数

　筋別の肉ばなれ発生数について超音波とMRIを用いた研究がある．Delgadoら[9]は，超音波画像診断装置を用いて下腿肉ばなれの筋別発生数を調査した．その結果，腓腹筋肉ばなれの発生数が94件，ヒラメ筋肉ばなれの発生数が1件，足底筋肉ばなれの発生数が2件で，腓腹筋肉ばなれが最も多かった．Koulourisら[10]は，1.5 TのMRIを用いて下腿肉ばなれの筋別発生数を調査した．その結果，単独損傷としては腓腹筋肉ばなれが19件，ヒラメ筋肉ばなれが18件，足底筋肉ばなれが2件であったのに対し，複合損傷としては腓腹筋肉ばなれが20件，ヒラメ筋肉ばなれが16件，足底筋肉ばなれが0件で，腓腹筋肉ばなれとヒラメ筋肉ばなれの発生数が多かった．以上より，計測機器によって肉ばなれの検出力が異なることが明らかになり，使用機器によって肉ばなれの筋別発生数に大きな差が出ることが明らかとなった．超音波画像診断装置では，低い周波数を使用したことで画像分解能が低下し，深層にあるヒラメ筋肉ばなれを鑑別できなかった可能性がある．

　組織別の肉ばなれ発生数についてはMRIを用いた研究がある．Koulourisら[10]は，1.5 Tの

表3-3 ヒラメ筋の肉ばなれの組織別発生数（3.0 T MRIを用いた）（文献11より引用）

筋腱移行部（31）			筋膜（24）				
内側腱膜	外側腱膜	中心腱	前部（12）		後部（12）		
			内側	外側	内側	外側	下方
14	7	10	7	5	5	5	2

MRIを用いて下腿の肉ばなれの組織別存在率を調査した．その結果，腓腹筋と同様に，ヒラメ筋は内側の筋腱移行部において多くの損傷が認められ，筋腱移行部・筋膜の両方に損傷が生じる可能性が示唆された（表3-2）．Baliusら[11]は，3.0 TのMRIを用いてヒラメ筋の肉ばなれを組織別に調査し，筋腱移行部が56％，筋膜が44％であったと報告した．また，彼らはこの研究で，ヒラメ筋肉ばなれの損傷部位の詳細についても報告した（表3-3）．筋腱移行部においては内側・外側だけではなく中心腱の損傷を，また筋膜においては内側・外側だけではなく前部・後部や下方など詳細な損傷部位を報告し，現在の研究では筋腱移行部や筋膜の詳細な損傷部位の鑑別が可能となったことが示された．しかし，損傷部位の違いが治療や復帰期間へ与える影響に関する報告はない．

E. 腓腹筋の組織別伸張率

筋の肉ばなれや腱断裂の発生メカニズムを明らかにするためには，組織の伸張率を解明することが重要であり，バイオメカニクスの分野において筋束・筋膜・筋腱移行部・腱などの伸張率に関する研究が進められてきた．Magnussonら[12]は，足関節の底背屈自動運動において腱膜と比較して中心腱の伸張率が有意に大きいことを報告した．Arampatzisら[13]は，腱と腱膜の伸張率には有意差がなかったことを報告した．De Monteら[14]は，足関節の底背屈他動運動において，筋束・腱・腱膜・腱−腱膜の伸張率を比較して，筋束の伸張率が有意に大きいことを報告した．Abellanedaら[15]は，筋束と比較して，腱の伸張率が有意に大きいことを報告した．しかし，各研究によって対象としている組織の範囲や伸張率の計算方法が異なるため，腱組織や筋束の伸張率に関する見解は一致していない．したがって，筋の肉ばなれや腱断裂の発生メカニズムを明らかにするためには，組織別伸張率の計測法の確立が必要である．

F. まとめ

1. すでに真実として承認されていること

- MRIの精度が上昇し，筋腱移行部や筋膜において，より詳細な損傷部位の鑑別が可能である．
- 腓腹筋の肉ばなれは内側の筋腱移行部において多く発生する．

2. 議論の余地はあるが，今後の重要な研究テーマとなること

- 腓腹筋とヒラメ筋の肉ばなれの発生率が同程度である可能性について．
- ヒラメ筋において筋腱移行部以外の組織も損傷する可能性について．

G. 今後の課題

- 深層の筋を含めた下腿の肉ばなれの筋別発生率に関する検討．
- 肉ばなれの損傷部位の違いが治療や復帰期間へ与える影響に関する検討．

- 計測法を統一した組織別伸張率に関する検討。

文献

1. Alonso JM, Junge A, Renstrom P, Engebretsen L, Mountjoy M, Dvorak J: Sports injuries surveillance during the 2007 IAAF World Athletics Championships. *Clin J Sport Med*. 2009; 19: 26-32.
2. Alonso JM, Edouard P, Fischetto G, Adams B, Depiesse, F, Mountjoy M: Determination of future prevention strategies in elite track and field: analysis of Daegu 2011 IAAF Championships injuries and illnesses surveillance. *Br J Sports Med*. 2012; 46: 505-14.
3. Waldén M, Hagglund M, Ekstrand J: Football injuries during European Championships 2004-2005. *Knee Surg Sports Traumatol Arthrosc*. 2007; 15: 1155-62.
4. Waldén M, Hägglund M, Orchard J, Kristenson K, Ekstrand J: Regional differences in injury incidence in European professional football. *Scand J Med Sci Sports*. 2013; 23: 424-30.
5. Junge A, Langevoort G, Pipe A, Peytavin A, Wong F, Mountjoy M, Beltrami G, Terrell R, Holzgraefe M, Charles R, Dvorak J: Injuries in team sport tournaments during the 2004 Olympic Games. *Am J Sports Med*. 2006; 34: 565-76.
6. Weishaupt D, Schweitzer ME, Morrison WB: Injuries to the distal gastrocnemius muscle: MR findings. *J Comput Assist Tomogr*. 2001; 25: 677-82.
7. Kwak HS, Han YM, Lee SY, Kim KN, Chung GH: Diagnosis and follow-up US evaluation of ruptures of the medial head of the gastrocnemius ("tennis leg"). *Korean J Radiol*. 2006; 7: 193-8.
8. Kwak HS, Lee KB, Han YM: Ruptures of the medial head of the gastrocnemius ("tennis leg"): clinical outcome and compression effect. *Clin Imaging*. 2006; 30: 48-53.
9. Delgado GJ, Chung CB, Lektrakul N, Azocar P, Botte MJ, Coria D, Bosch E, Resnick D: Tennis leg: clinical US study of 141 patients and anatomic investigation of four cadavers with MR imaging and US. *Radiology*. 2002; 224: 112-9.
10. Koulouris G, Ting AY, Jhamb A, Connell D, Kavanagh EC: Magnetic resonance imaging findings of injuries to the calf muscle complex. *Skeletal Radiol*. 2007; 36: 921-7.
11. Balius R, Alomar X, Rodas G, Miguel-Perez M, Pedret C, Dobado MC, Blasi J, Koulouris G: The soleus muscle: MRI, anatomic and histologic findings in cadavers with clinical correlation of strain injury distribution. *Skeletal Radiol*. 2013; 42: 521-30.
12. Magnusson SP, Hansen P, Aagaard P, Brond J, Dyhre-Poulsen P, Bojsen-Moller J, Kjaer M: Differential strain patterns of the human gastrocnemius aponeurosis and free tendon, in vivo. *Acta Physiol Scand*. 2003; 177: 185-95.
13. Arampatzis A, Stafilidis S, DeMonte G, Karamanidis K, Morey-Klapsing G, Bruggemann GP: Strain and elongation of the human gastrocnemius tendon and aponeurosis during maximal plantarflexion effort. *J Biomech*. 2005; 38: 833-41.
14. De Monte G, Arampatzis A, Stogiannari C, Karamanidis K: In vivo motion transmission in the inactive gastrocnemius medialis muscle-tendon unit during ankle and knee joint rotation. *J Electromyogr Kinesiol*. 2006; 16: 413-22.
15. Abellaneda S, Guissard N, Duchateau J: The relative lengthening of the myotendinous structures in the medial gastrocnemius during passive stretching differs among individuals. *J Appl Physiol*. 2009; 106: 169-77.

〈野村　勇輝〉

4. 下腿コンパートメント症候群

はじめに

下腿慢性コンパートメント症候群は安静時に疼痛が出現せずに，運動後に疼痛が出現する障害である。主に筋内圧が下腿筋から出る静脈内圧を超えることにより，筋内の血液量が増加することによって発生する。本項では，慢性コンパートメント症候群の疫学および疼痛発生メカニズムを中心に整理した。

A. 文献検索方法

本項で引用した文献の検索には PubMed を用いた。2013 年までに掲載された文献で，キーワード「compartment syndrome」と「leg」を組み合わせてヒットした 1,020 件，「chronic exertional compartment syndrome」でヒットした 295 件から，本項のテーマである慢性コンパートメント症候群に関するものを抽出した。また，抽出した文献で引用されている文献も適宜加えてレビューした。

B. 疫　学

慢性コンパートメント症候群は運動中および直後に疼痛が出現する障害であることから，医療機関における診断が容易ではない。Detmer ら[1]は，慢性コンパートメント症候群の患者 100 人のうち 87 名がスポーツを行っていたことを報告した。また，その報告によると，87 名のうち 69 名がランナーであり，その内訳はランニング 33 名，トラック競技 17 名，クロスカントリー 11 名，マラソン 6 名，短距離走 1 名，障害物競走 1 名であった。この報告により，慢性コンパートメント症候群がスポーツ活動を行う者に多く発症する傾向があることが示された。しかし，上記の報告には受傷機転や区画別発生率に関する記載はなかった。

C. 疼痛発生メカニズム

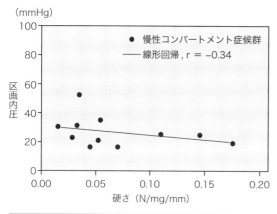

図 4-1 慢性コンパートメント症候群患者の筋膜の硬さと運動 5 分後の区画内圧の関係（文献 3 より引用）
筋膜の硬さと運動 5 分後の区画内圧の間には相関関係は認められない。

慢性コンパートメント症候群の疼痛発生のメカニズムとして筋膜の性質が関与すると考えられている。Blackman ら[2]は，筋膜の硬さ・厚さ，筋肥大，組織の浮腫が生じていることで区画内圧が上昇しやすい状態にあり，運動後に何らかの理由

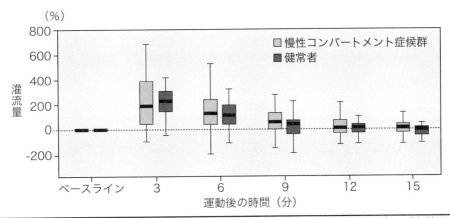

図4-2 慢性コンパートメント症候群患者と健常者における運動後の筋内血液灌流量の違い（文献4より引用）
慢性コンパートメント症候群も健常者も運動3分後から灌流量が増加したが，15分後には両群ともに灌流障害は生じておらず，各時間において群間差は認められない。

で区画内圧が上昇した結果，毛細血管に局所灌流障害が生じて，虚血性疼痛が生じると考察した。Dahlら[3]は，慢性コンパートメント症候群の筋膜の硬さと区画内圧の関係を解明するため，筋膜の硬さと運動5分後の区画内圧の相関関係を分析した。その結果，慢性コンパートメント症候群において，筋膜の硬さと運動5分後の区画内圧の間には相関関係は認められなかった（図4-1）。また，慢性コンパートメント症候群において，筋膜の硬さと年齢の間にも相関関係を認められなかったことから，筋膜の硬さの増加は区画内圧の上昇に影響を与えない可能性があると考察した。しかし，生検した筋膜の部位の違いが筋膜の硬さに及ぼす影響を考慮すると，結論を得るには十分とはいえない。

筋内血管で生じるとされている局所灌流障害，および毛細血管分布についての研究が行われてきた。Andreisekら[4]は，筋内血管の局所灌流障害を検討するために，MRIのASL法（造影剤を使用せずに灌流画像を得ることができる非侵襲的な方法）を用いて研究を行った。その結果，慢性コンパートメント症候群も健常者も同様に運動3分後から灌流量が増加したが，15分後には両群ともに灌流障害は生じておらず，また各時間におい

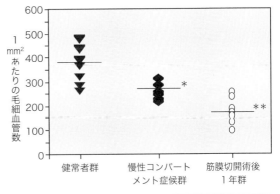

図4-3 健常者群，慢性コンパートメント症候群，筋膜術後1年群の毛細血管数（文献5より引用）
筋膜切開術後1年群において毛細血管分布が減少したが区画内圧は正常であったため毛細血管分布が区画内圧の上昇に影響を与えない可能性が示唆される。＊：健常者群と慢性コンパートメント症候群の2群間で有意差あり（$p<0.05$），＊＊：慢性コンパートメント症候群と筋膜切開術後1年群の2群間で有意差あり（$p<0.05$）。

て群間差は認められなかった（図4-2）。これにより，灌流量が疼痛発生メカニズムに関与しない可能性が示唆された。Andreisekら[4]は1.5TのMRIを使用したが，信号雑音比がより高い3.0TのMRIなどを使用した場合，異なる結果が出る可能性もある。Edmundssonら[5]は，慢性コンパートメント症候群の病態に関して，毛細血管分布の減少が区画内圧を上昇させるという仮説を立

て，健常者群・慢性コンパートメント症候群・筋膜切開術後1年後群の3群で毛細血管分布の比較検討を行った．その結果，筋膜切開術後1年後群において毛細血管分布が減少しているにもかかわらず区画内圧が正常であったため，毛細血管分布が区画内圧の上昇に影響を与えないこと，つまり毛細血管分布は虚血のメカニズムに関与しない可能性が示唆された（図4-3）．

慢性コンパートメント症候群の疼痛発生メカニズムに関して，区画内圧が上昇する原因は現在も不明である．筋組織の酸素化や筋細胞組織の変化，筋線維と毛細血管分布の関係などが虚血性疼痛を引き起こすメカニズムに関連するという説もあり，今後の研究課題は多い．

D. まとめ

1. すでに真実として承認されていること

- 慢性コンパートメント症候群では安静時ではなく，運動後に疼痛が誘発される．
- 原因は明らかではないが，運動後に区画内圧が上昇する．

2. 議論の余地はあるが，今後の重要な研究テーマとなること

- 筋膜の硬さの増加，毛細血管分布は区画内圧の上昇に影響を与えない可能性について．
- 毛細血管分布は虚血の発生メカニズムに関与しない可能性について．
- 筋内血管の局所灌流障害は疼痛発生メカニズムに関係しない可能性について．

E. 今後の課題

- 信号雑音比がより高い3.0T MRIなどを使用した灌流量の検討．
- より詳細な筋線維と毛細血管分布の関係に関する検証が必要．

文献

1. Detmer DE, Sharpe K, Sufit RL, Girdley FM: Chronic compartment syndrome: diagnosis, management, and outcomes. *Am J Sports Med*. 1985; 13: 162-70.
2. Blackman PG: A review of chronic exertional compartment syndrome in the lower leg. *Med Sci Sports Exerc*. 2000; 32 (3 Suppl): S4-10.
3. Dahl M, Hansen P, Stal P, Edmundsson D, Magnusson SP: Stiffness and thickness of fascia do not explain chronic exertional compartment syndrome. *Clin Orthop Relat Res*. 2011; 469: 3495-5001.
4. Andreisek G, White LM, Sussman MS, Langer DL, Patel C, Su JW, Haider MA, Stainsby JA: T2*-weighted and arterial spin labeling MRI of calf muscles in healthy volunteers and patients with chronic exertional compartment syndrome: preliminary experience. *AJR Am J Roentgenol*. 2009; 193: W327-33.
5. Edmundsson D, Toolanen G, Thornell LE, Stal P: Evidence for low muscle capillary supply as a pathogenic factor in chronic compartment syndrome. *Scand J Med Sci Sports*. 2010; 20: 805-13.

〔野村　勇輝〕

5. 筋挫傷

はじめに

　筋挫傷は，スポーツ現場で活動する理学療法士，トレーナーがかかわる機会の多いスポーツ外傷である．しかしながら，筋挫傷の病態解明および治療に関してのエビデンスは不十分である．筋挫傷の治療について多くの研究が行われているものの治療法は確立されていない．また，重症例においては合併症がスポーツ復帰を遅れさせる主な原因となるが，その詳細な病態などはいまだ明らかとなっていない．本項では，筋挫傷の疫学，病態，診断，治療の項目に分け，筋挫傷における近年の知見を整理することを目的とした．

A. 文献検索方法

　文献検索は Medline（Pubmed）を用い，2013 年 3 月に行った．「muscle」と「contusion」をキーワードにヒットした 677 件のうち 2003～2013 年の 152 件のなかで筋挫傷（muscle contusion）に関連する論文を選択し，選択した論文に引用されている文献も適宜加えた 27 論文をレビューした．

B. 疫　学

　大腿四頭筋筋挫傷はコンタクトスポーツに多発する．Ryan ら[1]は，500 名の海軍の学生を対象に，3 年間のスポーツ活動における大腿四頭筋筋挫傷の発生率を報告した．スポーツ別にみると，ラグビー 4.7％，空手・柔道 2.3％，アメリカンフットボール 1.6％の発生率であった（図 5-1）．このことから，大腿四頭筋筋挫傷はコリジョンスポーツや空手・柔道など，衝突や打撃を含む競技において発生率が高い傾向にあることが示

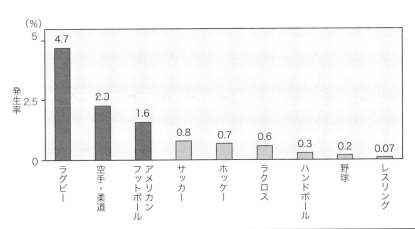

図 5-1　競技別大腿四頭筋筋挫傷発生率（文献 1 より引用）
大腿四頭筋筋挫傷は衝突や打撃を含む競技において発生率が高い傾向にある．

第1章 筋障害

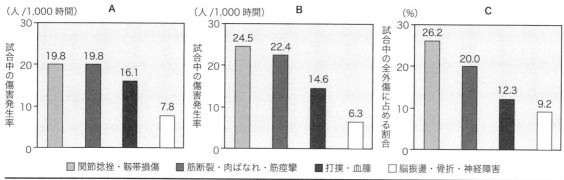

図5-2 ラグビーワールドカップにおける外傷発生率（文献2〜4より作図）
A：2011年男子の1,000競技時間あたり発生率，B：2007年男子の1,000競技時間あたり発生率，C：2006年女子の全外傷に占める割合．打撲・血腫は男女とも3番目に多い外傷である．

表5-1 国際的なスポーツ大会における外傷の発生率（文献5〜8より作成）

サッカー（2006）	下腿打撲（12%）	頭・頸部打撲（9%）	大腿打撲（8%）
ハンドボール（2006）	頭・頸部打撲（17%）	足関節捻挫（9%）	体幹打撲（6%）
バスケットボール（2006）	足関節捻挫（14%）	大腿打撲（9%）	頭・頸部裂傷（7%） 腕・肘裂傷（7%）
ホッケー（2006）	足関節捻挫（14%）	頭・頸部打撲（9%） 頭・頸部裂傷（9%） 腕・肘打撲（9%） 膝裂傷（9%）	
サッカー（2007）	足関節捻挫（16%）	頭・頸部打撲（9%）	大腿打撲（7%） 下腿打撲（7%）
サッカー（2007）	下腿打撲（17%）	大腿肉ばなれ・断裂（12%）	足関節捻挫（11%）
サッカー（2007）	大腿打撲（10%）	下腿打撲（9%） 大腿肉ばなれ・断裂（9%）	

唆された．一方，ラグビーワールドカップにおける外傷発生率調査の結果，2007年[2]および2011年[3]の男子大会では，1,000競技時間あたりの打撲・血腫の発生率がそれぞれ14.6%および16.1%，2006年[4]の女子大会では，全外傷あたりの打撲・血腫の割合が12.3%であった（**図5-2**）．これらの3大会では，外傷発生率の算出方法が男女で異なるが，打撲・血腫は男女とも関節捻挫・靱帯損傷，筋断裂・肉ばなれに次いで3番目に多い外傷であった．国際レベルの大会における外傷発生率の身体部位別の調査では，サッカーにおいて大腿・下腿の打撲の発生率が7〜17%と高い値を示した（**表5-1**）[5〜8]．

C. 病 態

スポーツ活動で発生する筋挫傷の多くは，膝などの非鋭利な物体による筋への直達外力により発生する．その多くは，骨に隣接した筋層の損傷と筋内・筋間血腫を伴う．また，筋挫傷の重症度は加えられる外力の大きさに依存する．筋挫傷の病態に関して，Elmerら[9]は，ラット筋挫傷モデルを用いて筋挫傷後の等尺性筋力，短収縮時のパワーを計測した．その結果，筋挫傷受傷後1時間，48時間の等尺性筋力は受傷前と比較して両時間とも30%の有意な減少，短収縮時のパワーは1時間後で28%，48時間後で32%の有意な減少を示した．

5. 筋挫傷

表 5-2 急性コンパートメント症候群を合併した症例

報告者	症例	理学所見	画像所見	症状増悪時期	治療
Joglekar ら[12]	39歳, 男性 バスケットボール	直後症状：なし 強い痛み 腫脹増悪 大腿前外側のしびれ感 大腿四頭筋筋力：MMT 2/5 60 mmHg	—	52時間後	受傷後62時間後 筋膜切開術 3ヵ月後スポーツ復帰
Riede ら[14]	16歳, 男性 サッカー	直後症状：痛み 疼痛・腫脹増悪 大腿周径増大 ROM：0～30° SLR不可 筋内圧：大腿直筋 80 mmHg 　　　　中間広筋 100 mmHg	X線：骨折なし 超音波：中間広筋に血腫 MRI：STIRで高信号, T1でわずかに高信号	受傷日の夜間	保存療法6ヵ月後スポーツ復帰
Lee ら[13]	20歳, 男性 アメリカンフットボール	直後症状：なし 疼痛（他動運動） 足部の冷感 足背・後脛骨動脈拍動弱い 知覚異常なし 筋内圧 120 mmHg	X線：骨折なし CT：血管損傷なし	5時間後	受傷後6時間後筋膜切開術 6週後ランニング 12週後 スポーツ復帰
Diaz ら[11]	20歳, 男性 バスケットボール	直後症状：大腿前外側の腫脹・緊張, ROM：0～130° 翌朝：強い痛み ROM：0～20° 大腿前面の腫脹・緊張 関節内の滲出液 SLR不可	MRI：外側広筋に血腫	受傷後翌朝	保存療法3週で完全復帰
	25歳, 男性 アメリカンフットボール	直後症状：可動域制限なし 12時間後：強い痛み ROM：0～40° 腫脹, 滲出液 筋内圧 31 mmHg	MRI：中間広筋に血腫	12時間後	保存療法25日で完全復帰
	記載なし	直後症状：ROM：0～90° 緊張, 痛み ROM：0～40° 腫脹	MRI：中間広筋に血腫	受傷後翌朝	保存療法21日で完全復帰

　筋挫傷の合併症として，骨化性筋炎，急性コンパートメント症候群がある．これらの合併症は一定の発生率があり，予後に大きな影響を与えることから，筋挫傷と関連して複数の研究がある．筋挫傷後に骨化性筋炎を合併した1例の症例報告において，大腿への筋挫傷受傷後1～9週にわたり経時的な症状の悪化を認め，9週後の身体所見として膝関節屈曲自動45°以下，他動屈曲70°の著しい可動域制限，腫脹，腫瘤，圧痛，膝伸展筋力の低下（MMT 2）を認めた[10]．また画像所見として，3週後のMRIにて外側広筋に筋損傷と血腫が確認され，9週後のX線にて血腫部位に一致する異所性骨化の出現を伴っていた[10]．1症例の報告ではあるが，筋挫傷に合併する骨化性筋炎の病態として，発症には受傷後1週後より筋挫傷初期症状の経時的な増悪，受傷後3週後も遷延する血腫部位への異所性骨化の出現を示した．

　筋挫傷後に急性コンパートメント症候群を合併した6例の症例報告[11～14]にみられる所見としては，大腿への筋挫傷受傷後5～52時間後に疼痛増悪，腫脹増悪，大腿周径増大，膝関節屈曲角度90°から30°，120°から20°への可動域制限の増

悪，しびれ感，足部冷感などの知覚異常，足背・後脛骨動脈の拍動弱化，SLR不可などの症状の増悪を認めた。また，筋内圧の検査では，正常値である0～8 mmHgから60～120 mmHgへの上昇を認めた（**表5-2**）。

骨化性筋炎，急性コンパートメント症候群はスポーツ競技への復帰を遅延させる重大な合併症である。Aroら[15]は，骨化性筋炎の発生メカニズムについて，局所的な組織無酸素症の存在下において骨形成細胞や骨芽細胞へと分化する間葉系細胞の急速な増殖により異所性骨化が惹起され，加えて筋損傷により炎症性細胞を受傷部位へ誘引するプロスタグランジン合成が起こり異所性骨化を形成するという仮説を提唱した。しかし，その発生メカニズムについては十分に明らかになっていない。

D. 診 断

筋挫傷の身体所見としては，受傷部位に一致した限局的な疼痛，関節可動域の減少，受傷部位の圧痛があげられる。診察において，受傷部位に明らかな変形，腫脹，出血斑がないか視診をしたうえで，受傷筋に沿って触診し，疼痛部位を特定する。受傷側と非受傷側の筋力を比較することは重症度を判断する際に有用である。

筋挫傷の多くは骨に隣接した筋層の損傷と筋内・筋間血腫を伴う。また，筋挫傷の重症例に合併する骨化性筋炎は血腫部位に一致して異所性骨化の形成を認めるため，血腫部位，血腫サイズを経時的に観察することが診断上必要となる。Bencardinoら[16]は筋挫傷における画像診断のゴールドスタンダードであるMRIを用いて筋挫傷の重症度分類を行い，画像所見において拡散・羽状様の信号変化がみられるものをMild contusion，筋腹のより深部にみられる筋内血腫を伴うものをSevere contusionと分類した。この分類に基づき，Megliolaら[17]は臨床的により簡便に血腫の観察を行える超音波診断装置の感度を検証した。筋挫傷の受傷部位をMRI，超音波診断装置にて撮像し，血腫・出血の部位，サイズを比較し，Mild contusionにおいて76.9%，Severe contusionにおいて100%の感度を示した。このことから，超音波診断装置は血腫を伴う筋挫傷において血腫部位，血腫サイズの特定に高い感度を有し，筋挫傷受傷後の血腫の経時的な変化の観察に有用な手段であると考えられる。

E. 治 療

筋挫傷の治療効果に関して，筋組織の修復促進を目的とした超音波療法や急性期処置の治療効果，筋挫傷の合併症である骨化性筋炎に対する治療についての研究がある。超音波治療が筋損傷からの修復過程に与える影響について検証されてきた。

Shuら[18]は，無作為化対照研究にて，超音波治療の効果の有無を検証した。筋挫傷受傷24時間後より超音波強度0.25 W/cm^{2}にて1日5分の治療を実施し，受傷後4，7，14日において筋線維の形成に関与する筋衛星細胞と筋管細胞の細胞数の変化と挫傷部位の組織変化を対照群と比較した。筋衛星細胞は筋損傷修復過程の初期に活性化し，増殖分化により筋線維の基礎となる筋芽細胞を形成する細胞である。また，筋管細胞は集合・整列して筋線維を形成する[19~21]。つまり，筋衛星細胞と筋管細胞の増加は筋組織の修復が促進されていることを意味する。結果として，受傷4，7，14日後のいずれにおいても超音波群は対照群と比較して有意に筋衛星細胞，筋管細胞の数値が高値であった。また，受傷14日後の超音波群では筋細胞に多くの筋管細胞が付着し，筋線維配列が直列であったのに対し，対照群ではいまだに炎症細胞の浸潤を認め，筋管細胞数も少なく，

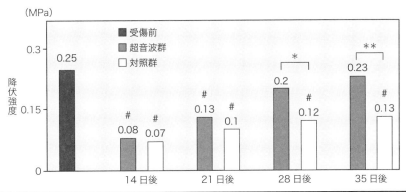

図5-3 超音波治療による受傷後14, 21, 28, 25日後の降伏強度（文献18より引用）
14, 21日後の降伏強度は両群とも受傷前と比較して有意に低下したが, 28日後には超音波群と受傷前の降伏強度に有意差はなく, 対照群は有意に低かった. さらに35日後では超音波群の降伏強度は受傷前と同様の数値にもどったが, 対照群は受傷前, 超音波群に比べて有意に低値のままであった. #：$p<0.01$ 受傷前と比較, ＊：$p<0.05$, ＊＊$p:0.01$ 超音波群, 対照群で比較.

表5-3 大腿四頭筋筋挫傷受傷後の処置と骨化性筋炎発症率, 競技復帰までの日数

重症度	膝伸展位でRICE処置[23]		膝屈曲位でRICE処置後積極的な膝屈曲可動域訓練[1]		受傷直後より膝屈曲120°に固定[22]	
	発症率	復帰までの日数	発症率	復帰までの日数	発症率	復帰までの日数
Mild (90°<)	0% (0/47)	6.5日 (2～25日)	4% (3/71)	13日 (2～42日)	2% (1/47)＊	3.5日 (2～5日)
Moderate (45～90°)	71% (5/7)	56日 (33～95日)	18% (7/38)	19日 (7～60日)	0%	
Severe (<45°)	73% (8/11)	72日 (28～180日)	13% (1/8)	21日 (7～35日)	0%	

＊調査以前の同部位への打撲による発症の可能性.

筋線維配列が不正であった. このように超音波治療は間葉系幹細胞と筋管細胞の増殖・形成を促し, 筋の構造的回復を促進すると報告した.

Shuら[18]は, 同じ無作為化対照研究にて, 超音波強度の違いによる効果を比較した. その結果, 3種類の超音波強度（0.25 W/cm², 0.50 W/cm², 0.75 W/cm²）と対照群との間で, 筋衛星細胞, 筋管細胞, 筋線維配列に違いはみられなかった. 同じ研究で, 受傷14, 21, 28, 35日後の筋の降伏強度を, 0.25 W/cm²の超音波群と対照群との間で比較した. 降伏強度とは, 塑性変化を起こさずに材料に生じさせることのできる最大応力のことである. 受傷前の筋線維の降伏強度と比較して14, 21日後には両群ともに有意に降伏強度の低下を示したが, 28日後には超音波群と受傷前の降伏強度に有意差はなく, 超音波群は対照群と比較して有意に高い降伏強度を示した. 35日後では超音波群の降伏強度は受傷前と同様の数値にもどったが, 対照群は受傷前, 超音波群に比べて有意に低値のままであった（**図5-3**）. このことから, 超音波治療は筋の構造的強度を早期に回復させ, 自然治癒では35日後においても構造的強度は受傷前の状態に回復していない可能性が示唆された.

今日では筋挫傷受傷後の処置として, 血腫の形成を防ぐことを目的に受傷筋が伸張位となるように関節を固定し, RICE処置を行うことが一般的となっている. この受傷直後の処置による治療効

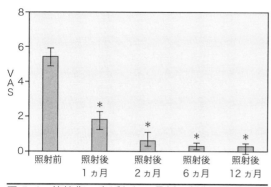

図5-4 筋挫傷，肉ばなれ，骨折，創傷受傷後に骨化性筋炎を合併したスポーツ選手に対する体外衝撃波破砕療法前後のVAS平均値の変化（文献24より引用）

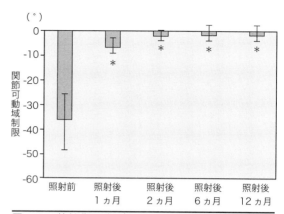

図5-5 筋挫傷，肉ばなれ，骨折，創傷受傷後に骨化性筋炎を合併したスポーツ選手に対する体外衝撃波破砕療法前後の関節可動域制限平均値の変化（文献24より引用）

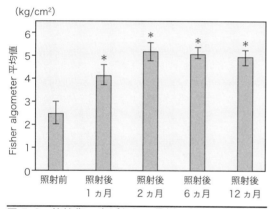

図5-6 筋挫傷，肉ばなれ，骨折，創傷受傷後に骨化性筋炎を合併したスポーツ選手に対する体外衝撃波破砕療法前後のFisher algometer平均値の変化（文献24より引用）

果について，大腿四頭筋への筋挫傷を受傷したスポーツ選手を対象として報告した3つの研究がある[1, 22, 23)]。これらの研究では，筋挫傷の重症度を受傷48時間後における自動膝関節屈曲角度にて分類したうえで，受傷直後の処置を①膝伸展位でのRICE処置[23)]，②膝伸展位でのRICE処置後に積極的な膝屈曲可動域訓練を実施[1)]，③受傷直後より膝関節屈曲120°に固定したRICE処置[22)]の3群間で，競技復帰までの日数および骨化性筋炎発症率が比較された。その結果，受傷直後よ

り膝関節屈曲120°に固定しRICE処置を行うことで骨化性筋炎発生率が低下し，早期の競技復帰につながる可能性が示唆された（**表5-3**）。一方，この研究[22)]の対象者の1症例の骨化性筋炎の原因として，調査以前の同部位への打撲の既往の影響について考察された。急性期の処置により骨化性筋炎を完全に予防することができるかは不明である。また，処置の違いによる筋の治癒過程への影響，骨化性筋炎発生率低下のメカニズムについても明確にはなっていない。

筋挫傷の合併症である骨化性筋炎の病変形成のメカニズムの解明や治療効果のエビデンスは不十分である。その治療において，大きな血腫形成を予防することが重要であることは前述のレビューでも指摘されたとおりである。発症後，12ヵ月経っても症状が改善しない場合は異所性骨化の観血的な除去を行うが，局所再発の可能性があるため，異所性骨化が完全に成熟する症状発生後12〜24ヵ月までは切除すべきではないという意見もある[24)]。骨化性筋炎の治療として，体外衝撃波破砕療法（extracorporeal shock wave therapy：ESWT）の効果が報告された。Buselliら[24)]は，筋挫傷，肉ばなれ，骨折，創傷受傷後に骨化性筋炎を合併したスポーツ選手を対象に，VAS，

ROM, Fisher algometer（圧痛数値）をESWT照射前および照射後1，2，6，12ヵ月にて比較した。治療は週6回2週間を1セッションとし，セッションごとに6週間の間隔を開けて3セッション実施された。照射後1ヵ月よりVAS, ROM, Fisher algometerは有意に低下し，87%が平均13週後（10〜28週）に競技復帰した。しかし，照射前と12ヵ月後の異所性骨化の画像上の面積には有意な減少はみられなかった（図5-4〜図5-6）。ESWTの軟部組織への効果として，血管新生による骨化物質の洗い流し[25]，細胞治癒に作用する成長因子の放出[26]，抗炎症作用を産生する一酸化窒素の合成[27]が先行研究により報告された。また，骨化性筋炎に対するESWTは異所性骨化の縮小効果は得られないものの，疼痛，可動域制限の改善に有効であることが示唆された。

F. まとめ

1. すでに真実として承認されていること

- 大腿四頭筋筋挫傷は，衝突・打撃を伴うスポーツに多い。
- 筋挫傷はラグビー・サッカーにおいて，発生率の高いスポーツ外傷である
- 大腿四頭筋筋挫傷受傷後は，膝関節屈曲120°で固定することでより早期のスポーツ復帰が可能である。

2. 議論の余地はあるが，今後の重要な研究テーマとなること

- 筋挫傷に合併する骨化性筋炎，急性コンパートメント症候群の病態の解明。
- 重症度分類の妥当性，超音波診断の信頼性の検証。
- 筋挫傷後の処置の違いによる治癒過程への影響，骨化性筋炎発症率低下のメカニズムの検討。
- 超音波治療による筋の治癒過程への効果検証。
- 体外衝撃波破砕療法による骨化性筋炎治療の効果検証。

3. 真実と思われていたが実は疑わしいこと

- 筋挫傷は，肉ばなれに次いで2番目に多い軟部組織外傷だと考えられているが，明確なエビデンスとなる報告はない。
- 大腿四頭筋筋挫傷後に膝関節屈曲120°で固定することで骨化性筋炎の発生を予防することができると考えられているが，実際には完全な予防にはいたらない可能性がある。

G. 今後の課題

- 筋挫傷に合併する骨化性筋炎，急性コンパートメント症候群の発生メカニズムの解明，合併の前兆となる所見のデータ蓄積と検証。
- 筋挫傷受傷後の膝関節屈曲120°固定の処置による血腫の消退の有無，筋線維への組織学的影響の検証。
- 超音波治療による筋挫傷の治癒過程への組織学的影響についてのさらなる検証，ヒトを対象とした治療効果の検証。
- ESWTによる骨化性筋炎治療の治療効果の検証。

文献

1. Ryan JB, Wheeler JH, Hopkinson WJ, Arciero RA, Kolakowski KR: Quadriceps contusions. West Point update. *Am J Sports Med*. 1991; 19: 299-304.
2. Fuller CW, Laborde F, Leather RJ, Molloy MG: International Rugby Board Rugby World Cup 2007 injury surveillance study. *Br J Sports Med*. 2008; 42: 452-9.
3. Fuller CW, Sheerin K, Targett S: Rugby World Cup 2011: International Rugby Board injury surveillance study. *Br J Sports Med*. 2013; 47: 1184-91.
4. Schick DM, Molloy MG, Wiley JP: Injuries during the 2006 Women's Rugby World Cup. *Br J Sports Med*. 2008; 42: 447-51.

5. Dvorak J, Junge A, Derman W, Schwellnus M: Injuries and illnesses of football players during the 2010 FIFA World Cup. *Br J Sports Med*. 2011; 45: 626-30.
6. Dvorak J, Junge A, Grimm K, Kirkendall D: Medical report from the 2006 FIFA World Cup Germany. *Br J Sports Med*. 2007; 41: 578-81; discussion 581.
7. Junge A, Dvorak J: Injuries in female football players in top-level international tournaments. *Br J Sports Med*. 2007; 41 Suppl 1: i3-7.
8. Junge A, Langevoort G, Pipe A, Peytavin A, Wong F, Mountjoy M, Beltrami G, Terrell R, Holzgraefe M, Charles R, Dvorak J: Injuries in team sport tournaments during the 2004 Olympic Games. *Am J Sports Med*. 2006; 34: 565-76.
9. Elmer S, McDaniel J, Mattson J, Martin J: Effect of a contusion injury on muscular force, power, work, and fatigue. *Scand J Med Sci Sports*. 2012; 22: 488-94.
10. Torrance DA, Degraauw C: Treatment of post-traumatic myositis ossificans of the anterior thigh with extracorporeal shock wave therapy. *J Can Chiropr Assoc*. 2011; 55: 240-6.
11. Diaz JA, Fischer DA, Rettig AC, Davis TJ, Shelbourne KD: Severe quadriceps muscle contusions in athletes. A report of three cases. *Am J Sports Med*. 2003; 31: 289-93.
12. Joglekar SB, Rehman S: Delayed onset thigh compartment syndrome secondary to contusion. *Orthopedics*. 2009; 32(8), pii: doi: 10.3928/01477447-20090624-09.
13. Lee AT, Fanton GS, McAdams TR: Acute compartment syndrome of the thigh in a football athlete: a case report and the role of the vacuum-assisted wound closure dressing. *J Orthop Trauma*. 2005; 19: 748-50.
14. Riede U, Schmid MR, Romero J: Conservative treatment of an acute compartment syndrome of the thigh. *Arch Orthop Trauma Surg*. 2007; 127: 269-75.
15. Aro HT, Viljanto J, Aho HJ, Michelsson JE: Macrophages in trauma-induced myositis ossificans. *APMIS*. 1991; 99: 482-6.
16. Bencardino JT, Rosenberg ZS, Brown RR, Hassankhani A, Lustrin ES, Beltran J: Traumatic musculotendinous injuries of the knee: diagnosis with MR imaging. *Radiographics*. 2000; 20 Spec No: S103-20.
17. Megliola A, Eutropi F, Scorzelli A, Gambacorta D, De Marchi A, De Filippo M, Faletti C, Ferrari FS: Ultrasound and magnetic resonance imaging in sports-related muscle injuries. *Radiol Med*. 2006; 111: 836-45.
18. Shu B, Yang Z, Li X, Zhang LQ: Effect of different intensity pulsed ultrasound on the restoration of rat skeletal muscle contusion. *Cell Biochem Biophys*. 2012; 62: 329-36.
19. Anderson JE: A role for nitric oxide in muscle repair: nitric oxide-mediated activation of muscle satellite cells. *Mol Biol Cell*. 2000; 11: 1859-74.
20. Jarvinen TA, Jarvinen TL, Kaariainen M, Kalimo H, Jarvinen M: Muscle injuries: biology and treatment. *Am J Sports Med*. 2005; 33: 745-64.
21. Rantanen J, Thorsson O, Wollmer P, Hurme T, Kalimo H: Effects of therapeutic ultrasound on the regeneration of skeletal myofibers after experimental muscle injury. *Am J Sports Med*. 1999; 27: 54-9.
22. Aronen JG, Garrick JG, Chronister RD, McDevitt ER: Quadriceps contusions: clinical results of immediate immobilization in 120 degrees of knee flexion. *Clin J Sport Med*. 2006; 16: 383-7.
23. Jackson DW, Feagin JA: Quadriceps contusions in young athletes. Relation of severity of injury to treatment and prognosis. *J Bone Joint Surg Am*. 1973; 55: 95-105.
24. Buselli P, Coco V, Notarnicola A, Messina S, Saggini R, Tafuri S, Moretti L, Moretti B: Shock waves in the treatment of post-traumatic myositis ossificans. *Ultrasound Med Biol*. 2010; 36: 397-409.
25. Kirkali Z, Esen AA, Hayran M, Gencbay A, Gidener S, Guven H, Gure A: The effect of extracorporeal electromagnetic shock waves on the morphology and contractility of rabbit ureter. *J Urol*. 1995; 154: 1939-43.
26. Manganotti P, Amelio E: Long-term effect of shock wave therapy on upper limb hypertonia in patients affected by stroke. *Stroke*. 2005; 36: 1967-71.
27. Wang L, Qin L, Lu HB, Cheung WH, Yang H, Wong WN, Chan KM, Leung KS: Extracorporeal shock wave therapy in treatment of delayed bone-tendon healing. *Am J Sports Med*. 2008; 36: 340-7.

（本村　遼介）

第2章
腱障害

　腱障害は下肢スポーツ障害のなかでも高頻度に発生する疾患である。その多くが反復される機械的ストレスの結果として発症することが考えられるため，治療のゴールドスタンダードを確立するうえでは発症メカニズムと危険因子を正確に理解する必要がある。本章では，腱障害のなかでも臨床でとりわけ多く遭遇する「アキレス腱炎」「膝蓋腱炎」「鵞足炎」「腸脛靱帯炎」の4疾患に焦点を絞り，その解剖，疫学，病態，発症メカニズム，危険因子，診断，治療についてまとめた。

　「アキレス腱炎」は，腱付着部炎，滑液包炎，腱症，腱周囲炎などの総称である。男性ランナーに多く発症し，寒冷環境における発生率が高い。また，発症する症例はランニング中の支持相において荷重中心が足底面外側に偏位し，重心の前方移動量が少ないという特徴が明らかとなった。有力な危険因子には，腓腹筋の柔軟性低下と後足部内反可動性の増大があげられた。治療としては遠心性収縮運動や体外衝撃波療法，低出力レーザー，微弱電流などに対して肯定的な見解も得られていたが，今後はより大規模な研究が必要である。

　「膝蓋腱炎」はジャンプを伴うスポーツでの有病率が高い。危険因子には大腿四頭筋やハムストリングスの柔軟性低下，足関節背屈角度減少，競技暴露時間，サーフェイス，膝蓋骨後傾アライメントなどがあげられた一方，具体的な発症メカニズムの解明にはいたっていなかった。治療法はステロイド注射や体外衝撃波療法，遠心性収縮運動，高負荷低速度抵抗運動などが主なものであったが，いずれも現時点では強い根拠に欠けている。

　「鵞足炎」は意外なほど研究が少なかった。一般的にはランナーやピボットを伴うスポーツ選手，競泳平泳ぎ選手に好発するとされるが，それを証明する大規模な疫学研究は存在しなかった。発症メカニズムは鵞足部の摩擦と考えられているが，これに関してもエビデンスが不十分といわざるをえない。治療法も超音波や注射の効果が検証された程度であった。

　「腸脛靱帯炎」は長距離ランナーに多く発症する疾患である。かつては腸脛靱帯が大腿骨外側上顆上を通過する際の摩擦により疼痛が生じると考えられていたが，近年では2つの組織に介在する脂肪組織への圧迫ストレスの影響も指摘された。危険因子としては股関節外転筋力や腸脛靱帯タイトネス，ランニング中の下肢バイオメカニクスなどがあげられたものの，一定の見解は得られていない。治療法には腸脛靱帯のストレッチングや股関節外転筋力強化，注射などが推奨されるようだが，さらなる検証が必要である。

　全体を通して，発症メカニズムに不明な点が多く，効果的な治療法が確立できていないのが腱障害の現状である。また，非炎症性の病態を示唆した報告も多いことから，従来の「～炎」のような呼称が適切かどうかも今後議論が必要と考えられる。

第2章編集担当：鈴川　仁人

6. アキレス腱炎

はじめに

アキレス腱炎は，若年アスリートから中高年スポーツ愛好家まで幅広く生じるスポーツ障害である[1,2]。下腿遠位部後方の痛みを主徴とする本疾患には，アキレス腱付着部に起きている腱付着部炎，滑液包炎，アキレス腱中央部に生じる慢性アキレス腱症，アキレス腱周囲炎などが含まれる。アキレス腱炎の発生部位による解剖学的な分類では[3,4]，アキレス腱付着部，腱中央部，筋腱移行部に分類される。また，発症機序や発症からの期間により急性症状や慢性発症があり，病期の違いもある。

アキレス腱周辺の多様な病態が混在するにもかかわらず，アキレス腱炎は1つの診断名で画一的に扱われることが多い。したがって，その治療もゴールドスタンダードと呼べるものは現在のところ確立されていない。スポーツで生じるアキレス腱炎は，腱中央部に生じるものの頻度が高いことがわかっている[1]が，その管理方法は病態メカニズム，疼痛の発生機序を含めていまだ明らかにはなっていない。本項では，腱実質部のアキレス腱炎を中心に，その解剖，疫学，病態，診断，治療法に関してレビューを行った。

A. 文献検索方法

検索エンジンには PubMed を使用した。「Achilles tendon」7,378件に，「tendinitis」「tendinosis」「tendinopathy」を加えた結果，それぞれ1,191件，1,182件，1,146件であった。さらに「sports」を加えて得られた458件，460件，449件から断裂に関するもの，動物実験，薬物療法を扱った論文を除外し，ハンドサーチを加えて最終的に68文献を採用した。

B. 解剖

1. 解剖学的特徴

アキレス腱は，人体において最大かつ最も強靱な腱である。その形態は，長さ約15 cm，厚さ6 mmである。アキレス腱は，腓腹筋とヒラメ筋の合同腱であり，腓腹筋外側頭および内側頭は，より深層にあるヒラメ筋と腱膜で合流し，最終的に踵骨付着部から近位5～6 cm付近で1つの腱となり下行する。アキレス腱は走行中に回旋を伴って下行することがわかっており，内側線維はより後方へ向かい，後方の線維は外側へ約90°回旋する。このアキレス腱の回旋は，踵骨付着部より近位5～6 cmにおいて最も顕著になる[5〜8]。Cumminsら[5]やSoilaら[9]は，踵骨付着部における腓腹筋およびヒラメ筋の付着形態について報告した。図6-1に示すように，筋腱移行部においては外側に腓腹筋，内側にヒラメ筋が位置しているが，踵骨付着部ではこの2筋が反転している。すなわち，アキレス腱は主に腱中央部における回旋を伴ってスパイラル状に下降する。

2. 腱の血流

アキレス腱の実質部には血管分布が疎になる部分があり，同部位での血流量低下が示唆されてき

第2章 腱障害

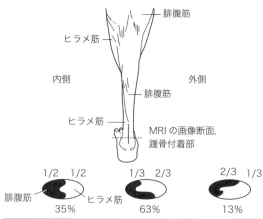

図6-1 アキレス腱の筋腱移行部の構造と踵骨付着部における腓腹筋とヒラメ筋の位置関係（文献9より引用）
筋腱移行部では外側に腓腹筋，内側にヒラメ筋が位置しているが，踵骨付着部では反転している。

表6-1 スポーツ種目別アキレス腱炎発生率

スポーツ種目	発生率（対象者数）
長距離ランニング	7.5%（748）
バスケットボール	1.0%（6,665）
サッカー	1.1%（6,281）
ホッケー	1.2%（4,725）
バレーボール	1.5%（2,066）

た。屍体下肢を用いたアキレス腱への血液供給路に関する研究において，Carrら[10]は主に腱骨移行部，腱間膜，筋腱移行部の3経路からの血液供給を確認した。これによると，特に腱付着部より近位4 cmにて血流量が減少していることに加え，パラテノンからの血液供給路をアキレス腱のほぼ全長にわたり認めること，パラテノンの切離により血液供給の著明な減少を認めたことから，血液供給にパラテノンが重要な役割を果たしていることを示した。Lagergrenら[11]は，血管造影によってアキレス腱の血流を調査し，腱付着部より近位2～6 cmで毛細血管分布が疎であったことから，この部位にて血流量が低下していると考察した。このようなアキレス腱の血流量の低下は，これら以降の研究でも支持された[10, 12]。Astormら[12]は，腱血流量は女性に多く，加齢によって減少することを示した。このように，アキレス腱障害との関連が推測される血流低下部位は，主に腱付着部から近位2～6 cmの腱中央部にある。

C. 疫　学

アキレス腱炎の発生率は，平均年齢，運動競技，運動量によって1.0～29.9%[13～22]と大きく異なった。Kaufmanら[13]による前向き研究では，449名の軍隊志願者（全例男性，平均年齢22.5±2.5歳）への25週間のランニングを含むトレーニングプログラムの結果，トレーニング期間中のアキレス腱炎の発生率は6.7%であった。オリエンティアー（オリエンテーリングを競う競技でクロスカントリーに近く，ヨーロッパを中心に行われている）を対象としたJohansson[14]による前向き研究では9.0%（男性42例，女性24例，平均年齢17.5±1.5歳），短・中・長距離ランナーを対象としたLyshlomら[15]の研究では8.3%（男性44例，女性16例，平均年齢26.6歳）の発生率であった。

後向き研究から得られた競技別のアキレス腱炎の発生率では，クロスカントリーを含めた長距離ランニング競技で7.5%[20]と高く，バスケットボール，サッカー，ホッケー，バレーボールでは1.0～1.5%といずれも低かった[16～19]（**表6-1**）。ただし，この比較では長距離ランナーの報告だけが高校生であり，ほかの報告は大学生のアスリートであったことに留意する必要がある。Kujalaら[21]によるランナー群と対照群における発生率を調査した報告では，ランナー群（平均年齢58.5歳）29.9%，対照群（平均年齢60.3歳）3.9%であった。ただし，対象の年齢が高く，腱の加齢による変性の存在が疑われるため，この結

果をそのまま若年アスリートにあてはめることはできない。運動量の増加による発生率への影響についてJakobsenら[22]は、ランニングトレーニング指導を行ったうえでトレーニングを重ねていく介入群と、性別、年齢、身長、体重、ランニング歴を概ね合致させた対照群の2群において1年間の介入研究を行った。その結果、介入群において、週あたりの走行距離、走行時間ともに大きな値を示し、アキレス腱炎をはじめとしたランニング障害の発生率が高かった。しかしながら、ランニング1,000時間あたりの発生率に有意差は認められなかった。Kujalaら[21]やJakobsenら[22]の研究では、共通して走行距離・時間の増加、特に長距離ランニングによるアキレス腱炎の発生率が高かったが、時間あたりの発生率は必ずしも運動量の増加に比例しなかった。

D. 病態とメカニズム

1. 発生因子

アキレス腱炎の発生因子のうち、外的因子としてトレーニングの急激な変化、トレーニング量・負荷の急激な増加、疲労の蓄積[3,23]が、環境因子として硬いサーフェスや冬場、寒いところでのトレーニングが指摘された。Jarvinenら[23]のレビュー論文では、アキレス腱炎患者の60～80%に外的因子として下肢への過剰な荷重とトレーニング方法の誤りがみられると指摘された。特に、長く走りすぎる、急激に距離を伸ばす、上り坂・下り坂のトレーニングを多用するといった要因が予測因子としてあげられた。Milgromら[24]は、軍隊志願者のトレーニング開始時期を4期に分けて前向き研究を実施したところ、アキレス腱炎の発生率は夏場3.6%、冬場9.4%と、冬場に有意に高かった。しかし、気温がアキレス腱にどのような影響を与えるかについての検証は実施されなかった。以上より、アキレス腱炎の外的因子として、トレーニング量の増大や気温条件などが指摘されてきたが、十分な科学的根拠が得られたとはいえない。

アキレス腱炎発症の内的因子として、性別、年齢、血液データの影響が指摘されてきた。疫学的に男性にアキレス腱炎の発生率が高く[14,25]、また年齢が高くなるほどその発生リスクが高くなる[14,15,21,22,25]。Gaidaら[26]は、年齢、性別、BMIをマッチさせた対照群と比較し、アキレス腱炎患者は中性脂肪の値が高く、HDLコレステロール値が低いことを示し、脂質異常症とアキレス腱炎の関連を示した。また、身体的特徴として足部アライメントの影響が指摘された。Kvist[27]の3,336名の患者の分析により、アキレス腱炎患者の60%において健側と比較して足部のアライメント不良があった。しかしながら、血液データ、後足部の過回内アライメント、前足部の内反、足関節不安定性などとアキレス腱炎発症との関連性については、質の高い前向き研究で示されたものではない[3,23]。

2. バイオメカニクス

アキレス腱炎のバイオメカニクス的な発生メカニズムについて、質の高い研究は少ない[2,28]。近年、Manteanuら[29]は、前向きコホート研究と症例対照研究のみを対象としたレビュー論文において、26個のquality indexを設けて先行研究の質を調査した。その結果、9件の論文が質の高い研究と認められ、そのうち前向きコホート研究が2件含まれていた[13,30]。

Van Ginckelら[30]は、129名のランニング初心者を対象に、ランニングトレーニング開始前の足底圧を予測因子とした前向きコホート研究を行った。Footscan®を用いて、荷重面を踵の内外側、中足骨部、母趾の8領域に分割し（図6-2）、それぞれの領域への力を平均して荷重中心（center of pressure：COP）の軌跡を算出し

第2章 腱障害

図6-2 Footscan®を用いた足底圧分布の分析法（文献30より引用）
図に示す8領域から足底圧を検知し、それぞれの領域にかかる力の大きさで重みづけした平均値から荷重中心（COP）の軌跡を算出した。

表6-2 アキレス腱炎発生と足部・足関節の身体所見との関係（文献13より引用）

身体所見	関連の有無
舟状骨高率	なし
アーチ面積	なし
足関節背屈可動域（膝伸展位）	**あり**
足関節背屈可動域（膝屈曲位）	なし
距骨下関節回外可動域	**あり**
距骨下関節回内可動域	なし

た。この軌跡から、足底全体を左右に分割した内外側の力の比率、前足部における内外側の比率、COPの前後および内外側の移動量を算出した。10週間にわたって同じ条件のトレーニングを実施したうえで、アキレス腱炎発症群と非発症群の介入前の足底圧データを比較した。その結果、アキレス腱炎は10例（7.8％）に生じ、発症群は非発症群と比較して中足骨頭が接地する際の外側への力の移動量が大きく、COPの前方移動量が有意に小さかった。

Kaufmanら[13]は、軍隊志願者449名（平均年齢22.5歳）を対象に、トレーニング開始前の関節可動域と足底圧を予測因子とした前向きコホート研究を実施した。関節可動域として、足関節背屈可動域と距骨下関節回内外可動域を計測した。Footscan®を用いた足底圧分布から、静的アライメントとして立位静止時の舟状骨高率、動的アライメントとしてランニング時の足底面積における内側アーチの面積比率を求めた。9週間のトレーニングに参加させた後、経過観察期間中のアキレス腱炎発症の有無と事前に計測したパラメータとの関連性を分析した。その結果、舟状骨高率、アーチ面積比率とアキレス腱炎発症には関連が認められなかった。一方、膝伸展位における足関節背屈が小さいことと、距骨下関節回外可動域が大きいことが危険因子と判定された（表6-2）。これより、腓腹筋の柔軟性低下と後足部内反可動性増大が、アキレス腱炎のリスク因子であると結論づけられた。

Munteauらのレビュー[29]で質が高いと判定された7つの症例対照研究（表6-3）[31〜37]では、予測因子として下肢のキネマティクス、床反力などのキネティクス、筋活動などが含まれていた。下肢のキネマティクスに関して、踵接地時に後足部の内反角度が大きく、踵接地後に外反角度が大きくなること[33〜35]、膝関節において立脚期を通して内旋運動量が減少していること[36]、接地から支持期の膝屈曲角度が小さいこと[31]、接地時の外反角度が少ないこと[37]などが危険因子として検出された。筋活動に関して、腓腹筋とヒラメ筋の活動が立脚期前半に減少し、後半にかけて増加すること[32]、前脛骨筋の活動が接地前に低下すること[31]などが危険因子として示された。以上より、アキレス腱炎患者の足部および下肢のキネマティクスや筋活動に関する前向きコホート研究が必要である。

E. 診 断

アキレス腱炎の診断は身体所見と画像所見の照合によって行われる。身体所見では通常アキレス腱の紡錘状変形・腫張を特徴とし、発症初期には

6. アキレス腱炎

表 6-3 アキレス腱炎患者の症例対照研究

報告者	内容	結果
Ryan ら [35]	後足部の動きを三次元解析して比較	アキレス腱炎患者で踵接地後の足部外反の動きが大きい
Baur ら [32]	筋活動, 足底圧, 床反力を比較	ヒラメ筋の活動は支持期前半で減少し, 後半に増加する
McCrory ら [34]	問診, 身体所見, 筋力, 二次元解析（後足部）, 床反力を比較	底屈筋力, 足部接地時の角度, ランニング年数が最も大きく異なる
Azevedo ら [31]	下肢のキネマティクスとキネティクス, 三次元解析結果と床反力, 筋活動を比較	足部接地から立脚中期の膝屈曲角度が減少, 踵接地前に前脛骨筋の活動減少
Williams ら [36]	下肢のキネマティクスとキネティクス, 三次元解析と床反力を比較	脛骨内旋の運動量が立脚期を通して患者群に少ない
Donoghue ら [33]	下肢のキネマティクス三次元データを用いた関節主成分分析にて比較	患者群は接地時の膝の外反が小さく, 踵骨はより回外位にある 足部の外反はより早期に起きる
	下肢のキネマティクス三次元解析にて比較	患者群は足部回内と足関節背屈が大きく, 膝の外反が小さい

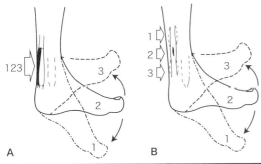

図 6-3 Arc sign（文献 39 より引用）
疼痛の原因部位の鑑別に用いるテスト。A：アキレス腱周囲炎では足関節の角度が変わっても圧痛部位は変わらない。B：足関節の角度変化に伴う圧痛部位の変化は, 腱実質部の病態を示唆する。

表 6-4 アキレス腱炎の評価に関する感度・特異度（文献 40, 41 より作成）

	感度	特異度	陽性的中率	陰性的中率
触診	0.58	0.85		
Arc sign	0.53	0.83		
超音波	0.8	0.4	0.49	0.68
MRI	0.95	0.5	0.56	0.94

捻髪音を有する場合がある [38]。触診と Arc sign（図 6-3）[39] は特異度が高い [40]。単純 X 線は鑑別診断以外で有益な情報は得られない [38]。または, 超音波, MRI はアキレス腱炎の病態検出のうえで高い感度を有する [40,41]（表 6-4）。以下にアキレス腱炎の診断に用いる画像所見の特徴を記載する。

1. 超音波

正常なアキレス腱の超音波像では, 長軸像で平行な線状エコー像, 短軸像で卵を包むようなエコー像がみられる [42]。一方, アキレス腱炎における超音波像では, 短軸像でパラテノンの肥厚が認められる。この所見について, Wijesekera ら [1] はアキレス腱周囲炎の異常所見であると考察した。Pierre-Jerome ら [43] が慢性アキレス腱症と診断した女性アスリートにおける超音波像の長軸像では, アキレス腱に肥厚が認められ, 腱内に低エコー領域が認められた。しかし, Paavola ら [44] および Kayser ら [45] は, 超音波診断におけるアキレス腱部分断裂の偽陰性率の高さ（17.5〜23.0%）を指摘し, 超音波は診断に有用なツールであるものの, 特に部分断裂を診断するのに十分な信頼性がないと結論づけた。

表6-5 アキレス腱炎に対する物理療法の効果に関する報告

メタ分析の結果	物理療法	文献
一定の効果があると考えられる	遠心性収縮運動	52, 54, 55, 56, 57, 59, 60, 66
	体外衝撃波	52, 62, 67, 68
遠心性収縮運動との併用で効果が期待できる	レーザー治療	63, 69
	微弱電流	64
効果はあまり期待できない	ナイトスプリント	65, 70
	ヒールブレース	66, 71
	運動制限	72

2. MRI

正常なアキレス腱のMRI画像では，撮像条件にかかわらず低信号として描出される。矢状断において，正常アキレス腱の前縁と後縁は平行を保ち，低輝度で描出される[7]。また，環状断において腱の前縁は凹または平らな形状である。

異常なアキレス腱のMRIでは，正常とは異なるさまざまな所見が認められる。一様に腱周囲組織に高輝度変化が認められる[46]。肥厚した腱が描出されるが，腱内の変化は認められない。一方，腱が肥厚している様子と，腱内が一部高輝度に描出され，腱内の変性が示唆されることもある[43]。

超音波による診断は検者の描出能力に依存するが，感度が高く，簡便でありヨーロッパでは第一選択となっている[38]。しかしながら，MRIよりは若干感度が劣り，腱組織内の病変の描出において偽陰性を認めるなどの問題がある。一方，MRIでは組織の陰影が明瞭で，腱内の変性も描出可能な利点がある[38, 47]。いずれの場合も描出された画像は，何らかの病変と解釈すべきで，治療方針を決定するうえで画像所見と症状，身体所見とを照合すべきである[38]。

F. 治 療

1. 保存療法

アキレス腱炎の治療法として安静・運動の制限を含めた保存療法が第一選択とされてきた[48]が，その根拠は明確に示されていない。保存療法については，レビュー論文を含めて治療効果を検証した研究が多数存在する。Sussmilch-Leitchら[49]は，信頼性の高い無作為化比較試験を対象にメタ分析を行い，主に7つの治療法を分析した（表6-5）。効果が示されている治療法として，遠心性収縮運動（eccentric contraction training：ECT）と体外衝撃波療法（shock wave therapy：SWT）があげられ，さらに低出力レーザー治療（low level laser therapy：LLLT）と微弱電流（microcurrent：MCR）に関してはECTとの併用により効果が期待できることが示された。しかしながら，Courvilleら[50]のレビューでは，ECT，SWT，LLLTの治療法としての効果についてのエビデンスは不十分であると結論づけた。これらを含め，主な保存療法の効果について以下に整理する。

1）運動療法

運動療法としてECTの研究が盛んに行われてきた。Alfredsonら[51]は12週間にわたるECTプログラム（図6-4）を提案し，劇的な疼痛の軽

6. アキレス腱炎

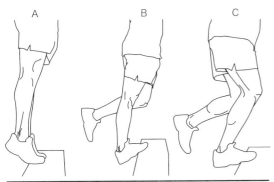

図6-4 Alfredsonらが提唱した遠心性収縮運動
（文献51より引用）
踵の上昇局面を両脚で，下降局面を片脚で行う。膝屈曲・伸展位で行い（B，C），それぞれ15回3セットを1日2回毎日実施。負荷量はバックパックを用いるなどして漸増的に加えてく。

表6-6 アキレス腱炎に対する保存療法の効果に関する研究

比較対象	文　献	
	遠心性収縮運動が有意に治療効果が高い	いずれの介入群にも治療効果あり（群間差なし）
運動療法 求心性収縮運動 その他理学療法	54，56，57，59	
物理療法 体外衝撃波 超音波 クライオセラピー	55	52，60
装具療法 ヒールブレース ナイトスプリント	58	66

減が得られたことを報告した。その後，多くの研究がこのプログラムに準じて行われたため，運動療法の中心にECTが据えられるようになった。

ECTの効果を肯定する研究は多い（**表 6-5**，**表 6-6**）。表 6-5 に掲載した論文の追跡期間は6週から1年までの比較的短期であり，長期効果は不明である。Rompeら[52]は，ECT実施群と対照群（各25名）に分けて12週間の介入を行い，その後4ヵ月間追跡した。対照群はストレッチおよび薬物療法・注射のみを実施した。その結果，ECT実施群においてVISA-Aスコアが50.6から75.6へ有意に上昇したのに対し，対照群では48.2から55.0と症状は改善したものの，治療前後で有意差は認められなかった。すなわち，ECTが優れた治療効果を示した。これに対し，近年van der Plasら[53]はAlfredsonのプログラムの5年間の長期効果を，VISA-Aスコアをアウトカムとして検証した。その結果，VISA-Aスコアは治療前の49.2から83.6と有意に改善し，さらに1年後と5年後の比較においても75.0から83.4と有意に改善した。アキレス腱炎患者を対象とした無作為化比較試験において，ECTは求心性収縮運動をはじめとしてクライオセラピーなどさまざまな治療法と比較され

てきた（**表 6-6**）。これらの報告から，ECTによる介入は，疼痛スコア（VAS），AOFASスコア，SF-36の改善をもたらし，ほかの治療法に比べて有用であると結論づけられた[52,54~59]。

これに対し，ECTの効果に否定的な論文も散見される。Chesterら[60]は，ECTと超音波治療の効果を，介入開始から12週後におけるVASとFILLA（functional index of the leg and lower limb）スコアにより比較した。FILLAスコアはVASを利用した主観的なパフォーマンス評価の指標であり，その値が高いほど機能低下が進行していることを示す。VASによる疼痛評価では，介入前後の変化は認められず，有意差はないが，介入後には超音波群において低値となった。また，FILLAスコアでは，超音波群よりもECT群が高値，すなわち機能低下の進行を示した。一方，Rompeら[52]は，SWTとの比較において，治療前後でのVISA-Aスコアに改善がみられたものの，治療法の違いでは有意差がないと報告した。

ECTがどのような機序でアキレス腱炎の症状を改善させるのかは未解明である。Aryaら[61]は，アキレス腱炎患者において，アキレス腱の硬度が低下し，伸張されやすいことを見出した。後

ろ向きコホート研究であるため，腱の硬度がアキレス腱炎発症の危険因子か，発症後の病態かは不明である．しかし，この研究結果からアキレス腱の硬度の回復がアキレス腱炎の治療に必要であることが示唆される．

以上より，アキレス腱炎に対する運動療法に関する研究の中心は ECT である．しかしながら，Alfredson の示したプロトコルは科学的根拠に基づいておらず，ECT がアキレス腱炎患者の腱の特性にどのように変化をもたらすのかは不明である．この点についてさらに検証が必要と思われる．

2）物理療法

物理療法に関する無作為化比較試験として，SWT 4 件，LLLT 2 件，MCR 1 件がある．運動療法の項でも紹介した Rompe ら[52]の研究では，SWT の介入効果も対照群と比較された．疼痛部位に SWT を 1 週間に 3 回照射した結果，SWT 群の VISA–A スコアは治療前後で有意に改善し，対照群との比較においても有意に優れた効果が認められた．その機序として，SWT は軟部組織の治癒を活性化させ，疼痛受容器を抑制したことで疼痛が軽減したと考察された．さらに，Rompe ら[62]は SWT と ECT とを組み合わせた治療と ECT のみの治療とを比較した．その結果，ECT と SWT とを組み合わせた群において，有意に症状が改善した．LLLT の効果について，Stergioulas ら[63]は，LLLT＋ECT 群とプラセボ群（各 20 名）とを比較した無作為化比較試験を実施した．8 週間の介入の結果，LLLT＋ECT 群において，VAS と自動背屈角度が有意に改善した．Chapman–Jones ら[64]が MCR の効果について，1 年間の無作為化対照試験を行った結果，MCR＋ECT 群において VAS が有意に改善した．MCR を ECT に加えることで腱の病理学的変化の改善が促されて疼痛が改善したと考察された．このように，物理療法の効果を示す論文は散見されるが，全体として規模が小さく，またその作用機序も不明確である．

3）装具療法

装具療法の効果を検証した無作為化比較試験として，夜間スプリント 3 件，ヒールブレース 2 件があった．Jonge ら[65]の無作為化対照試験において，ECT 群と比較して ECT＋夜間スプリント群に有意な治療効果の改善は得られなかった．Petersen ら[66]は，ヒールブレース群，ECT 群，ヒールブレース＋ECT 群において，疼痛スコア（VAS），機能評価として AOFAS スコア，病態評価として SF–36，超音波による腱の直径を比較した．6 週，12 週，54 週で VAS，AOFAS スコア，SF–36 は 3 つの治療法すべてにおいてベースラインよりも有意に改善したが，治療法の違いによる有意差はみられなかった．装具と ECT との併用効果の検証において，群間差は得られておらず，その効果を肯定するエビデンスは存在しない．

2．観血療法

観血療法は原則として保存療法に失敗したときに選択される[73]．4 ヵ月以上の保存療法を試みることが推奨されているが，保存療法の期間に関する根拠はない．Paavola ら[73]は，病院を受診しアキレス腱炎と診断された 83 名の患者のうち，最終的に観血療法にいたったケースは全体の 29％（24 例）であったと報告した．

術後のスポーツ復帰までには 4〜6.5 ヵ月間を要すると報告された[73,74]．Tallon ら[75]は，アキレス腱炎に対する観血療法のレビュー論文において，アキレス腱炎に対する観血療法の成功率は平均で 77.6％（36〜97％）と報告した．アキレス腱炎の手術方法として経皮的腱切除術が一般的に多く行われているが，手術療法の違いと成功率や

スポーツ復帰までの期間との関係を検証した研究はみられなかった。観血療法の予後の予測因子を検討した報告は数少ない。Paavolaら[47]により，超音波所見でパラテノンの癒着のみでなく，腱内の所見が加わると不良になることが報告された。

このように，観血療法は保存療法で効果が示されない場合に実施されている。しかしながら，保存療法との無作為化比較試験は存在せず，その効果や妥当性についてはコンセンサスが得られていない。以上より，アキレス腱炎の治療法に関して，成功率やスポーツまでの復帰期間を含めた大規模，長期間の無作為化比較試験が待たれる。

G. まとめ

1. すでに真実として承認されていること

- アキレス腱炎は男性ランナーに多く発症し，寒冷環境における発生率が高い。
- ランニング時の下肢支持相において，荷重中心は足底面外側に移動し，重心の前方移動量が少ないことがアキレス腱炎発症の危険因子である。
- 腓腹筋の柔軟性低下と後足部内反可動性の増大はアキレス腱炎の発症の危険因子である。

2. 議論の余地はあるが，今後の重要な研究テーマとなること

- ECT，SWT，LLLTに関する大規模，長期効果の検証。

3. 真実と思われていたが実は疑わしいこと

- 回内足はアキレス腱炎の発症リスクとなる。

文献

1. Wijesekera NT, Calder JD, Lee JC: Imaging in the assessment and management of Achilles tendinopathy and paratendinitis. *Semin Musculoskelet Radiol*. 2011; 15: 89-100.
2. Paavola M, Kannus P, Jarvinen TA, Khan K, Jozsa L, Jarvinen M: Achilles tendinopathy. *J Bone Joint Surg Am*. 2002; 84: 2062-76.
3. Hennessy MS, Molloy AP, Sturdee SW: Noninsertional Achilles tendinopathy. *Foot Ankle Clin*. 2007; 12: 617-41.
4. Werd MB: Achilles tendon sports injuries: a review of classification and treatment. *J Am Podiatr Med Assoc*. 2007; 97: 37-48.
5. Cummins EJ, Anson BJ, Carr BW, Wright RR: The structure of the calcaneal tendon (of Achilles) in relation to orthopedic surgery, with additional observations on the plantaris muscle. *Surg Gynecol Obstet*. 1946; 83: 107-16.
6. Schepsis AA, Jones H, Haas AL: Achilles tendon disorders in athletes. *Am J Sports Med*. 2002; 30: 287-305.
7. Harris CA, Peduto AJ: Achilles tendon imaging. *Australas Radiol*. 2006; 50: 513-25.
8. Sartoris DJ, Resnick D: Magnetic resonance imaging of tendons in the foot and ankle. *J Foot Surg*. 1989; 28: 370-7.
9. Soila K, Karjalainen PT, Aronen HJ, Pihlajamaki HK, Tirman PJ: High-resolution MR imaging of the asymptomatic Achilles tendon: new observations. *AJR Am J Roentgenol*. 1999; 173: 323-8.
10. Carr AJ, Norris SH: The blood supply of the calcaneal tendon. *J Bone Joint Surg Br*. 1989; 71: 100-1.
11. Lagergren C, Lindholm A: Vascular distribution in the Achilles tendon; an angiographic and microangiographic study. *Acta Chir Scand*. 1959; 116: 491-5.
12. Astrom M, Westlin N: Blood flow in the human Achilles tendon assessed by laser Doppler flowmetry. *J Orthop Res*. 1994; 12: 246-52.
13. Kaufman KR, Brodine SK, Shaffer RA, Johnson CW, Cullison TR: The effect of foot structure and range of motion on musculoskeletal overuse injuries. *Am J Sports Med*. 1999; 27: 585-93.
14. Johansson C: Injuries in elite orienteers. *Am J Sports Med*. 1986; 14: 410-5.
15. Lysholm J, Wiklander J: Injuries in runners. *Am J Sports Med*. 1987; 15: 168-71.
16. Agel J, Evans TA, Dick R, Putukian M, Marshall SW: Descriptive epidemiology of collegiate men's soccer injuries: National Collegiate Athletic Association Injury Surveillance System, 1988-1989 through 2002-2003. *J Athl Train*. 2007; 42: 270-7.
17. Agel J, Olson DE, Dick R, Arendt EA, Marshall SW, Sikka RS: Descriptive epidemiology of collegiate women's basketball injuries: National Collegiate Athletic Association Injury Surveillance System, 1988-1989 through 2003-2004. *J Athl Train*. 2007; 42: 202-10.
18. Agel J, Palmieri-Smith RM, Dick R, Wojtys EM, Marshall SW: Descriptive epidemiology of collegiate women's volleyball injuries: National Collegiate Athletic Association Injury Surveillance System, 1988-1989 through 2003-2004. *J Athl Train*. 2007; 42: 295-302.
19. Dick R, Hootman JM, Agel J, Vela L, Marshall SW, Messina R: Descriptive epidemiology of collegiate

women's field hockey injuries: National Collegiate Athletic Association Injury Surveillance System, 1988-1989 through 2002-2003. *J Athl Train*. 2007; 42: 211-20.
20. Tenforde AS, Sayres LC, McCurdy ML, Collado H, Sainani KL, Fredericson M: Overuse injuries in high school runners: lifetime prevalence and prevention strategies. *PM R*. 2011; 3: 125-31; quiz 131.
21. Kujala UM, Sarna S, Kaprio J, Koskenvuo M, Karjalainen J: Heart attacks and lower-limb function in master endurance athletes. *Med Sci Sports Exerc*. 1999; 31: 1041-6.
22. Jakobsen BW, Kroner K, Schmidt SA, Kjeldsen A: Prevention of injuries in long-distance runners. *Knee Surg Sports Traumatol Arthrosc*. 1994; 2: 245-9.
23. Jarvinen TA, Kannus P, Maffulli N, Khan KM: Achilles tendon disorders: etiology and epidemiology. *Foot Ankle Clin*. 2005; 10: 255-66.
24. Milgrom C, Finestone A, Zin D, Mandel D, Novack V: Cold weather training: a risk factor for Achilles paratendinitis among recruits. *Foot Ankle Int*. 2003; 24: 398-401.
25. Kannus P, Niittymaki S, Jarvinen M: Sports injuries in women: a one-year prospective follow-up study at an outpatient sports clinic. *Br J Sports Med*. 1987; 21: 37-9.
26. Gaida JE, Alfredson L, Kiss ZS, Wilson AM, Alfredson H, Cook JL: Dyslipidemia in Achilles tendinopathy is characteristic of insulin resistance. *Med Sci Sports Exerc*. 2009; 41: 1194-7.
27. Kvist M: Achilles tendon injuries in athletes. *Ann Chir Gynaecol*. 1991; 80: 188-201.
28. Clement DB, Taunton JE, Smart GW: Achilles tendinitis and peritendinitis: etiology and treatment. *Am J Sports Med*. 1984; 12: 179-84.
29. Munteanu SE, Barton CJ: Lower limb biomechanics during running in individuals with achilles tendinopathy: a systematic review. *J Foot Ankle Res*. 2011; 4: 15.
30. Van Ginckel A, Thijs Y, Hesar NG, Mahieu N, De Clercq D, Roosen P, Witvrouw E: Intrinsic gait-related risk factors for Achilles tendinopathy in novice runners: a prospective study. *Gait Posture*. 2009; 29: 387-91.
31. Azevedo LB, Lambert MI, Vaughan CL, O'Connor CM, Schwellnus MP: Biomechanical variables associated with Achilles tendinopathy in runners. *Br J Sports Med*. 2009; 43: 288-92.
32. Baur H, Divert C, Hirschmüller A, Müller S, Belli A, Mayer F: Analysis of gait differences in healthy runners and runners with chronic Achilles tendon complaints. *Isokinetics and Exercise Science*. 2004; 12: 111-6.
33. Donoghue OA, Harrison AJ, Laxton P, Jones RK: Lower limb kinematics of subjects with chronic achilles tendon injury during running. *Res Sports Med*. 200; 16: 23-38.
34. McCrory JL, Martin DF, Lowery RB, Cannon DW, Curl WW, Read HM Jr, Hunter DM, Craven T, Messier SP: Etiologic factors associated with Achilles tendinitis in runners. *Med Sci Sports Exerc*. 1999; 31: 1374-81.
35. Ryan M, Grau S, Krauss I, Maiwald C, Taunton J, Horstmann T: Kinematic analysis of runners with achilles mid-portion tendinopathy. *Foot Ankle Int*. 2009; 30: 1190-5.
36. Williams DS, Zambardino JA, Banning VA: Transverse-plane mechanics at the knee and tibia in runners with and without a history of achilles tendonopathy. *J Orthop Sports Phys Ther*. 2008; 38: 761-7.
37. Donoghue OA, Harrison AJ, Coffey N, Hayes K: Functional data analysis of running kinematics in chronic Achilles tendon injury. *Med Sci Sports Exerc*. 2008; 40: 1323-35.
38. Longo UG, Ronga M, Maffulli N: Achilles tendinopathy. *Sports Med Arthrosc*. 2009; 17: 112-26.
39. Williams JG: Achilles tendon lesions in sport. *Sports Med*. 1986; 3: 114-35.
40. Maffulli N, Kenward MG, Testa V, Capasso G, Regine R, King JB: Clinical diagnosis of Achilles tendinopathy with tendinosis. *Clin J Sport Med*. 2003; 13: 11-5.
41. Khan KM, Forster BB, Robinson J, Cheong Y, Louis L, Maclean L, Taunton JE: Are ultrasound and magnetic resonance imaging of value in assessment of Achilles tendon disorders? A two year prospective study. *Br J Sports Med*. 2003; 37: 149-53.
42. Leung JL, Griffith JF: Sonography of chronic Achilles tendinopathy: a case-control study. *J Clin Ultrasound*. 2008; 36: 27-32.
43. Pierre-Jerome C, Moncayo V, Terk MR: MRI of the Achilles tendon: a comprehensive review of the anatomy, biomechanics, and imaging of overuse tendinopathies. *Acta Radiol*. 2010; 51: 438-54.
44. Paavola M, Paakkala T, Kannus P, Jarvinen M: Ultrasonography in the differential diagnosis of Achilles tendon injuries and related disorders. A comparison between pre-operative ultrasonography and surgical findings. *Acta Radiol*. 1998; 39: 612-9.
45. Kayser R, Mahlfeld K, Heyde CE: Partial rupture of the proximal Achilles tendon: a differential diagnostic problem in ultrasound imaging. *Br J Sports Med*. 2005; 39: 838-42.
46. Karjalainen PT, Soila K, Aronen HJ, Pihlajamaki HK, Tynninen O, Paavonen T, Tirman PF: MR imaging of overuse injuries of the Achilles tendon. *AJR Am J Roentgenol*. 2000; 175: 251-60.
47. Paavola M, Kannus P, Orava S, Pasanen M, Jarvinen M: Surgical treatment for chronic Achilles tendinopathy: a prospective seven month follow up study. *Br J Sports Med*. 2002; 36: 178-82.
48. Alfredson H, Cook J: A treatment algorithm for managing Achilles tendinopathy: new treatment options. *Br J Sports Med*. 2007; 41: 211-6.
49. Sussmilch-Leitch SP, Collins NJ, Bialocerkowski AE, Warden SJ, Crossley KM: Physical therapies for Achilles tendinopathy: systematic review and meta-analysis. *J Foot Ankle Res*. 2012; 5: 15.
50. Courville XF, Coe MP, Hecht PJ: Current concepts review: noninsertional Achilles tendinopathy. *Foot Ankle Int*. 2009; 30: 1132-42.
51. Alfredson H, Pietila T, Jonsson P, Lorentzon R: Heavy-load eccentric calf muscle training for the treatment of chronic Achilles tendinosis. *Am J Sports Med*. 1998; 26: 360-6.
52. Rompe JD, Nafe B, Furia JP, Maffulli N: Eccentric load-

ing, shock-wave treatment, or a wait-and-see policy for tendinopathy of the main body of tendo Achillis: a randomized controlled trial. *Am J Sports Med*. 2007; 35: 374-83.
53. van der Plas A, de Jonge S, de Vos RJ, van der Heide HJ, Verhaar JA, Weir A, Tol JL: A 5-year follow-up study of Alfredson's heel-drop exercise programme in chronic midportion Achilles tendinopathy. *Br J Sports Med*. 2012; 46: 214-8.
54. Herrington L, McCulloch R: The role of eccentric training in the management of Achilles tendinopathy: A pilot study. *Phys Ther Sport*. 2007; 8: 191-6.
55. Knobloch K, Kraemer R, Jagodzinski M, Zeichen J, Meller R, Vogt PM: Eccentric training decreases paratendon capillary blood flow and preserves paratendon oxygen saturation in chronic achilles tendinopathy. *J Orthop Sports Phys Ther*. 2007; 37: 269-76.
56. Mafi N, Lorentzon R, Alfredson H: Superior short-term results with eccentric calf muscle training compared to concentric training in a randomized prospective multicenter study on patients with chronic Achilles tendinosis. *Knee Surg Sports Traumatol Arthrosc*. 2001; 9: 42-7.
57. Niesen-Vertommen SL, Clement DB, Mosher RE: The effect of eccentric versus concentric exercise in the management of Achilles tendonitis. *Clin J Sport Med*. 1992; 2: 109-13.
58. Roos EM, Engstrom M, Lagerquist A, Soderberg B: Clinical improvement after 6 weeks of eccentric exercise in patients with mid-portion Achilles tendinopathy a randomized trial with 1-year follow-up. *Scand J Med Sci Sports*. 2004; 14: 286-95
59. Silbernagel KG, Thomee R, Thomee P, Karlsson J: Eccentric overload training for patients with chronic Achilles tendon pain - a randomised controlled study with reliability testing of the evaluation methods. *Scand J Med Sci Sports*. 2001; 11: 197-206.
60. Chester R, Costa ML, Shepstone L, Cooper A, Donell ST: Eccentric calf muscle training compared with therapeutic ultrasound for chronic Achilles tendon pain - A pilot study. *Man Ther*. 2008; 13: 484-91.
61. Arya S, Kulig K: Tendinopathy alters mechanical and material properties of the Achilles tendon. *J Appl Physiol*. 2010; 108: 670-5.
62. Rompe JD, Furia J, Maffulli N: Eccentric loading versus eccentric loading plus shock-wave treatment for midportion achilles tendinopathy: a randomized controlled trial. *Am J Sports Med*. 2009; 37: 463-70.
63. Stergioulas A, Stergioula M, Aarskog R, Lopes-Martins RA, Bjordal JM: Effects of low-level laser therapy and eccentric exercises in the treatment of recreational athletes with chronic achilles tendinopathy. *Am J Sports Med*. 2008; 36: 881-7.
64. Chapman-Jones D, Hill D: Novel microcurrent treatment is more effective than conventional therapy for chronic Achilles tendinopathy: randomised comparative trial. *Physiotherapy*. 2002; 88: 471-80.
65. de Jonge S, de Vos RJ, Van Schie HT, Verhaar JA, Weir A, Tol JL: One-year follow-up of a randomised controlled trial on added splinting to eccentric exercises in chronic midportion Achilles tendinopathy. *Br J Sports Med*. 2010; 44: 673-7.
66. Petersen W, Welp R, Rosenbaum D: Chronic Achilles tendinopathy: a prospective randomized study comparing the therapeutic effect of eccentric training, the AirHeel brace, and a combination of both. *Am J Sports Med*. 2007; 35: 1659-67.
67. Rasmussen S, Christensen M, Mathiesen I, Simonson O: Shockwave therapy for chronic Achilles tendinopathy: a double-blind, randomized clinical trial of efficacy. *Acta Orthop*. 2008; 79: 249-56.
68. Costa ML, Shepstone L, Donell ST, Thomas T: Shock wave therapy for chronic Achilles tendon pain: a randomized placebo-controlled trial. *Clin Orthop Relat Res*. 2005; 440: 199-204.
69. Tumilty S, Munn J, Abbott JH, McDonough S, Hurley DA, Baxter GD: Laser therapy in the treatment of achilles tendinopathy: a pilot study. *Photomed Laser Surg*. 2008; 26: 25-30.
70. McAleenan M, McVeigh JG, Cullen M, Sayers M, McCrea K, Baxter D: The effectiveness of night splints in Achilles tendinopathy: a pilot study. *Physiotherapy Ireland*. 2010; 31: 29-33.
71. Knobloch K, Schreibmueller L, Longo UG, Vogt PM: Eccentric exercises for the management of tendinopathy of the main body of the Achilles tendon with or without the AirHeel Brace. A randomized controlled trial. A: effects on pain and microcirculation. *Disabil Rehabil*. 2008; 30: 1685-91.
72. Silbernagel KG, Thomee R, Eriksson BI, Karlsson J: Continued sports activity, using a pain-monitoring model, during rehabilitation in patients with Achilles tendinopathy: a randomized controlled study. *Am J Sports Med*. 2007; 35: 897-906.
73. Paavola M, Kannus P, Paakkala T, Pasanen M, Jarvinen M: Long-term prognosis of patients with achilles tendinopathy. An observational 8-year follow-up study. *Am J Sports Med*. 2000; 28: 634-42.
74. Testa V, Capasso G, Benazzo F, Maffulli N: Management of Achilles tendinopathy by ultrasound-guided percutaneous tenotomy. *Med Sci Sports Exerc*. 2002; 34: 573-80.
75. Tallon C, Coleman BD, Khan KM, Maffulli N: Outcome of surgery for chronic Achilles tendinopathy. A critical review. *Am J Sports Med*. 2001; 29: 315-20.

〔真木　伸一〕

7. 膝蓋腱炎

はじめに

　膝蓋腱炎は膝蓋腱に運動時痛や圧痛がみられる障害である。そのメカニズムは解明されておらず，治療方法も確立されていない。そのため，本項では膝蓋腱炎に関する報告をレビューし，評価や治療の一助とすることを目的とした。なお，本項では，膝蓋腱炎に類似した症状を呈する大腿四頭筋腱停止部（膝蓋骨上極）障害，Sinding-Larsen-Johensson病などの膝蓋骨下極の骨障害，膝蓋粗面部障害は可能なかぎり除外した。ただし，ジャンパーズニーは，膝蓋腱炎とほぼ同義で使用されることがあり，その診断の主たる障害が膝蓋腱部に生じているものは採用した。

A. 文献検索方法

　文献検索はPubMedを用い2013年3月に行った。抽出された文献は「patellar tendinitis」で444件，「jumper's knee」で140件，「patellar tendinopathy」で431件であった。さらに「sports」をキーワードに加え，重複したものを除き，レビューした文献などから，ハンドサーチで本テーマに関連する英語論文を収集し，最終的に84文献を採用した。

B. 解　剖

　膝蓋腱は幅約3 cm，厚さ約5 mmの索状の組織である[1]。膝蓋腱の一部は内側広筋や大腿四頭筋腱と線維連絡が観察される[2]。また，膝蓋腱の支配血管は，主に内側・外側下膝動脈から分岐する血管である[3]。膝蓋腱近位部は豊富な血管が観察されるが，膝蓋腱遠位部は血管が乏しいことが報告された[4]。

C. 疫　学

1. 発生率

　発生率に関して，膝蓋腱炎のみを扱った研究は少ない。欧州の体育大学の学生138人（平均18.8歳）を対象にした2年間の前向きコホート研究において，膝蓋腱炎の発生率は13.8%であった[5]。この研究では，体育大学の授業カリキュラムにより運動強度・運動時間が統制されていた。種目別の前向きコホート研究では，バレーボールの発生率が19%[6]，バスケットボールの発生率が8%[7]であった。

2. 有病率

　各スポーツ種目の膝蓋腱炎有病率を図7-1に示した[8,9]。バレーボールやバスケットボールなどジャンプ動作を多く含むスポーツの有病率が高い傾向であった。一方，サイクリングやオリエンテーリング（野外スポーツの一種）の有病率は低い傾向であった。競技レベルの比較では，国際試合レベルの選手（613人）の有病率14.2%[8]に対して，地区大会・レクリエーションレベル選手（891人）の有病率は8.5%[9]と報告された。以上より，「ジャンプ動作を多く含むスポーツ種目」や「競技レベルの高さ」が有病率の高さと関

連することが示唆された。

D. 危険因子

1. 内的因子
1) 性差・受傷側

有病率の性差に関しては，男性に多いという報告[8,9]と性差はないとする報告[5,10]とがある。近年のバスケットボール選手を対象とした前向きコホート研究では，膝蓋腱炎の発症は男性21.1％，女性10.8％と男性のほうが多い傾向にあるものの，有意差は認めなかった[7]。性差に関して一致した見解は得られていないが，比較的男性に多い可能性がある。

受傷側に関しては，両側損傷に比べ，片側損傷のほうが約2倍高い[11]という報告がある。一方，バスケットボールは非利き脚ジャンプのプレーが多い[12]が，Backmanらによるバスケットボール選手を対象とした前向き研究[7]では利き脚8％，非利き脚8.2％と受傷側に有意差はなかった。片側損傷，両側損傷は異なったメカニズムが関与している可能性が指摘された[13〜15]。

2) 柔軟性・関節可動域

筋の柔軟性が膝蓋腱炎の発症と関連することを示唆する研究がある。Witvrouwら[5]が行った2年間の前向き研究では，膝蓋腱炎発症群において，調査開始時の大腿四頭筋（腹臥位での膝関節屈曲角度）およびハムストリングス（下肢伸展挙上角度）の柔軟性が有意に低値であった。Backmanら[7]は14〜20歳のエリートバスケット選手90人180膝のうち，過去に膝蓋腱炎，Osgood-Schlatter病の診断をされた者を除外した75人148膝を対象に，膝蓋腱炎発症と足関節背屈可動域の関係について前向き研究を実施した。足関節背屈角度の測定には，高い信頼性が報告されている荷重下足関節背屈角度[16]を用い

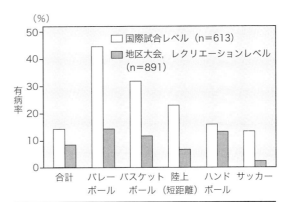

図7-1 膝蓋腱炎の有病率（文献8, 9より作図）
ジャンプ動作を多く含むスポーツ種目や競技レベルの高さが有病率に関連することが示唆された。

た。その結果，膝蓋腱炎発症群は正常群に比べ，研究開始時の足関節背屈角度が有意に低値であった。また，膝蓋腱炎発症と足関節背屈角度の関係を判別分析で検討し，足関節背屈角度36.5°をカットオフ値としたとき，感度83.3％，特異度68.1〜82.1％，陽性的中率18.5〜29.4％，陰性的中率97.9〜98.2％であった[7]。

3) ジャンプ能力

ジャンプ能力の高い選手において膝蓋腱炎の発生率が高いことが疑われてきた。Visnesら[6]は，膝関節に疼痛のない16〜18歳のバレーボール選手を5年間追跡し，膝蓋腱炎発症とジャンプ能力の関係を前向きに調査した。膝蓋腱炎の判定基準は大腿四頭筋腱もしくは膝蓋腱に圧痛・運動時痛を認め，症状が12週以上続いていることとした。その結果，150人（男性68人，女性82人）中，膝蓋腱炎を発症した者は28人（男性22人，女性6人）であった。28人の疼痛部位は，膝蓋腱近位部25人，大腿四頭筋腱停止部（膝蓋骨上極）3人であった。研究開始時のカウンタームーブメントジャンプ高の比較では，男性において膝蓋腱炎を発症した者38.0±5.8cm，発症しなかった者34.6±5.5cmであり，有意差があった。女性において膝蓋腱炎を発症した者

第2章 腱障害

24.8 ± 4.6 cm，発症しなかった者 27.2 ± 5.4 cm であり，有意差はなかった。一方，スクワットジャンプ高では男性，女性とも有意差はなかった。膝蓋腱炎発症における，調査開始時カウンタームーブメントジャンプ高のオッズ比は 2.09（1.03～4.25）/cm であった。これらジャンプ能力と膝蓋腱炎の関係性は Lian ら[17]の報告と一致していた。以上より，高いジャンプ能力が膝蓋腱炎発症の危険因子となることが示唆された。

4）超音波所見

Cook ら[18]は膝関節に疼痛のない 14～18 歳のエリートバスケットボール選手 52 人を 16 ヵ月間追跡し，超音波像における異常所見（低エコー像）の有無と膝蓋腱炎発症の関係についての前向き研究を実施した。低エコー像があった者はなかった者に比べ，膝蓋腱炎の発症リスクが 4.2 倍高いことが示された。

5）その他

van der Worp ら[19]は膝蓋腱炎の危険因子に関するシステマティックレビューを行った。中等度から強いエビデンスは存在しなかった。弱い関連性を示した因子として，体重増加，body mass index 増加，waist-to-hip ratio の増加，脚長差，アーチの高さをあげた[19]。

2. 外的因子

1）トレーニング・試合頻度

膝関節に疼痛のない 16～18 歳のバレーボール選手 141 人を対象として，膝蓋腱炎発症とトレーニング時間や試合頻度の関係を検証した前向きコホート研究がある[20]。膝蓋腱炎を発症した者は 28 人（男性 22 人，女性 6 人）であり，トレーニング時間のオッズ比は 1.72（1.18～2.53）/時間/週，試合参加のオッズ比は 3.88（1.80～8.40）/セット/週であった[20]。また男子サッカー選手を対象とした研究[21]によると，トレーニング時間と試合時間の合計が増加すると膝蓋腱炎の発症リスクが増加することが示唆された。

2）環境因子

Bahr ら[22]によるビーチバレーボール選手を対象にした膝蓋腱炎の有病率の調査では 9% であった。室内でのバレーボール選手の有病率は 14.4～44.6% と高率であり[8,9]，床面の違いが有病率に影響している可能性がある。

E. 病態およびメカニズム

1. 組織病理

膝蓋腱炎は慢性的な経過たどることが多く，炎症性疾患，非炎症性（変性）疾患のいずれに分類されるべきか現在も議論されている。手術時の組織病理検査から慢性的な膝蓋腱に細胞死所見[23]やムコイド変性所見[24,25]が認められたことから，慢性的な膝蓋腱炎は腱細胞の細胞死や変性を伴う非炎症性疾患である可能性が示された。対象者の年齢が平均 30 歳[23]，30～60 歳[26]など比較的高齢な症例のみでなく，10 代でも変性所見を呈した報告があった[27]。今後，病歴や年齢などを考慮した組織病理学的研究が望まれる。

2. 好発部位

膝蓋腱炎の好発部位に関する報告は少ない。Johnson ら[28]は，臨床所見から膝蓋腱炎と診断され，6 ヵ月間の保存療法に奏効しなかった患者 18 人 24 膝のうち，19 膝（79%）に T2 脂肪抑制 MRI 画像で膝蓋腱近位部後面の高信号域を認めたと報告した。また，膝蓋腱炎患者の術中所見から，すべての対象者に膝蓋骨近位部の異常所見が観察された[29]。さらに Toumi ら[2]は，好発部位と考えられる膝蓋腱近位部を組織学的に分析し，膝蓋腱炎の病態は膝蓋腱の付着部炎（enthesis）が主であることを示した．発症時期や病態が解明されていないことを考慮すると，今後さらなる研究が必要である．

3. 膝蓋腱に生じる歪力

矢状面X線像において，大腿骨骨幹部の皮質骨前方をつなぐ線と膝蓋骨関節面を結ぶ線のなす角度を膝蓋骨傾斜角とすると，膝蓋腱炎群は対照群に比べて有意に小さい膝蓋骨傾斜角（膝蓋骨後傾）であった[30]．これをうけ，Lavagninoら[31]は，有限要素法を用いたコンピュータモデルで好発部位である膝蓋腱後方線維への歪力を推定した．膝蓋骨と膝蓋腱のなす角度（patellar-patellar tendon angle : PPTA）に注目し，PPTAを減少（膝蓋骨後傾）させるに従い好発部位である膝蓋腱近位部後面に歪力の増加が観測された．さらにLavagninoらは，屍体膝を用いて，同条件で損傷が生じるかを確認する追加実験を行った結果，コンピュータモデルと同様の部位に損傷が生じた．この研究より，PPTAの減少（膝蓋骨後傾）は好発部位の歪力を増加させる可能性が示された．また，健常生体膝7膝を対象に膝蓋腱前方線維，後方線維に圧センサーを刺入し，直接歪力を測定した研究[32]では，ジャンプやスクワット動作において，歪力の最大値は前方線維に比べ後方線維が3倍程度高いことが示された．

4. バイオメカニクス

膝蓋腱炎発症に及ぼすバイオメカニクスの影響についての前向き研究は見当たらなかった．Bisselingら[33]の横断研究では，バレーボール選手を対象に，健常者と既往者（以前膝蓋腱炎があり現在症状のない者）のバイオメカニクス的比較を行った．その結果，健常者に比べ既往者は，①着地期前期での足関節底屈角度の減少，②遠心性収縮期での膝関節屈曲角度の低下・膝関節伸展モーメントの増加・膝関節角速度の増加が認められ

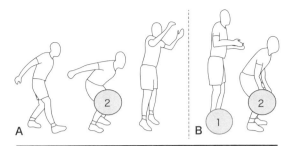

図7-2 膝蓋腱炎の既往がある者のバイオメカニクス（文献33より改変）
A：抜重から飛び上がり，B：着地．膝蓋腱炎の既往がある者はない者に比べ①着地期前期での足関節底屈角度の減少，②遠心性収縮期での膝関節屈曲角度の低下，膝関節伸展モーメントの増加，膝関節角速度の増加が認められた．

た（図7-2）．また，de Grootら[34]は，足部アライメントと膝蓋腱炎の関係について横断研究を行った．その結果，回内足に比べ回外足は膝蓋腱炎の有病率が高く，足部可動性低下によりジャンプ動作での衝撃吸収不全が膝蓋腱炎発症に関与していることが示唆された．

F. 評価および診断

1. 画像診断

膝蓋腱炎の画像評価では，超音波やMRIが用いられることが多いが，正確性の点で検討の余地があるとされている．Wardenら[35]は，画像評価に関する過去の文献のデータから感度，特異度，陽性的中率，陰性的中率をまとめた．その結果，膝蓋腱炎の有無を判定するMRIの信頼性は，感度78％，特異度86％，陽性的中率93％，陰性的中率61％であった．一方，膝蓋腱炎の有無を判定する超音波の信頼性は，感度58％，特異度94％，陽性的中率86％，陰性的中率77％であった．これらの結果からWardenら[35]は，超音波・MRIは腱の形態を正確に表わすが，画像での陽性所見が必ずしも臨床症状を反映するわけではない可能性があるとした．

第2章 腱障害

表 7-1 膝蓋腱炎に対するMRI・超音波の検査精度（文献36より作成）

		正確度	感度	特異度	陽性的中率	陰性的中率
MRI		70%	57%	82%	74%	68%
超音波	グレースケール	83%	87%	82%	81%	87%
	カラードプラ	83%	70%	94%	91%	78%

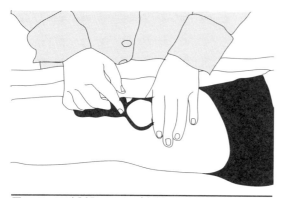

図 7-3 圧痛誘発テスト（文献45より引用）
膝蓋骨より近位部（大腿部側）を把持して膝蓋骨下極部を圧迫し，疼痛誘発で陽性とする。

図 7-4 25°傾斜台片脚スクワット（文献46より引用）
体幹を垂直に，踵を浮かさず，外側荷重にならないよう注意して実施し，疼痛誘発で陽性とする。

　Wardenら[36]は，対照群33名（週1回以上運動をし，膝に疼痛のない者）と症候群30名（同様の運動レベルで，腱の圧痛，動作痛が6ヵ月以上プレーに影響及ぼし膝蓋腱炎と診断された者）を対象に，MRI・超音波（グレースケール，カラードプラ）の正確度，感度，特異度，陽性的中率，陰性的中率を比較した。その結果，特異度についてはMRIと超音波に有意差はなかったが，感度はMRIより超音波（グレースケール）のほうが有意に高値であった（**表7-1**）。これらの結果から，彼らはMRIより超音波のほうが膝蓋腱炎の診断に有用であると結論した[36]。

　超音波所見と臨床症状の関連については，コンセンサスが得られていない。Gemignaniら[37]は，膝蓋腱における超音波低エコー像の範囲や腱の状態から4段階に重症度分類を行い症状との関連を検討した。グレード1では無症候の者も存在したが，グレードが進むに従い新生血管所見の増加や保存療法が奏効しない者の割合が増大した。よって超音波低エコー像の領域から膝蓋腱炎の重症度を判断できるとした。また，ほかの報告でも，超音波低エコー像が病期進行と関連ある可能性が示唆された[38]。一方，超音波所見と臨床所見・症状分類との関連では強い相関がないことや[39~41]，超音波低エコー像があっても無症候性の者が存在したことも報告されており[42~44]，超音波所見と臨床症状の関連については今後も検討の必要がある。

　膝蓋腱炎は疼痛を主体とした症状であるため，さまざまな画像所見が報告されているものの，コンセンサスが得られるにはいたっていない。超音波低エコー像やほかの画像評価に関して今後さらなる検討が期待される。

2. 身体所見

　膝蓋腱炎の診断に有用な身体所見として，圧痛

表 7-2　膝蓋腱炎の症状分類（文献 49，50 より作成）

Blazina らの 3 期分類[49]	
Phase 1	運動後のみに疼痛があり，機能障害はない
Phase 2	運動時，運動後に疼痛があるが，パフォーマンスは満足のできるレベル
Phase 3	運動時，運動後の疼痛が長期間に及び，パフォーマンスは徐々に満足できるレベルではなくなる
Roels らの 4 期分類[50]	
Phase 1	運動後のみに疼痛がある状態
Phase 2	運動開始時に疼痛があり，ウォームアップ後に疼痛がなくなり，運動後再び疼痛がある状態
Phase 3	活動中や活動後の痛みのため，スポーツに参加できない状態
Phase 4	腱の完全断裂

表 7-3　注射療法の効果

報告者	研究デザイン	ステロイド	硬化剤	多血小板血漿，自己血	皮膚由来細胞	備考
Fredberg ら[57]	RCT vs. プラセボ	○				
Kongsgaard ら[58]	RCT vs. プラセボ	○				長期効果は不良
Hoksrud ら[59]	RCT vs. プラセボ		○			
Clarke ら[60]	RCT vs. 皮膚由来細胞			○	○	
Alfredson ら[61]	前向き研究		○			
James ら[62]	前向き研究			○		
Kon ら[63]	前向き研究			○		

誘発テストと 25°傾斜台片脚スクワット（single leg decline squat）が提唱された。圧痛誘発テストは，膝蓋骨より近位部（大腿部側）を把持して膝蓋骨下極部を圧迫する圧痛検査である（図 7-3）。MRI もしくは超音波検査にて診断された膝蓋腱炎患者に対する圧痛の感度 97.6％，特異度 70％，陽性的中率 67.5％，陰性的中率 97.8％であり，良好な検査精度であった[45]。一方，25°傾斜台片脚スクワットは 25°傾斜台を用いて片脚スクワットを行うものであり（図 7-4）[46]，平地での片脚スクワットよりも膝蓋腱への負荷が高いため，膝蓋腱のストレステストとして用いることが推奨された[47,48]。

3．症状分類

症状分類には Blazina 分類[49] と Roels 分類[50] が古くから用いられてきた（表 7-2）。これらはおおむね同じような分類であり，phase 1 が運動後に疼痛が出現する状態，phase 2 が運動中に疼痛がある状態，phase 3 は疼痛のためパフォーマンス低下が生じる状態である。Roels 分類では，phase 4 に腱の完全断裂が加えられた。

4．質問紙

質問紙による膝蓋腱炎の評価には，膝蓋腱炎のための Victorian Institute of Sport Assessment（VISA-P）Score がある[51]。この質問紙は，0 点から 100 点の自己記入式で，主に動作時の疼痛を点数化するものである。Visentini ら[51] の研究では，80 点以下を膝蓋腱炎の症状ありとした場合の検査内・検者間信頼性は良好であった。妥当性の検討が不足しているものの，VISA-P は各国の近年の論文で頻繁に使用されている[52〜56]。

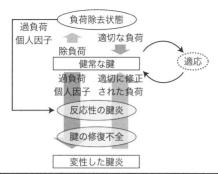

図 7-5　連続する病態モデル（文献 66 より引用）
健常な腱から変性した腱炎まで病態が連続していることを示すモデル。腱炎は反応性の腱炎，腱の修復不全，変性した腱炎の 3 つのステージに分類された。腱炎の早期では負荷を適正化することにより改善が見込めるが，変性した腱炎では改善が難しそうである。早期の腱炎に対しては非ステロイド性抗炎症薬（NSAIDs）やステロイド，変性した腱炎には多血小板血漿（PRP）や硬化剤を用いることを推奨している。

G. 治療法

1. 保存療法

1）注射療法

無作為化臨床試験により，ステロイド・硬化剤・多血小板・自己血・皮膚細胞由来腱細胞様細胞の注射療法の効果検証が実施されてきた（**表 7-3**）[57〜63]。これらの注射療法は，膝蓋腱炎の症状改善におおむね効果があった[64]。しかし，ステロイド注射に関して，長期効果の不良[58]や腱断裂の発生（症例報告）[65]などの否定的な報告があり，慢性化し変性した腱に対してステロイド注射の使用は控えるべきという意見がある[66]。さらに Cook ら[66]の病態モデル（**図 7-5**）に合わせて治療方針を決めることが望ましいとする意見もある[64]。

2）物理療法

体外衝撃波療法（ESWT）に関しては無作為化臨床試験で効果あり[67]と効果なし[68]という矛盾した結果がみられ，一定の見解が得られていない。一方，低強度超音波療法（low intensity pulse ultra sound：LIPUS）は，無作為化臨床試験で効果なし[69,70]という結果であった。Larsson ら[71]のシステマティックレビューでは LIPUS は中等度の根拠で効果なしと記載された。

3）運動療法

運動療法では，大腿四頭筋の遠心性収縮を用いたトレーニングが盛んに研究されている（**表 7-4**）[58,69,72〜77]。Larsson ら[71]のシステマティックレビューにおいて，遠心性収縮を用いたトレーニングは強く推奨された。また，高負荷低速度抵抗

表 7-4　膝蓋腱炎に対する運動療法の効果

報告者	比較対象	遠心性運動	求心性運動	HSR	備考
Kongsgaard ら[58]	vs. ステロイド	○		○	HSR は新生血管の減少を認めた
Frohm ら[72]		○		○	両群に有意な改善，群間差なし
Bahr ら[73]	vs. 手術	○			両群に有意な改善，群間差なし
Jonsson ら[74]	vs. 求心性運動	○	×（CKC）		両群 CKC で訓練，群間差あり
Visnes ら[75]	vs. 運動療法なし	×			試合期のため安静は行わないデザイン
Young ら[76]	vs. ステップ運動	○			両群に有意な改善
Stasinopoulos ら[69]	vs. LIPUS とフリクションマッサージ	○			遠心性運動は他群より有意な改善
Cannell ら[77]	vs. 求心性運動	○	○（OKC）		両群とも実施前より改善，群間差はない

○：改善あり，×：改善なし，LIPUS：低出力超音波療法，HSR：高負荷低速度抵抗運動，CKC：閉鎖運動連鎖，OKC：開放運動連鎖。

運動(heavy slow resistance training:HSR)の有効性も報告された[71]。遠心性収縮を用いたトレーニングは,25°傾斜台を用いることが推奨される[78,79]。また,疼痛の許容は,不快な疼痛がない範囲とする報告[79,80]や,疼痛なしで行うとする報告[81]があり,一定の見解は得られていない。

トレーニングの生理学的根拠としては,遠心性収縮と同等の効果を認めた高負荷低速度抵抗運動についての研究では,慢性的な膝蓋腱炎患者を対象に,トレーニング開始時と12週経過時に腱生検を行うことにより,その効果を組織学的に検証した[82]。その結果,12週間の高負荷低速度抵抗運動で臨床症状の改善,小径コラーゲン線維の増加を認め,コラーゲン代謝を改善することが示唆された[82]。

4)装具療法

装具療法に関して,無作為化臨床試験や介入研究は渉猟したかぎりではみられなかった。一方,膝ストラップの効果を検討した実験的研究では,膝ストラップが膝蓋骨と膝蓋腱のなす角度を増加(膝蓋骨の前傾)させ,膝蓋腱に生じるストレスを低下させる可能性が示唆された[83]。

2.手術療法

Bahrら[73]は,直視法での腱部分切除術と遠心性運動の効果を検証するため無作為化臨床試験を実施した。その結果,両群で有意な改善がみられ,群間差はなかった。そのため,彼らは手術には最低でも12週の保存療法実施を推奨した[73]。また,Marcheggiani Muccioliら[84]のシステマティックレビューでは直視法と関節鏡の成績について比較を行い,スポーツ復帰率や手術成功率に有意差はないと結論づけた(表7-5)。手術療法に関しては,質の高い論文が不足している[84]。

表7-5 膝蓋腱炎に対する直視法と関節鏡による手術成績の比較(文献84より作成)

	直視法	関節鏡
スポーツ復帰率	76.6%	84.2%
手術成功率	87.2%	92.4%

H. まとめ

1.すでに真実として承認されていること

- 膝蓋腱炎はジャンプ動作の多いスポーツ種目で有病率が高い。

2.議論の余地はあるが,今後の重要な研究テーマとなること

- 病期や症状と超音波低エコー像との関係性。
- ステロイド注射の使用の是非。
- 発症メカニズムの解明。
- 遠心性収縮や高負荷低速度抵抗運動の作用機序の解明と効果。
- 慢性的な膝蓋腱炎は非炎症性(退行性)疾患であるかどうか。

3.真実と思われていたが実は疑わしいこと

- 低強度超音波療法の有効性。

I. 今後の課題

- 病期を分類した治療方針の決定。
- 発症メカニズムの解明と発症予防。

文献

1. Basso O, Johnson DP, Amis AA: The anatomy of the patellar tendon. *Knee Surg Sports Traumatol Arthrosc*. 2001; 9: 2-5.
2. Toumi H, Higashiyama I, Suzuki D, Kumai T, Bydder G, McGonagle D, Emery P, Fairclough J, Benjamin M: Regional variations in human patellar trabecular architecture and the structure of the proximal patellar tendon enthesis. *J Anat*. 2006; 208: 47-57.
3. Scapinelli R: Blood supply of the human patella. Its relation to ischaemic necrosis after fracture. *J Bone Joint*

3. *Surg Br*. 1967; 49: 563-70.
4. Soldado F, Reina F, Yuguero M, Rodriguez-Baeza A: Clinical anatomy of the arterial supply of the human patellar ligament. *Surg Radiol Anat*. 2002; 24: 177-82.
5. Witvrouw E, Bellemans J, Lysens R, Danneels L, Cambier D: Intrinsic risk factors for the development of patellar tendinitis in an athletic population. A two-year prospective study. *Am J Sports Med*. 2001; 29: 190-5.
6. Visnes H, Aandahl HA, Bahr R: Jumper's knee paradox—jumping ability is a risk factor for developing jumper's knee: a 5-year prospective study. *Br J Sports Med*. 2013; 47: 503-7.
7. Backman LJ, Danielson P: Low range of ankle dorsiflexion predisposes for patellar tendinopathy in junior elite basketball players: a 1-year prospective study. *Am J Sports Med*. 2011; 39: 2626-33.
8. Lian OB, Engebretsen L, Bahr R: Prevalence of jumper's knee among elite athletes from different sports: a cross-sectional study. *Am J Sports Med*. 2005; 33: 561-7.
9. Zwerver J, Bredeweg SW, van den Akker-Scheek I: Prevalence of jumper's knee among nonelite athletes from different sports: a cross-sectional survey. *Am J Sports Med*. 2011; 39: 1984-8.
10. Ferretti A: Epidemiology of jumper's knee. *Sports Med*. 1986; 3: 289-95.
11. van der Worp H, van Ark M, Zwerver J, van den Akker-Scheek I: Risk factors for patellar tendinopathy in basketball and volleyball players: a cross-sectional study. *Scand J Med Sci Sports*. 2012; 22: 783-90
12. Miura K, Yamamoto M, Tamaki H, Zushi K: Determinants of the abilities to jump higher and shorten the contact time in a running 1-legged vertical jump in basketball. *J Strength Cond Res*. 2010; 24: 201-6.
13. Cook JL, Kiss ZS, Khan KM, Purdam CR, Webster KE: Anthropometry, physical performance, and ultrasound patellar tendon abnormality in elite junior basketball players: a cross-sectional study. *Br J Sports Med*. 2004; 38: 206-9.
14. Crossley KM, Thancanamootoo K, Metcalf BR, Cook JL, Purdam CR, Warden SJ: Clinical features of patellar tendinopathy and their implications for rehabilitation. *J Orthop Res*. 2007; 25: 1164-75.
15. Gaida JE, Cook JL, Bass SL, Austen S, Kiss ZS: Are unilateral and bilateral patellar tendinopathy distinguished by differences in anthropometry, body composition, or muscle strength in elite female basketball players? *Br J Sports Med*. 2004; 38: 581-5.
16. Bennell KL, Talbot RC, Wajswelner H, Techovanich W, Kelly DH, Hall AJ: Intra-rater and inter-rater reliability of a weight-bearing lunge measure of ankle dorsiflexion. *Aust J Physiother*. 1998; 44: 175-80.
17. Lian O, Engebretsen L, Ovrebo RV, Bahr R: Characteristics of the leg extensors in male volleyball players with jumper's knee. *Am J Sports Med*. 1996; 24: 380-5.
18. Cook JL, Khan KM, Kiss ZS, Purdam CR, Griffiths L: Prospective imaging study of asymptomatic patellar tendinopathy in elite junior basketball players. *J Ultrasound Med*. 2000; 19: 473-9.
19. van der Worp H, van Ark M, Roerink S, Pepping GJ, van den Akker-Scheek I, Zwerver J: Risk factors for patellar tendinopathy: a systematic review of the literature. *Br J Sports Med*. 2011; 45: 446-52.
20. Visnes H, Bahr R: Training volume and body composition as risk factors for developing jumper's knee among young elite volleyball players. *Scand J Med Sci Sports*. 2013; 23: 607-13.
21. Hagglund M, Zwerver J, Ekstrand J: Epidemiology of patellar tendinopathy in elite male soccer players. *Am J Sports Med*. 2011; 39: 1906-11.
22. Bahr R, Reeser JC: Injuries among world-class professional beach volleyball players. The Federation Internationale de Volleyball beach volleyball injury study. *Am J Sports Med*. 2003; 31: 119-25.
23. Lian O, Scott A, Engebretsen L, Bahr R, Duronio V, Khan K: Excessive apoptosis in patellar tendinopathy in athletes. *Am J Sports Med*. 2007; 35: 605-11.
24. Khan KM, Cook JL, Bonar F, Harcourt P, Astrom M: Histopathology of common tendinopathies. Update and implications for clinical management. *Sports Med*. 1999; 27: 393-408.
25. Martens M, Wouters P, Burssens A, Mulier JC: Patellar tendinitis: pathology and results of treatment. *Acta Orthop Scand*. 1982; 53: 445-50.
26. Alfredson H, Lorentzon R: Chronic tendon pain: no signs of chemical inflammation but high concentrations of the neurotransmitter glutamate. Implications for treatment? *Curr Drug Targets*. 2002; 3: 43-54.
27. Shelbourne KD, Henne TD, Gray T: Recalcitrant patellar tendinosis in elite athletes: surgical treatment in conjunction with aggressive postoperative rehabilitation. *Am J Sports Med*. 2006; 34: 1141-6.
28. Johnson DP, Wakeley CJ, Watt I: Magnetic resonance imaging of patellar tendonitis. *J Bone Joint Surg Br*. 1996; 78: 452-7.
29. Panni AS, Tartarone M, Maffulli N: Patellar tendinopathy in athletes. Outcome of nonoperative and operative management. *Am J Sports Med*. 2000; 28: 392-7.
30. Tyler TF, Hershman EB, Nicholas SJ, Berg JH, McHugh MP: Evidence of abnormal anteroposterior patellar tilt in patients with patellar tendinitis with use of a new radiographic measurement. *Am J Sports Med*. 2002; 30: 396-401.
31. Lavagnino M, Arnoczky SP, Elvin N, Dodds J: Patellar tendon strain is increased at the site of the jumper's knee lesion during knee flexion and tendon loading: results and cadaveric testing of a computational model. *Am J Sports Med*. 2008; 36: 2110-18.
32. Dillon EM, Erasmus PJ, Muller JH, Scheffer C, de Villiers RV: Differential forces within the proximal patellar tendon as an explanation for the characteristic lesion of patellar tendinopathy: an *in vivo* descriptive experimental study. *Am J Sports Med*. 2008; 36: 2119-27.
33. Bisseling RW, Hof AL, Bredeweg SW, Zwerver J, Mulder T: Are the take-off and landing phase dynamics of the volleyball spike jump related to patellar tendinopathy? *Br J Sports Med*. 2008; 42: 483-9.

34. de Groot R, Malliaras P, Munteanu S, Payne C, Morrissey D, Maffulli N: Foot posture and patellar tendon pain among adult volleyball players. *Clin J Sport Med*. 2012; 22: 157-9.
35. Warden SJ, Brukner P: Patellar tendinopathy. *Clin Sports Med*. 2003; 22: 743-59.
36. Warden SJ, Kiss ZS, Malara FA, Ooi AB, Cook JL, Crossley KM: Comparative accuracy of magnetic resonance imaging and ultrasonography in confirming clinically diagnosed patellar tendinopathy. *Am J Sports Med*. 2007; 35: 427-36.
37. Gemignani M, Busoni F, Tonerini M, Scaglione M: The patellar tendinopathy in athletes: a sonographic grading correlated to prognosis and therapy. *Emerg Radiol*. 2008; 15: 399-404.
38. Malliaras P, Purdam C, Maffulli N, Cook J: Temporal sequence of greyscale ultrasound changes and their relationship with neovascularity and pain in the patellar tendon. *Br J Sports Med*. 2010; 44: 944-7.
39. Khan KM, Cook JL, Kiss ZS, Visentini PJ, Fehrmann MW, Harcourt PR, Tress BW, Wark JD: Patellar tendon ultrasonography and jumper's knee in female basketball players: a longitudinal study. *Clin J Sport Med*. 1997; 7: 199-206.
40. Khan KM, Visentini PJ, Kiss ZS, Desmond PM, Coleman BD, Cook JL, Tress BM, Wark JD, Forster BB: Correlation of ultrasound and magnetic resonance imaging with clinical outcome after patellar tenotomy: prospective and retrospective studies. Victorian Institute of Sport Tendon Study Group. *Clin J Sport Med*. 1999; 9: 129-137.
41. Lian O, Holen KJ, Engebretsen L, Bahr R: Relationship between symptoms of jumper's knee and the ultrasound characteristics of the patellar tendon among high level male volleyball players. *Scand J Med Sci Sports*. 1996; 6: 291-6.
42. Cook JL, Khan KM, Harcourt PR, Kiss ZS, Fehrmann MW, Griffiths L, Wark JD: Patellar tendon ultrasonography in asymptomatic active athletes reveals hypoechoic regions: a study of 320 tendons. Victorian Institute of Sport Tendon Study Group. *Clin J Sport Med*. 1998; 8: 73-7.
43. Cook JL, Khan KM, Kiss ZS, Coleman BD, Griffiths L: Asymptomatic hypoechoic regions on patellar tendon ultrasound: a 4-year clinical and ultrasound followup of 46 tendons. *Scand J Med Sci Sports*. 2001; 11: 321-7.
44. Peace KA, Lee JC, Healy J: Imaging the infrapatellar tendon in the elite athlete. *Clin Radiol*. 2006; 61: 570-8.
45. Ramos LA, Carvalho RT, Garms E, Navarro MS, Abdalla RJ, Cohen M: Prevalence of pain on palpation of the inferior pole of the patella among patients with complaints of knee pain. *Clinics (Sao Paulo)*. 2009; 64: 199-202.
46. Purdam CR, Cook, JL, Hopper DM, Khan KM: Discriminative ability of functional loading tests for adolescent jumper's knee. *Phys Ther Sport*. 2003; 4: 3-9
47. Kongsgaard M, Aagaard P, Roikjaer S, Olsen D, Jensen M, Langberg H, Magnusson SP: Decline eccentric squats increases patellar tendon loading compared to standard eccentric squats. *Clin Biomech (Bristol, Avon)*. 2006; 21: 748-54.
48. Zwerver J, Bredeweg SW, Hof AL: Biomechanical analysis of the single-leg decline squat. *Br J Sports Med*. 2007; 41: 264-8.
49. Blazina ME, Kerlan RK, Jobe FW, Carter VS, Carlson GJ: Jumper's knee. *Orthop Clin North Am*. 1973; 4: 665-78.
50. Roels J, Martens M, Mulier JC, Burssens A: Patellar tendinitis (jumper's knee). *Am J Sports Med*. 1978; 6: 362-8.
51. Visentini PJ, Khan KM, Cook JL, Kiss ZS, Harcourt PR, Wark JD: The VISA score: an index of severity of symptoms in patients with jumper's knee (patellar tendinosis). Victorian Institute of Sport Tendon Study Group. *J Sci Med Sport*. 1998; 1: 22-8.
52. Frohm A, Saartok T, Edman G, Renstrom P: Psychometric properties of a Swedish translation of the VISA-P outcome score for patellar tendinopathy. *BMC Musculoskelet Disord*. 2004; 5: 49.
53. Hernandez-Sanchez S, Hidalgo MD, Gomez A: Cross-cultural adaptation of VISA-P score for patellar tendinopathy in Spanish population. *J Orthop Sports Phys Ther*. 2011; 41: 581-91.
54. Lohrer H, Nauck T: Cross-cultural adaptation and validation of the VISA-P questionnaire for German-speaking patients with patellar tendinopathy. *J Orthop Sports Phys Ther*. 2011; 41: 180-90.
55. Maffulli N, Longo UG, Testa V, Oliva F, Capasso G, Denaro V: VISA-P score for patellar tendinopathy in males: adaptation to Italian. *Disabil Rehabil*. 2008; 30: 1621-4.
56. Zwerver J, Kramer T, van den Akker-Scheek I: Validity and reliability of the Dutch translation of the VISA-P questionnaire for patellar tendinopathy. *BMC Musculoskelet Disord*. 2009; 10: 102.
57. Fredberg U, Bolvig L, Pfeiffer-Jensen M, Clemmensen D, Jakobsen BW, Stengaard-Pedersen K: Ultrasonography as a tool for diagnosis, guidance of local steroid injection and, together with pressure algometry, monitoring of the treatment of athletes with chronic jumper's knee and Achilles tendinitis: a randomized, double-blind, placebo-controlled study. *Scand J Rheumatol*. 2004; 33: 94-101.
58. Kongsgaard M, Kovanen V, Aagaard P, Doessing S, Hansen P, Laursen AH, Kaldau NC, Kjaer M, Magnusson SP: Corticosteroid injections, eccentric decline squat training and heavy slow resistance training in patellar tendinopathy. *Scand J Med Sci Sports*. 2009; 19: 790-802.
59. Hoksrud A, Ohberg L, Alfredson H, Bahr R: Ultrasound-guided sclerosis of neovessels in painful chronic patellar tendinopathy: a randomized controlled trial. *Am J Sports Med*. 2006; 34: 1738-46.
60. Clarke AW, Alyas F, Morris T, Robertson CJ, Bell J, Connell DA: Skin-derived tenocyte-like cells for the treatment of patellar tendinopathy. *Am J Sports Med*. 2011; 39: 614-23.
61. Alfredson H, Ohberg L: Neovascularisation in chronic painful patellar tendinosis—promising results after scle-

rosing neovessels outside the tendon challenge the need for surgery. *Knee Surg Sports Traumatol Arthrosc*. 2005; 13: 74-80.

62. James SL, Ali K, Pocock C, Robertson C, Walter J, Bell J, Connell D: Ultrasound guided dry needling and autologous blood injection for patellar tendinosis. *Br J Sports Med*. 2007; 41: 518-21; discussion 522.

63. Kon E, Filardo G, Delcogliano M, Presti ML, Russo A, Bondi A, Di Martino A, Cenacchi A, Fornasari PM, Marcacci M: Platelet-rich plasma: new clinical application: a pilot study for treatment of jumper's knee. *Injury*. 2009; 40: 598-603.

64. van Ark M, Zwerver J, van den Akker-Scheek I: Injection treatments for patellar tendinopathy. *Br J Sports Med*. 2011; 45: 1068-76.

65. Ismail AM, Balakrishnan R, Rajakumar MK, Lumpur K: Rupture of patellar ligament after steroid infiltration. Report of a case. *J Bone Joint Surg Br*. 1969; 51: 503-5.

66. Cook JL, Purdam CR: Is tendon pathology a continuum? A pathology model to explain the clinical presentation of load-induced tendinopathy. *Br J Sports Med*. 2009; 43: 409-16.

67. Wang CJ, Ko JY, Chan YS, Weng LH, Hsu SL: Extracorporeal shockwave for chronic patellar tendinopathy. *Am J Sports Med*. 2007; 35: 972-8.

68. Zwerver J, Hartgens F, Verhagen E, van der Worp H, van den Akker-Scheek I, Diercks RL: No effect of extracorporeal shockwave therapy on patellar tendinopathy in jumping athletes during the competitive season: a randomized clinical trial. *Am J Sports Med*. 2011; 39: 1191-9.

69. Stasinopoulos D, Stasinopoulos I: Comparison of effects of exercise programme, pulsed ultrasound and transverse friction in the treatment of chronic patellar tendinopathy. *Clin Rehabil*. 2004; 18: 347-52.

70. Warden SJ, Metcalf BR, Kiss ZS, Cook JL, Purdam CR, Bennell KL, Crossley KM: Low-intensity pulsed ultrasound for chronic patellar tendinopathy: a randomized, double-blind, placebo-controlled trial. *Rheumatology (Oxford)*. 2008; 47: 467-71.

71. Larsson ME, Kall I, Nilsson-Helander K: Treatment of patellar tendinopathy—a systematic review of randomized controlled trials. *Knee Surg Sports Traumatol Arthrosc*. 2012; 20: 1632-46.

72. Frohm A, Saartok T, Halvorsen K, Renstrom P: Eccentric treatment for patellar tendinopathy: a prospective randomised short-term pilot study of two rehabilitation protocols. *Br J Sports Med*. 2007; 41: e7.

73. Bahr R, Fossan B, Loken S, Engebretsen L: Surgical treatment compared with eccentric training for patellar tendinopathy (jumper's knee). A randomized, controlled trial. *J Bone Joint Surg Am*. 2006; 88: 1689-98.

74. Jonsson P, Alfredson H: Superior results with eccentric compared to concentric quadriceps training in patients with jumper's knee: a prospective randomised study. *Br J Sports Med*. 2005; 39: 847-50.

75. Visnes H, Hoksrud A, Cook J, Bahr R: No effect of eccentric training on jumper's knee in volleyball players during the competitive season: a randomized clinical trial. *Clin J Sport Med*. 2005; 15: 227-34.

76. Young MA, Cook JL, Purdam CR, Kiss ZS, Alfredson H: Eccentric decline squat protocol offers superior results at 12 months compared with traditional eccentric protocol for patellar tendinopathy in volleyball players. *Br J Sports Med*. 2005; 39: 102-5.

77. Cannell LJ, Taunton JE, Clement DB, Smith C, Khan KM: A randomised clinical trial of the efficacy of drop squats or leg extension/leg curl exercises to treat clinically diagnosed jumper's knee in athletes: pilot study. *Br J Sports Med*. 2001; 35: 60-4.

78. Frohm A, Halvorsen K, Thorstensson A: Patellar tendon load in different types of eccentric squats. *Clin Biomech (Bristol, Avon)*. 2007; 22: 704-11.

79. Visnes H, Bahr R: The evolution of eccentric training as treatment for patellar tendinopathy (jumper's knee): a critical review of exercise programmes. *Br J Sports Med*. 2007; 41: 217-23.

80. Purdam CR, Jonsson P, Alfredson H, Lorentzon R, Cook JL, Khan KM: A pilot study of the eccentric decline squat in the management of painful chronic patellar tendinopathy. *Br J Sports Med*. 2004; 38: 395-7.

81. Rutland M, O'Connell D, Brismee JM, Sizer P, Apte G, O'Connell J: Evidence-supported rehabilitation of patellar tendinopathy. *N Am J Sports Phys Ther*. 2010; 5: 166-78.

82. Kongsgaard M, Qvortrup K, Larsen J, Aagaard P, Doessing S, Hansen P, Kjaer M, Magnusson SP: Fibril morphology and tendon mechanical properties in patellar tendinopathy: effects of heavy slow resistance training. *Am J Sports Med*. 2010; 38: 749-56.

83. Lavagnino M, Arnoczky SP, Dodds J, Elvin N: Infrapatellar straps decrease patellar tendon strain at the site of the jumper's knee lesion: a computational analysis based on radiographic measurements. *Sports Health*. 2011; 3: 296-302.

84. Marcheggiani Muccioli GM, Zaffagnini S, Tsapralis K, Alessandrini E, Bonanzinga T, Grassi A, Bragonzoni L, Della Villa S, Marcacci M: Open versus arthroscopic surgical treatment of chronic proximal patellar tendinopathy. A systematic review. *Knee Surg Sports Traumatol Arthrosc*. 2013; 21: 351-7.

（宮田　徹）

8. 鵞足炎

はじめに

鵞足炎は 1937 年に Moschwitz[1] によってはじめて報告され，スポーツ選手やスポーツ愛好家にしばしば発生する疾患である。鵞足炎には滑液包炎と腱炎が含まれ，総称して鵞足症候群と表現されることもある[2]が，臨床上区別することが困難なことも多く，これらが混同して用いられていることもある。鵞足炎はオーバーユース症候群の1つとして解釈されて治療が行われているが，鵞足炎の発生メカニズムや病態，治療方法などについての研究は少ない。本項では現在までの鵞足炎に関する研究を整理することを目的とした。

A. 文献検索方法

文献検索には PubMed を使用した。キーワードは「pes anserine syndrome」「pes anserine bursitis」「pes anserine tendinitis」「pes anserinus」とし，「rheumatism」「diabetes millitus」を除外して検索した。ヒットした 45 件のうち，スポーツ障害や本項に沿った内容を選択し，さらにハンドサーチの結果を加えて 30 文献をレビューした。

B. 鵞足の機能解剖

鵞足（図 8-1）[3] とは縫工筋，薄筋，半腱様筋の 3 つの腱が脛骨近位内側部に扇状に付着する部分を指し，付着部の形が鵞鳥の足に似ていることから鵞足といわれている。縫工筋，薄筋，半腱様筋の作用は膝関節屈曲および脛骨内旋で，膝の外反を保護する役割がある[4]。また鵞足部には滑液包が存在する。鵞足滑液包は，膝関節の屈伸に伴って生じる内側側副靱帯と鵞足の走行のずれが起こす摩擦の緩衝のために存在し，関節とは交通がない[2]。

Mochizuki ら[3]は 5 例 9 膝の屍体膝を解剖し，膝内側の構造の詳細を分析した。表層には縫工筋の縦線維，深層には薄筋の筋膜の縦線維が存在し，遠位は下腿筋膜と連結していた。これらの複雑な構造がもたらす膝内側の軟部組織の張力は，大腿筋膜張筋による膝外側への強大な力に拮抗しつつ膝の安定性を高めている。Ivey ら[5] は 51 例 102 の屍体膝を対象として鵞足付着部の形状を調査した。その結果，約半数は同じタイプであったが，残りの約半数では腱の分枝や共同腱への移行の仕方，腱膜の広がり，内側側副靱帯との位置関係が異なる特徴を有していた。

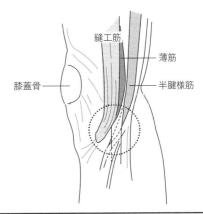

図 8-1　鵞足の解剖（文献 3 より引用）
鵞足とは縫工筋，薄筋，半腱様筋の 3 つの腱が脛骨近位内側部に扇状に付着する部分を指す。

第2章 腱障害

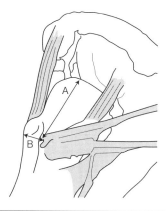

図8-2 鵞足付着部の解剖（文献6より引用）
A：脛骨高原内側から鵞足上縁の距離，B：脛骨粗面から鵞足内側縁の距離。

表8-1 鵞足付着部のランドマーク

	脛骨高原からの距離（図8-3のA）	脛骨粗面からの距離（図8-3のB）
Reinaら[6]	42 mm	19 mm
Iveyら[5]	55 mm	11.5 mm
Kijkunasathianら[7]	–	25 mm

触診に必要な鵞足付着部のランドマークについての研究結果を**表8-1**にまとめた。Reinaら[6]によると，15例30膝の屍体研究において，脛骨高原内側から付着部の距離（**図8-2**のA）は平均42 mmで，検者内再現性0.90，検者間再現性0.85と，ほかのランドマークに比べ信頼性の高い指標であると結論づけた。また同研究において，脛骨粗面から鵞足付着部への水平距離（**図8-2**のB）は平均19 mmで，検者内再現性0.72，検者間再現性0.61であった。Iveyら[5]は脛骨高原内側から付着部の距離について，平均55 mm，脛骨粗面から鵞足付着部への水平距離は平均11.5 mmであったと報告した。Kijkunasathianら[7]のアジア人85例を対象とした横断研究では，脛骨粗面から鵞足付着部への水平距離は平均25 mmであり，性差はなかった。上記のデータは，人種間の相違は十分に検証されていないため注意が必要かもしれない。

Zaffagniniら[8]の4例の鵞足部の神経と血管についての横断研究によると，鵞足部は血流と神経分布が豊富であり，腱の走行に沿って分布がみられた。また，腱実質部よりも付着部の血流が豊富であったとしている。

C. 病態

スポーツ障害としての鵞足炎は直接的な摩擦から生じると考えられている。その発症原因として，練習方法，ハムストリングスのタイトネス，膝の外反アライメント，下肢の過外旋などの影響が推測されてきた。Safranら[2]は解剖学的要因は鵞足と内側側副靱帯の摩擦を増加させる原因となりうると指摘し，Rodeo[9]は競泳平泳ぎのキック動作による繰り返しの外反負荷が鵞足炎の原因となりうるとしているが，鵞足炎のメカニズムを具体的に証明した研究は存在しない。

変形性関節症（osteoarthritis：OA）に伴う鵞足炎についてはいくつかの報告があった。Clappら[10]は膝の内反変形，外反変形，側方動揺，肥満などと鵞足炎の発症との関連を指摘した。しかしKangら[11]はOA膝における鵞足炎と性別，年齢，OA重症度（X線評価）との関連は認められなかったとしたうえで，腱の退行変性が起きている可能性があるとした。Alvarez-Nemegyei[12]はOAに伴う鵞足炎についての症例対照研究を行い，糖尿病の有無，肥満度，OAの程度（膝蓋大腿関節含む），膝の不安定性，内反変形，後足部のマルアライメントに関連はなく，外反変形のみ，および側方不安定性を合併する外反変形が鵞足炎の危険因子であると結論づけた。

D. 疫学

スポーツ障害としての鵞足炎の疫学研究はわず

表 8-2 鵞足炎の鑑別疾患

	疾患名	特徴
X線	変形性膝関節症	裂隙の狭小化,骨棘の有無
	離断性骨軟骨炎	若年者であること,矢状断で内側の骨病変を確認できる
	オスグッド病	
	骨軟骨腫	MRIに先だってX線による診断が有効
MRI	内側半月板損傷	急性期において腫脹が関節内と交流している
	内側側副靱帯損傷	
	囊腫(ガングリオン)	冠状断,矢状断での鑑別が有効
	各種滑液包炎	
	色素性絨毛結節性滑膜炎	慢性期の鵞足炎と鑑別,色素性絨毛結節性滑膜炎はMRIで低信号を示す
その他	L3/4神経根障害	膝痛・不安定性はなく神経症状に起因し,腰痛を併発している

かである。ランナーおよびピボットやカッティング,ジャンプ,減速動作を含むスポーツ選手に好発する[2]ことや,競泳平泳ぎでの膝内側痛に鵞足炎が含まれる[9]との記述はみられた。Forbesら[13]はランナーおよびウエイトリフティング選手がOAの既往なく運動中に鵞足炎を急性発症したと報告したが,症例報告にとどまっている。唯一スポーツにおける鵞足炎の発生率を示した研究はDevanら[14]の報告である。スポーツ活動における膝のオーバーユース症候群の発生数を前向きに調査した結果,大学女子アスリート53名のうちフィールドホッケー選手1名に鵞足炎が生じた。

OAや膝痛を有する例を対象とした有病率の報告が散見された。Larssonら[15]はOAと診断された68例中41例(60.3%)に,Kangら[10]はOAと診断された62例中29例(46.8%)に鵞足炎の症状がみられたと報告した。

E. 診 断

1. 臨床症状

鵞足炎は主に臨床症状をもとに診断される。1985年にLarssonら[15]が臨床症状に基づく診断基準を,①膝前内側の自発痛,②鵞足部の圧痛,③階段昇降時の疼痛増悪,④腫脹と提唱した。自発痛や圧痛,階段昇降時の痛みなど疼痛については,評価方法として多くの文献で採用されており,一定のコンセンサスが得られていると思われる。

2. 鑑別診断

鵞足炎は膝内側の痛みや腫脹として自覚されるため,ほかの疾患との鑑別が重要である。その手段と疾患を**表8-2**にまとめた。Helfensteinら[16]は,若年者であればX線で離断性骨軟骨炎やオスグット病などの骨病変との鑑別が,成人であれば変形性関節症との鑑別が必要であると記載した。Forbesら[13]は,スポーツ領域の疾患のなかで鵞足炎と症状が似ており,特に鑑別が必要なものは内側半月板損傷や内側側副靱帯損傷であると報告した。その診断は徒手検査を基本とし,急性期であればMRIで腫脹の関節内との交流の有無で鑑別が可能であるとした。また,MRIではガングリオンやベーカー嚢腫,その他の膝周囲の滑液包炎との鑑別[3],あるいは骨軟骨腫や色素性絨毛結節性滑膜炎[17]との鑑別が可能である。Gnanadesiganら[18]は,鵞足炎と神経根症との鑑別について,腰痛があり鵞足局所の痛みがない場合に鵞足炎は否定されると記載した。

第2章 腱障害

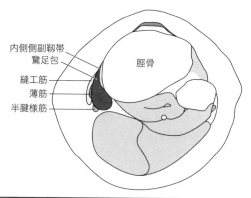

図8-3 MRI冠状断での鵞足滑液包炎（文献21より引用）
滑液包に腫脹がある場合，図の箇所に液体として確認できる。

3. 画像診断

通常，X線像において鵞足炎は異常所見を示さない[16]。しかしながら，Muchnickら[19]とClappら[10]は，OAとは別に脛骨前内側に扇形の骨欠損や骨の不整を認めることがあると報告した。このため，X線像も注意深く観察する必要がある。

MRIは鵞足炎の診断およびほかの疾患との鑑別に用いられる。Kohら[20]は，腫脹はT1強調画像では低信号を，T2強調画像では増加した均一の信号を認めること，そして鵞足部の腫脹を確認するためには冠状断と矢状断が有用であると結論づけた。腫脹は，急性期のMRIにおいて卵形の液体として確認でき[14]，内側側副靱帯の表層で鵞足より深部から後方にかけて存在するが，これらは関節内と交通しない[20,21]（図8-3）。鵞足部の腫脹をMRIで検出できる率について，Forbesら[13]は鵞足部に疼痛を有する対象者において5％，Hillら[22]はOAで膝痛を有する対象において4.3％，Rennieら[4]は膝痛を有する対象者において2.5％と報告した。このように，研究により対象者は異なるが，総じて腫脹の検出率は高くない。また，感度や特異度などの検出力を示した文献はなく，撮像方法やスライス幅などの撮像条件にも一定の見解はない。そのためMRIは，急性期におけるほかの疾患との鑑別には有用だが，鵞足部の腫脹の検出には必ずしも必須ではなく，あくまでも補助手段であるといえる。

超音波検査についての研究は2000年以降に増加してきた。Usonら[23]は，超音波検査（7.5MHz）では深さ3cmまでの軟部組織を適切に評価できると記載した。健常者では鵞足滑液包は検出できないが，滑液包炎がある場合，包壁は高エコーを，包内の腫脹は低エコーを示す[24]。また，健側と比較して2mm以上の腫脹がある場合を陽性としている文献が複数存在した[23,25,26]。Usonら[23]は超音波は腱炎における腱の肥厚の検出が可能と記載した。超音波検査における鵞足部の腫脹の検出率を表8-3にまとめた。Usonら[23]の研究によると，鵞足部に疼痛を有する対象者において鵞足部腫脹の検出率は6.7％であった。de Migeulら[25]は，OAで膝痛を有する群と有さない群における腫脹の検出率を検証した結果，それぞれ6.2％と0％と群間に有意差は認められなかった。Esenら[26]はOAで鵞足部に疼痛を有する群で7.6％，有さない群で0％であり，群間に有意差があるとした。以上より，研究によって対象

表8-3 超音波における鵞足部腫脹の検出率

報告者	対象	例数	陽性率	備考
Usonら[23]	鵞足部に疼痛を有する	29	6.7%	
de Miguelら[25]	OAで膝痛を有する	81	6.2%	群間に差なし
	OAで膝痛を有さない	20	0.0%	
Esenら[26]	OAで鵞足部に疼痛を有する	66	7.6%	有意差あり
	OAで鵞足部に疼痛を有さない	34	0.0%	

8. 鵞足炎

が異なるが，総じて超音波像による腫脹の検出率は高くない．したがって，超音波検査においても疼痛と画像所見は必ずしも一致しないという点はMRIと同様だが，リアルタイムで腱の肥厚や腫脹の特定が可能であるという点で有用性が高いといえる．

F. 治療

鵞足炎の治療に関する報告はほとんどが保存療法についてであり，観血療法の報告はみられなかった．一般的に急性期であれば安静，アイシングや超音波などの物理療法，内服などが行われており，それらに効果が認められない場合は注射療法を行うことがある．Brooklerら[27]は24例の鵞足炎に超音波治療を施行し，1例を除いて著効したと報告した．しかし論文が古く，ほかの報告が見当たらないことから結論づけることはできない．

一方，注射療法についてはOA膝の鵞足炎を対象とした後向きの研究で，Larssonら[15]は改善率を70%，Abeles[28]は24%，Yoonら[29]は52.9%と，ばらつきがみられた．対照群をおいたKangら[11]の研究では，非治療群と注射療法との間に有意差はなかった．Vega-Moralesら[30]は，鵞足炎を対象として無作為化臨床試験を行い，プラセボ群との有意差はなかったと結論づけた．その他，鵞足部に負担を与える原因を取り除くため，体重コントロールや鵞足腱のストレッチ，筋力トレーニング，アライメント修正がすすめられている[2,18]が，これらの効果を比較検討した報告はなかった．

G. まとめ

1. すでに真実として承認されていること
- 臨床診断は疼痛などの臨床症状をもとに行われている．
- 急性期の診断には臨床症状に加えて補助的に画像診断を用いることができる．

2. 議論の余地はあるが，今後の重要な研究テーマとなること
- 鵞足炎の病態や鵞足炎につながる病因の検討．
- キネマティクスやキネティクスの変化により鵞足部に加わる負荷の検討．
- 保存療法の効果の検討．

3. 真実と思われていたが実は疑わしいこと
- 注射療法が組織の炎症や腫脹などに効果を示す可能性．

H. 今後の課題

鵞足炎は臨床で頻繁に接する疾患であるが，疫学・病態・治療に関する研究は少なく，論文を整理するにとどまった．疫学や治療効果についてはスポーツに限定した調査や検証が必要であろう．また，病態は動作解析による鵞足を構成する各筋の働きだけでなく，隣接する各関節などの影響を検討する必要があると思われる．それらによりスムースなスポーツ復帰と再発予防につなげられると考える．スポーツ特性や練習量と発生率の検討，下肢のマルアライメントや筋の作用などのバイオメカニクス的検討，詳細な評価に基づく保存的治療の選択などが今後の課題としてあげられる．

文献

1. Moschowitz E: Bursitis of the sartorius bursa. *JAMA*. 1937; 109: 1362.
2. Safran MR, Fu FH: Uncommon causes of knee pain in the athlete. *Orthop Clin North Am*. 1995; 26: 547-59.
3. Mochizuki T, Akita K, Muneta T, Sato T: Pes anserinus: layered supportive structure on the medial side of the knee. *Clin Anat*. 2004; 17: 50-4.
4. Rennie WJ, Saifuddin A: Pes anserine bursitis: incidence

in symptomatic knees and clinical presentation. *Skeletal Radiol*. 2005; 34: 395-8.
5. Ivey M, Prud'homme J: Anatomic variations of the pes anserinus: a cadaver study. *Orthopedics*. 1993; 16: 601-6.
6. Reina N, Abbo O, Gomez-Brouchet A, Chiron P, Moscovici J, Laffosse J M: Anatomy of the bands of the hamstring tendon: How can we improve harvest quality? *Knee*. 2013; 20: 90-5.
7. Kijkunasathian C, Limitlaohaphan C, Saengpetch N, Saitongdee P, Woratanarat P: The location of pes anserinus insertion in Thai people. *J Med Assoc Thai*. 2009; 92 supple 6: S189-92.
8. Zaffagnini S, Golano P, Farinas O, Depasquale V, Strocchi R, Cortecchia S, Marcacci M, Visani A: Vascularity and neuroreceptors of the pes anserinus: anatomic study. *Clin Anat*. 2003; 16: 19-24.
9. Rodeo SA: Knee pain in competitive swimming. *Clin Sports Med*. 1999; 18: 379-87.
10. Clapp A, Trecek J, Joyce M, Sundaram M: Radiologic case study. Pes anserine bursitis. *Orthopedics*. 2008; 31: 306, 407-8.
11. Kang I, Han SW: Anserine bursitis in patients with osteoarthritis of the knee. *South Med J*. 2000; 93: 207-9.
12. Alvarez-Nemegyei J: Risk factors for pes anserinus tendinitis/bursitis syndrome: a case control study. *J Clin Rheumatol*. 2007; 13: 63-5.
13. Forbes JR, Helms CA, Janzen DL: Acute pes anserine bursitis: MR imaging. *Radiology*. 1995; 194: 525-7.
14. Devan MR, Pescatello LS, Faghri P, Anderson J: A prospective study of overuse knee injuries among female athletes with muscle imbalances and structural abnormalities. *J Athl Train*. 2004; 39: 263-7.
15. Larsson LG, Baum J: The syndrome of anserine bursitis. *Arthritis Rheum*. 1985; 28: 1062-5.
16. Helfenstein M Jr, Kuromoto J: Anserine syndrome. *Rev Bras Reumatol*. 2010; 50: 313-27.
17. McCarthy CL, McNally EG: The MRI appearance of cystic lesions around the knee. *Skeletal Radiol*. 2004; 33: 187-209.
18. Gnanadesigan N, Smith RL: Knee pain: osteoarthritis or anserine bursitis? *J Am Med Dir Assoc*. 2003; 4: 164-6.
19. Muchnick J, Sundaram M: Radiologic case study. Pes anserine bursitis. *Orthopedics*. 1997; 20: 1092-4.
20. Koh WL, Kwek JW, Quek ST, Peh WC: Clinics in diagnostic imaging (77). Pes anserine bursitis. *Singapore Med J*. 2002; 43: 485-91.
21. Marra MD, Crema MD, Chung M, Roemer FW, Hunter DJ, Zaim S, Diaz L, Guermazi A: MRI features of cystic lesions around the knee. *Knee*. 2008; 15: 423-38.
22. Hill CL, Gale DR, Chaisson CE, Skinner K, Kazis L, Gale ME, Felson DT: Periarticular lesions detected on magnetic resonance imaging: prevalence in knees with and without symptoms. *Arthritis Rheum*. 2003; 48: 2836-44.
23. Uson J, Aguado P, Bernad M, Mayordomo L, Naredo E, Balsa A, Martin-Mola E: Pes anserinus tendino-bursitis: what are we talking about? *Scand J Rheumatol*. 2000; 29: 184-6.
24. Draghi F, Danesino G M, Coscia D, Precerutti M, Pagani C: Overload syndromes of the knee in adolescents: Sonographic findings. *J Ultrasound*. 2008; 11: 151-7.
25. de Miguel ME, Cobo IT, Usón JJ, Bonilla HG, Martín ME: Clinical and ultrasonographic findings related to knee pain in osteoarthritis. *Osteoarthritis Cartilage*. 2006; 14: 540-4.
26. Esen S, Akarirmak U, Aydin FY, Unalan H: Clinical evaluation during the acute exacerbation of knee osteoarthritis: the impact of diagnostic ultrasonography. *Rheumatol Int*. 2013; 33:711-7.
27. Brookler MI, Mongan ES: Anserina bursitis. A treatable cause of knee pain in patients with degenerative arthritis. *Calif Med*. 1973; 119: 8-10.
28. Abeles M: Anserine bursitis. *Arthritis Rheum*. 1986; 29: 812-3.
29. Yoon HS, Kim SE, Suh YR, Seo YI, Kim HA: Correlation between ultrasonographic findings and the response to corticosteroid injection in pes anserinus tendinobursitis syndrome in knee osteoarthritis patients. *J Korean Med Sci*. 2005; 20: 109-12.
30. Vega-Morales D, Esquivel-Valerio JA, Negrete-Lopez R, Galarza-Delgado DA, Garza-Elizondo MA: Safety and efficacy of methylprednisolone infiltration in anserine syndrome treatment. *Reumatol Clin*. 2012; 8: 63-7.

〈来住野麻美〉

9. 腸脛靱帯炎

はじめに

腸脛靱帯炎という診断名の歴史はまだ浅く，1975年にRenne[1]が軍隊トレーニングで発症する障害として報告したのが最初である。この論文では，海軍の男性が歩行中やランニング中に膝関節外側と膝関節屈曲30〜40°において疼痛を訴え，大腿骨外側上顆約3 cm上に局所的な硬さがみられる病態が紹介された。腸脛靱帯が大腿骨外側上顆上を通過する際の摩擦により生じると考えられたことから，この病態は"iliotibial band friction syndrome（ITBFS）"と命名された[1]。しかし2000年以降，腸脛靱帯炎は下肢のアライメントやキネマティクス，腸脛靱帯のタイトネス，股関節外転筋力低下などさまざまな要因により生じると考えられるようになった。また，腸脛靱帯炎は実質的に腸脛靱帯に炎症が生じていることはほとんどないことが確認されており，大腿骨外側上顆と腸脛靱帯間の圧迫による脂肪組織の炎症や慢性的な炎症，バイオメカニクス的な要因により生じると考えらえるようになった。そのため，iliotibial band syndrome（ITBS）と呼ばれるようになった。しかし，ITBSの病態を示す報告は少なく，いまだ明らかにされていないことが多い。本項では，現在までにわかっているITBSに関する解剖，疫学，危険因子，診断・評価，治療についてまとめた。

A. 文献検索方法

文献検索にはPubMedを用いた。「iliotibial band friction syndrome」「Iliotibial band syndrome」をキーワードとし，173件がヒットした。さらに「epidemiology」「pathology」「diagnosis」「evaluation」「treatment」をキーワードに加えた。そのなかから，重複しているものを除き，また本項に必要と思われた文献を加えて合計45件の文献を採用した。

B. 解剖

腸脛靱帯は起始を腸骨稜，大殿筋，中殿筋，大腿筋膜張筋とし，停止を脛骨のGerdy結節にもつ人体で最長の靱帯である[2,3]。Zenzら[4]は，7屍体14膝を用い，上前腸骨棘からGerdy結節までの長さを測定した。その結果，腸脛靱帯の長さは平均50.4 cm（47〜53 cm）であったと報告した。

腸脛靱帯はaponeurotic layer, superficial layer, middle layer, deep layer, capsulo-osseous layerの5層からなる[5,6]（図9-1）。さらに，膝関節屈曲30°未満では大腿骨外側上顆前方に位置し，膝関節屈曲30°以上では大腿骨外側上顆後方に位置する[1,7,8]（図9-2）。顕微鏡を用いた研究によると，大腿骨と腸脛靱帯間は脂肪組織で埋め尽くされていた[9]。

C. 疫学

1. 全体発生率

ランニング障害全体のうちITBSの占める割合

第2章 腱障害

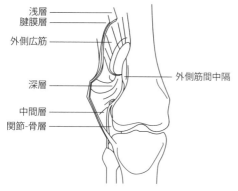

図9-1 腸脛靱帯の解剖（文献5より引用）
aponeurotic layer（腱膜層），superficial layer（浅層），middle layer（中間層），deep layer（深層），capsulo-osseous layer（関節-骨層）の順で5層構造からなる。

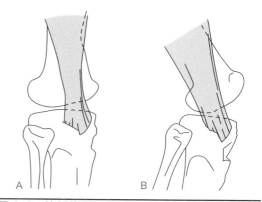

図9-2 膝関節屈曲伸展における腸脛靱帯の位置（文献7より引用）
A：膝関節伸展位における腸脛靱帯の位置，B：膝関節屈曲30°における腸脛靱帯の位置。

表9-1 Iliotibial band syndrome のスポーツ別発生率（文献16, 17より作成）

スポーツ種目	発生率（%）
中・長距離走	30.7
ジョギング	21.6
サイクリング	15.0
スキー	14.8
サッカー（7人制）	10.2
スプリント・ハードル走	9.1
オリエンテーリング	8.0
柔道	3.4
やり投げ	1.1
ウエイトリフティング	1.1

は5～15%と報告された[10, 11]。スポーツ施設に入会している2,002名を対象とした研究において，168名（8.4%）がITBSを発症した[10]。Almeidaら[12]は，海軍の男性1,143名を対象に12週間トレーニングを行った結果，5.3%にITBSが発症したと報告した。

2. 性差

ITBS発症人口における性差に関して，男性が女性の2～5倍の割合で発症することが報告された[10, 13]。Almeidaら[14]によると，海軍の男性176名，女性241名を対象に男性11週間，女性12週間のトレーニングを行った結果，男性4.0%，女性5.8%がITBSを発症した。McNicolら[15]は，1,047名中52名（男性34名，女性18名）がITBSを発症し，男性は女性の約は2倍の発症率であったと報告した。Sutkerら[8]によると，男性39名，女性9名がITBSを発症し，男性の発症率は女性の約4倍であった。さらに，Orava[16]によると，男性79名，女性9名がITBSを発症し，男性は女性の約9倍の発症率であった。

3. スポーツ別発生率

スポーツ別発生率としては，中・長距離，ジョギング，サイクリングの順で高い[16, 17]（表9-1）。Orava[16]によると，ITBSの発症率は中・長距離で30.7%，ジョギングで21.6%であった。Holmesら[17]は，サイクリングにおけるITBS発症率は15%と報告した。

以上より，ITBSはランニング障害の1つであり，男性に多く発症し，長時間膝の屈伸を伴うスポーツに多く発生することが示唆された。

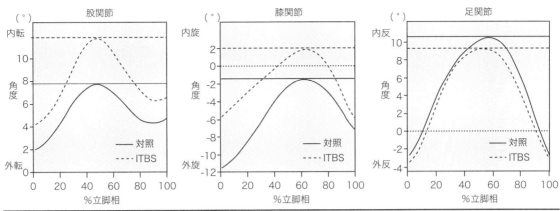

図9-3 走行中の立脚相における下肢キネマティクス（文献24より引用）
ITBS群は対照群に比べ，立脚相の股関節内転角度と膝関節内旋角度のピーク値が有意に大きく，足関節外反角度のピーク値は小さい。

D. 危険因子

ITBSの危険因子は内的因子と外的因子の2つに分けられる。内的因子には，性別，年齢，股関節外転筋力，腸脛靱帯タイトネス，立脚相の股関節屈曲角度，後足部外反，バイオメカニクス的要因がある。一方，外的因子では，トレーニング量，サーフェイス，シューズに関連したものがあげられる。

1．内的因子

1）性　別

ITBS発症人口における性差について，男性が女性の2～9倍の割合で罹患することが報告された[8,10,12〜16]。

2）年　齢

Orava[16]は，16～30歳で発症率が高かったと報告した。Pinshawら[11]によると，20歳以上で発症率が高く，特に35歳以上で高かった。

3）股関節外転筋力

Fredericsonら[18]は，ITBS群24名，対照群30名を対象にハンドヘルドダイナモメータを用いて，股関節外転筋力を外転30°肢位で測定した。その結果，対照群よりもITBS群のほうが有意に低かったことから，股関節外転筋力低下がITBSの一要因であると考察した。Grauら[19]は，ITBS群10名，対照群10名を対象にIsomed 2000を用いて，求心性，遠心性，等速性の股関節外転・内転トルクを計測した。その結果，ITBS群と対照群に有意差は認められず，股関節外転筋力低下はITBS発症要因ではないと考察した。以上より，股関節外転筋力低下がITBS発症要因となるかは定かではない。

4）腸脛靱帯タイトネス

Lavine[20]は，腸脛靱帯のタイトネスにより深部組織の圧迫が生じ，ITBSが発症する恐れがあると考察した。しかし，Devanら[21]の女子大学生アスリートを対象にした研究では，腸脛靱帯のタイトネスを判定するOber's testとITBSの関連性はなかった。また，Hamillら[22]は，ITBS症例のランナーは走行中，腸脛靱帯の歪み率が大きくなることを示した。このように，腸脛靱帯のタイトネスがITBS発症要因となるかについての一致した見解は得られていない。

第2章 腱障害

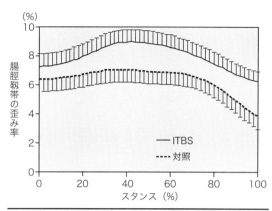

図9-4 ランニング中における腸脛靱帯の歪み率（文献22より引用）
ITBS群は対照群に比べ腸脛靱帯の歪み率が大きかった。

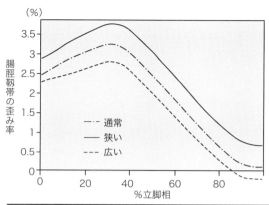

図9-5 スッテプ幅（狭い，通常，広い）の相違による腸脛靱帯の歪み率（文献26より引用）
腸脛靱帯の歪み率は，ステップ幅が大きいときに比べ小さいときのほうが大きい。

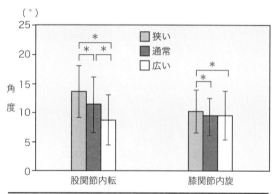

図9-6 スッテプ幅（狭い，通常，広い）の相違による股関節内転，膝関節内旋角度（文献26より引用）
股関節内転角度と膝関節内旋角度はスッテプ幅が狭いほど有意に大きい。

5）バイオメカニクス

近年，歩行時のバイオメカニクスからITBS発症要因がいくつか報告された。Grauら[23]は，ITBS症例18名を対象に3Dモーションキャプチャーを用いて，トレッドミル平地走行3.3 m/sにおける下肢キネマティクスを測定した。その結果，ITBS群は対照群に比べ股関節最大内転角度，股関節屈曲・伸展の関節可動域および外転角速度が有意に低値であった。また，股関節屈曲速度，膝関節屈曲速度は有意に低値であり，足関節と後足部については有意な差は認められなかった。一方，Noehrenら[24,25]は，女性を対象に3.7 m/sで走行中の立脚相における下肢キネマティクスを測定した。その結果，ITBS群は対照群に比べ，立脚相の股関節内転角度と膝関節内旋角度のピーク値が有意に大きく，足関節外反角度のピーク値は小さかった（図9-3）。Hamillら[22]は，Visual 3D™ソフトウェアを用いて，ランニング中の腸脛靱帯（腸骨稜からGerdy結節）の歪み率を測定した。その結果，ITBS群は対照群に比べ腸脛靱帯の歪み率が大きかった（図9-4）。Meardonら[26]は，15名を対象にステップ幅（狭い，通常，広い）の相違による腸脛靱帯の歪み率と股関節内転，膝関節内旋角度を測定した。その結果，ITBS群の歪み率は，ステップ幅が広いときに比べ狭いときのほうが有意に大きいことが示され（図9-5），股関節内転角度と膝関節内旋角度はスッテプ幅が狭いほど有意に大きいことが示された（図9-6）。このように，ITBS発症要因となる下肢のキネマティクス・キネティクスについては一致した見解が得られていない。

2．外的因子

長距離ランナーを対象とした研究[1]では，1週間に41〜80 kmの走行量でITBSが最も発症

しやすかったことが報告された．また，ITBS症例の90％以上がゆったりとしたスピードで，タールや未舗装道路を走行していた[11]．しかし，走行距離，シューズ，インソールの有無，サーフェイスについて実験的に証明されたものはなく，明確なエビデンスは得られていない．

E．診断および評価

1．画像所見

MRIは腫脹や軟部組織の描出が可能である．MRIを診断に用いたITBSに対する報告はわずかであり，感度・特異度が示された文献はない．Faircloughら[9]は，MRIを用いて膝関節屈曲30°で大腿骨外側上顆と腸脛靱帯との距離が最も狭小することを示し，膝関節屈曲30°位で外側広筋の収縮を伴うことで，大腿骨外側上顆と腸脛靱帯との距離がさらに狭小することを示した．また，腸脛靱帯の実質的な炎症症状の報告はなく，Faircloughら[9]によるITBSのT2画像の分析では，大腿骨外側上顆と腸脛靱帯間の深部脂肪組織に高信号を認めた．

MRIを用いた腸脛靱帯厚の相違が報告されてきた．Ekmanら[27]は，ITBS群7名と対照群10名を対象とし，大腿骨外側上顆で腸脛靱帯の厚さを測定した．その結果，ITBS群5.5±2.1 mm，対照群2.5±1.6 mmであり，有意にITBS群のほうが肥厚していた．一方，Muhleら[28]は，ITBS群16名，対照群20名において腸脛靱帯厚を計測した結果，ITBS群2.0±0.5 mm，対照群2.3±0.5 mmと有意差は認めなかった．

非侵襲的かつ簡便・短時間で実施可能な超音波による報告が2件ある．超音波を用いて腸脛靱帯厚を調べた研究[29,30]では，大腿骨外側上顆2 cm上で1.1±0.2 mm，大腿骨外側上顆で2.0±0.3 mm，脛骨外側顆で3.4±0.5 mmであった．超音波においても感度・特異度は示され

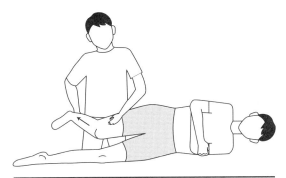

図9-7　Ober's test（文献6より引用）
側臥位で股関節を外転・伸展，膝関節屈曲90°位から内転させる検査．内転制限がある場合を陽性とする．

ておらず，ITBSの腸脛靱帯厚を測定した報告はない．

2．臨床所見

ITBSと診断された患者は大腿外側，大腿骨外側上顆付近に疼痛を訴えるが，局所の熱感や腫脹を呈さない．疼痛の程度は歩行時痛やランニング痛などさまざまであるが，典型的にはheel strike後の膝関節屈曲20～30°において大腿外側に疼痛[22]を訴える．

ITBSに関連した代表的な身体評価にOber's testとNoble compression testがある．Ober's testは，側臥位で股関節を外転・伸展，膝関節屈曲90°位から内転させる検査であり，内転制限を陽性とする検査である[6,7,31]（図9-7）．Noble compression testは，背臥位で大腿骨外側上顆のやや上の腸脛靱帯を圧迫しながら膝関節を自動伸展させる疼痛誘発検査であり，疼痛が誘発されれば陽性とする[3,7,18]．今後，腸脛靱帯のタイトネスがITBSに直接関連しているか否か，診断学的にITBSの身体検査として有用であるかを議論していく必要がある．

F. 治 療

ITBS の治療は保存療法を基本とする。具体的には安静，徒手療法，運動療法などの保存療法が主体であり，必要に応じて薬物療法，注射療法，手術療法が行われる。

1. 保存療法

ITBS の多くはオーバーユースによることが多いため，安静やトレーニング量を軽減することで症状が改善することが報告された[2,32,33]。また，大腿筋膜張筋，腸脛靱帯のタイトネスのストレッチを行うことも有用であった[3,34]。軟部組織のリリース，股関節周囲の筋力強化，筋機能再学習の有用性も報告された[3]。さらに，消炎目的にて，大腿骨外側上顆と腸脛靱帯との間にコルチコステロイド注射が行われることがある[3,16]。2012 年に van der Worp らは[35]，ITBS に関するシステマティックレビューを 1 件報告した。そのうち，無作為化臨床試験の文献数は 3 件であった。

Schwellnus ら[36] は，43 名の ITBS 症例を対象に初期治療 7 日間をプラセボ群，抗炎症薬群，鎮痛性・抗炎症併用薬物投与群の 3 群に分け，各群 1 日 3 回の投与による治療の効果の違いを検証した。すべての群は，7 日間の安静と 1 日 2 回のアイシングを受けた。さらに，3〜7 日目にかけて腸脛靱帯のストレッチング，超音波治療，3，5，7 日目に深部横断的摩擦マッサージを受けた。初日，3 日目，7 日目に最大 30 分間の機能的トレッドミルランニングによる試験を行った結果，すべての群でランニング中の疼痛が減少し，走行時間と距離が増加したが，3 群に有意差はみられなかった。しかし，プラセボ群，抗炎症薬群は 3 日目から走行時間と距離が増加したのに対し，鎮痛性・抗炎症併用薬物投与群は初日からランニング距離が有意に増加した。プラセボ，抗炎症薬，鎮痛性・抗炎症併用薬物投与のいずれも ITBS の疼痛軽減に効果があることが示された。

Schwellnus ら[37] は 17 名の ITBS 症例を 2 群に分け，治療初日から 14 日間の治療効果を検証した。両群とも初日から 14 日間は安静にし，1 日 2 回のアイシングと腸脛靱帯のストレッチングを毎日受け，3，4，5，6，7，10 日目は超音波治療も受けた。そして，一方の群のみ 3，5，7，10 日目に深部横断的摩擦マッサージを受けた。その結果，疼痛は両群ともに減少し，最大 30 分間の機能的トレッドミルランニング中の最大限の疼痛に対する痛みの割合も両群ともに減少し，有意な差はみられなかった。このことから，ITBS に対する治療手段として深部横断的摩擦マッサージは効果的でなく，推奨されないことが示された。

Gunter ら[38] は，ITBS の症例を注射群 9 名，対照群 9 名に分け，注射群にはコルチコステロイド（40 mg 酢酸メチルプレドニゾロンと 10 mg リグノカイン塩酸塩），対照群には非ステロイド抗炎症薬（20 mg リグノカイン塩酸塩）を注射し，その効果を比較した。その結果，注射群にて有意に疼痛が軽減し，特に発症して初期の 2 週間以内の症例には効果的であった。しかし，ITBS に特有なものではないが結合組織損傷を治療する際，抗炎症剤の使用は結合組織の炎症を抑制するのには限界があり，治癒過程を阻害する可能性もあることからその使用には注意が必要である[39]。

2. 手術療法

6 ヵ月以上症状が継続している難治例に対しては，手術療法が施行されることがある。術式は，経皮的解離術[17]，腸脛靱帯後方の部分切除術[33,40,41]，腸脛靱帯の部分的延長術[42,43]，関節鏡挫滅組織切除術[44]，滑液包切除術[45] などがある。いずれの手術も術後約 6〜8 週で競技に復帰

し，復帰時の満足度は80～100％であった。しかし，ITBSに対する術式は一定ではなく，手術をするか否かについては十分に議論する必要がある。

G. まとめ

1. すでに真実として承認されていること
- 長距離ランナーに多く発症する。
- 膝関節屈曲20～40°付近で大腿骨外側上顆と腸脛靱帯の距離は短くなる。

2. 議論の余地はあるが，今後の重要な研究テーマとなること
- 腸脛靱帯炎の病態・診断・評価・治療法の確立。
- バイオメカニカルな損傷メカニズムを踏まえた病態の解明。

3. 真実と思われていたが実は疑わしいこと
- 腸脛靱帯が大腿骨外側上顆で繰り返し生じる摩擦により発症すること。

文 献

1. Renne JW: The iliotibial band friction syndrome. *J Bone Joint Surg Am*. 1975; 57: 1110-1.
2. Baker RL, Souza RB, Fredericson M: Iliotibial band syndrome: soft tissue and biomechanical factors in evaluation and treatment. *PM R*. 2011; 3: 550-61.
3. Fredericson M, Wolf C: Iliotibial band syndrome in runners: innovations in treatment. *Sports Med*. 2005; 35: 451-9.
4. Zenz P, Huber M, Obenaus CH, Schwägerl W: Lengthening of the iliotibial band by femoral detachment and multiple puncture. A cadaver study. *Arch Orthop Trauma Surg*. 2002; 122: 429-31.
5. Terry GC, Hughston JC, Norwood LA: The anatomy of the iliopatellar band and iliotibial tract. *Am J Sports Med*. 1986; 14: 39-45.
6. Lucas CA: Iliotibial band friction syndrome as exhibited in athletes. *J Athl Train*. 1992; 27: 250-2.
7. Strauss EJ, Kim S, Calcei JG, Park D: Iliotibial band syndrome: evaluation and management. *J Am Acad Orthop Surg*. 2011; 19: 728-36.
8. Sutker AN, Barber FA, Jackson DW, Pagliano JW: Iliotibial band syndrome in distance runners. *Sports Med*. 1985; 2: 447-51.
9. Fairclough J, Hayashi K, Toumi H, Lyons K, Bydder G, Phillips N, Best TM, Benjamin M: The functional anatomy of the iliotibial band during flexion and extension of the knee: implications for understanding iliotibial band syndrome. *J Anat*. 2006; 208: 309-16.
10. Taunton JE, Ryan MB, Clement DB, Mckenzie DC, Lloyd-Smith DR, Zumbo BD: A retrospective case-control analysis of 2002 running injuries. *Br J Sports Med*. 2002; 36: 95-101.
11. Pinshaw R, Atlas V, Noakes TD: The nature and response to therapy of 196 consecutive injuries seen at a runners' clinic. *S Afr Med J*. 1984; 65: 291-8.
12. Almeida SA, Williams KM, Shaffer RA, Brodine SK: Epidemiological patterns of musculoskeletal injuries and physical training. *Med Sci Sports Exerc*. 1999; 31: 1176-82.
13. Messier SP, Edwards DG, Martin DF, Lowery RB, Cannon DW, James MK, Curl WW, Read HM Jr, Hunter DM: Etiology of iliotibial band friction syndrome in distance runners. *Med Sci Sports Exerc*. 1995; 27: 951-60.
14. Almeida SA, Trone DW, Leone DM, Shaffer RA, Patheal SL, Long K: Gender differences in musculoskeletal injury rates: a function of symptom reporting? *Med Sci Sports Exerc*. 1999; 31: 1807-12.
15. McNicol K, Taunton JE, Clement DB: Iliotibial tract friction syndrome in athletes. *Can J Appl Sport Sci*. 1981; 6: 76-80.
16. Orava S: Iliotibial tract friction syndrome in athletes - an uncommon exertion syndrome on the lateral side of the knee. *Br J Sports Med*. 1978; 12: 69-73.
17. Holmes JC, Pruitt AL, Whalen NJ: Iliotibial band syndrome in cyclists. *Am J Sports Med*. 1993; 21: 419-24.
18. Fredericson M, Cookingham CL, Chaudhari AM, Dowdell BC, Oestreicher N, Sahrmann SA: Hip abductor weakness in distance runners with iliotibial band syndrome. *Clin J Sport Med*. 2000; 10: 169-75.
19. Grau S, Krauss I, Maiwald C, Best R, Horstmann T: Hip abductor weakness is not the cause for iliotibial band syndrome. *Int J Sports Med*. 2008; 29: 579-83.
20. Lavine R: Iliotibial band friction syndrome. *Curr Rev Musculoskelet Med*. 2010; 3: 18-22.
21. Devan MR, Pescatello LS, Faghri P, Anderson J: A prospective study of overuse knee injuries among female athletes with muscle imbalances and structural abnormalities. *J Athl Train*. 2004; 39: 263-7.
22. Hamill J, Miller R, Noehren B, Davis I: A prospective study of iliotibial band strain in runners. *Clin Biomech (Bristol, Avon)*. 2008; 23: 1018-25.
23. Grau S, Krauss I, Maiwald C, Axmann D, Horstmann T, Best R: Kinematic classification of iliotibial band syndrome in runners. *Scand J Med Sci Sports*. 2011; 21: 184-9.
24. Noehren B, Davis I, Hamill J, Ferber R: Secondary plane biomechanics of iliotibial band syndrome in competitive female runners. *Med Sci Sports Exerc*. 2006; 38: s393.
25. Noehren B, Davis I, Hamill J: ASB clinical biomechanics award winner 2006 prospective study of the biome-

26. Meardon SA, Campbell S, Derrick TR: Step width alters iliotibial band strain during running. *Sports Biomech*. 2012; 11: 464-72.
27. Ekman EF, Pope T, Martin DF, Curl WW: Magnetic resonance imaging of iliotibial band syndrome. *Am J Sports Med*. 1994; 22: 851-4.
28. Muhle C, Ahn JM, Yeh L, Bergman GA, Boutin RD, Schweitzer M, Jacobson JA, Haghighi P, Trudell DJ, Resnick D: Iliotibial band friction syndrome: MR imaging findings in 16 patients and MR arthrographic study of six cadaveric knees. *Radiology*. 1999; 212: 103-10.
29. Gyaran IA, Spiezia F, Hudson Z, Maffulli N: Sonographic measurement of iliotibial band thickness: an observational study in healthy adult volunteers. *Knee Surg Sports Traumatol Arthrosc*. 2011; 19: 458-61.
30. Goh LA, Chhem RK, Wang SC, Chee T: Iliotibial band thickness: sonographic measurements in asymptomatic volunteers. *J Clin Ultrasound*. 2003; 31: 239-44.
31. Ober FR: The role of the iliotibial band and fascia lata as a factor in the causation of low-back disabilities and sciatica. *J Bone Joint Surg Am*. 1936; 18: 105-10.
32. Noble CA: The treatment of iliotibial band friction syndrome. *Br J Sports Med*. 1979; 13: 51-4.
33. Noble CA: Iliotibial band friction syndrome in runners. *Am J Sports Med*. 1980; 8: 232-4.
34. Fredericson M, White JJ, Macmahon JM, Andriacchi TP: Quantitative analysis of the relative effectiveness of 3 iliotibial band stretches. *Arch Phys Med Rehabil*. 2002; 83: 589-92.
35. van der Worp MP, van der Horst N, de Wijer A, Backx FJ, Nijhuis-van der Sanden MW: Iliotibial band syndrome in runners: a systematic review. *Sports Med*. 2012; 42: 969-92.
36. Schwellnus MP, L Theunissen L, Noakes TD, Reinach SG: Anti-inflammatory and combined anti-inflammatory/analgesic medication in the early management of iliotibial band friction syndrome. A clinical trial. *S Afr Med J*. 1991; 79: 602-6.
37. Schwellnus MP, Mackintosh L, Deep MJ: Transverse frictions in the treatment of iliotibial band friction syndrome in athletes: a clinical trial. *Physiotherapy*. 1992; 78: 564-8.
38. Gunter P, Schwellnus MP: Local corticosteroid injection in iliotibial band friction syndrome in runners: a randomised controlled trial. *Br J Sports Med*. 2004; 38: 269-72; discussion 272.
39. Almekinders LC, Baynes AJ, Bracey LW: An *in vitro* investigation into the effects of repetitive motion and nonsteroidal antiinflammatory medication on human tendon fibroblasts. *Am J Sports Med*. 1995; 23: 119-23.
40. Martens M, Libbrecht P, Burssens A: Surgical treatment of the iliotibial band friction syndrome. *Am J Sports Med*. 1989; 17: 651-4.
41. Drogset JO, Rossvoll I, Grontvedt T: Surgical treatment of iliotibial band friction syndrome. A retrospective study of 45 patients. *Scand J Med Sci Sports*. 1999; 9: 296-8.
42. Richards DP, Barber FA, Troop RL: Iliotibial band Z-lengthening. *Arthroscopy*. 2003; 19: 326-9.
43. Barber FA, Boothby MH, Troop RL: Z-plasty lengthening for iliotibial band friction syndrome. *J Knee Surg*. 2007; 20: 281-4.
44. Michels F, Jambou S, Allard M, Bousquet V, Colombet P, de Lavigne C: An arthroscopic technique to treat the iliotibial band syndrome. *Knee Surg Sports Traumatol Arthrosc*. 2009; 17: 233-6.
45. Hariri S, Savidge ET, Reinold MM, Zachazewski J, Gill TJ: Treatment of recalcitrant iliotibial band friction syndrome with open iliotibial band bursectomy: indications, technique, and clinical outcomes. *Am J Sports Med*. 2009; 37: 1417-24.

〔井上　夏香〕

第3章
疲労骨折・骨膜炎

　第3章は疲労骨折・骨膜炎をテーマとし，大腿骨疲労骨折・膝蓋骨疲労骨折・下腿疲労骨折・シンスプリントの4項から構成される。下肢の疲労骨折・骨膜炎は発生頻度の高いスポーツ障害でありながら，危険因子や発生メカニズムに不明な点が多く，効率的な治療法・予防法が開発されていない現状がある。本章では，現時点で明らかとなっている各疾患のエビデンスを整理し，今後の研究課題を見出すことを目的とした。

　第10項では，大腿骨疲労骨折の疫学から治療・予防までを整理した。大腿骨疲労骨折は発生部位によって発生メカニズムや診断・治療法が異なるため，大腿骨頭・大腿骨頸部・大腿骨骨幹部の各部位に分けて，発生メカニズムや診断・治療法についてまとめた。

　第11項では，膝蓋骨疲労骨折について整理した。膝蓋骨疲労骨折は非常に発生頻度の低い障害であり，十分にデザインされたエビデンスレベルの高い論文はかぎられていた。そのためケースシリーズ研究や症例報告なども含めて，発生メカニズムや診断・治療法についてまとめた。

　第12項では，下腿疲労骨折の疫学・危険因子・発生メカニズム・診断・治療について整理した。比較的発生頻度の高い脛骨疲労骨折については，疫学および危険因子に関する研究は多く，一致した見解が得られているものも存在した。しかしながら，発生メカニズムや効率的な治療法に関しては解明されていない点も多く，本レビューによって今後の課題が明らかとなった。

　第13項では，シンスプリントについて整理した。シンスプリントは，近年，脛骨内側ストレス症候群（medial tibial stress syndrome：MTSS）と一般的に称されるため，MTSSの疫学から治療法までをレビューした。特に病態に関しては，脛骨疲労骨折との違いなどについて古くから研究が行われているものの，いまだ不明な点は多く，今後の研究課題が示された。

　冒頭でも述べたとおり，下肢の疲労骨折・骨膜炎は発生頻度の高いスポーツ障害でありながら，現時点ではエビデンスレベルが高く十分にデザインされた論文が非常に少ない。そのため，エビデンスレベルの低い論文も本章には含まれるが，これらの論文から得られる情報が，少しでも今後の臨床および研究の前進につながることを望む。読者の方々には，本章のテーマは今後の検討課題を多く含んだ内容であることを前提としてお読みいただけると幸いである。

第3章編集担当：小林　匠

10. 大腿骨疲労骨折

はじめに

疲労骨折は骨への反復負荷によって生じる[1]。骨疲労と微細損傷は徐々に骨基質の小さな亀裂となる[2]。疲労骨折はこのようにしてできた微細損傷が骨修復率を超えた際に生じる[3]。疲労骨折はアスリートや軍人，とりわけ下肢に多くみられる。大腿骨の疲労骨折はオーバーユース障害のなかで予後が不良な障害の1つである[1]が，発症率が低いため詳細については明らかになっていない。よって，大腿骨疲労骨折のエビデンスを確立することが必要である。本項では大腿骨疲労骨折の疫学，危険因子，病態・発生メカニズム，診断・評価，治療・予防に関して，大腿骨頭，大腿骨頸部，大腿骨骨幹部に分けて整理した。

A. 文献検索方法

文献検索は，2013年5月に言語を英語に限定してPubMedを用いて実施した。検索のキーワードは，femur AND ("stress fracture" OR "fatigue fracture" OR periostitis) とした。同時に，対象を「human」，年齢を「child：6～12 years」から「adult：19～44 years」と絞り込み検索を実施した。その結果，195件の論文がヒットした。加えて，関連書籍やレビュー論文から適宜ハンドサーチを行った。大腿骨単独の結果が示されていない研究や変形性股関節症が関連している大腿骨疲労骨折の研究は除外し，最終的にレビューでは53件の論文を対象とした。

B. 疫学

大腿骨疲労骨折の発生率は，スポーツ選手と軍人で異なる（**表10-1**）。スポーツ選手に生じた全疲労骨折のうち，大腿骨疲労骨折が占める割合は1～8％であった[4～8]。12ヵ月間の前向き研究において，疲労骨折全体の発生率は0.70/1,000（件/時間）で，そのうち大腿骨疲労骨折が占める割合は7.7％であった[5]。一方，軍人の大腿骨疲労骨折は，疲労骨折全体の9.9～33.7％[9～15]で，軍人全体の0.2～7.7％[10, 12, 16]に発生していた。クリニック受診患者における後向き研究では，大腿骨疲労骨折の割合は疲労骨折全体の7.2％であった[7]。スポーツ種目別の発生率に関する報告はなかった。以上より，大腿骨疲労骨折の発生率は，スポーツ選手より軍人のほうが高いといえる。

大腿骨疲労骨折の好発部位もスポーツ選手と軍人では異なる。スポーツ選手に生じたすべての疲労骨折のうち大腿骨頸部0.1～2.5％，大腿骨骨幹部0.8～3.5％であった[6, 8, 17]。軍人を対象とした報告では，大腿骨骨幹部内側に疲労骨折が生じたのは全対象者の6.4％，大腿骨顆上2.7％，大腿骨顆部1.4％，大腿骨頸部0％であった[13～14]。すべての疲労骨折のうち大腿骨疲労骨折が占める割合は，大腿骨近位11.4％，中間部9.2％，遠位9.2％，内側顆3.8％であった[15]。すべての大腿骨疲労骨折を対象とした調査では，頭頸部が30.6％，近位1/3が11.1％，中間1/3が25％，遠位1/3が11.1％，部位不明が22％で

第3章 疲労骨折・骨膜炎

表 10-1 大腿骨疲労骨折の発生率

報告者	対象	期間	対象者数（名）		年齢（歳）	疲労骨折全体に対する大腿骨疲労骨折の割合
			対象となった人数	疲労骨折した人数		
Iwamoto ら[4]	アスリート	1991.3～2001.5	男性 6,415 女性 3,861	男性 125 女性 71	20.1（範囲 10～46）	1.0%
Bennell ら[5]	陸上競技選手	12ヵ月間		男性 58 女性 53	男性 20.5±2.2 女性 20.3±2.0	7.7%（女性 2 名）
Brukner ら[6]	スポーツクリニック患者	2 年		男性 102 女性 88	21.8	3.3%
Matheson ら[7]	スポーツクリニック患者	1981.12～1985.7		男性 145 女性 175	26.7（範囲 13～61）	7.2%
Orava[8]	スポーツ選手・愛好家	1969～1978		男性 159 女性 41	22.7（範囲 10～51）	6.0%
Yanovich ら[9]	軍人	2007.1～2009.12	男性 327 女性 58	男性 165 女性 17	20.1±1.7（範囲 18～30）	9.9%（38 名，うち 19 名が両側の大腿骨疲労骨折）
Shaffer ら[10]	軍人	1995.3～1996.9	女性 2,692	152	19.3±2.1	19.9%
Beck ら[11]	軍人	12 週間	男性 626	23	19.4±0.41	21.8%
Gardner ら[12]	軍人	12 週間	3,025	38	20.0±0.02（範囲 18～41）	13.2%（5 名 6 脚）
Giladi ら[13, 14] Milgrom ら[15]	軍人	14 週間	男性 295	91	記載なし	34%

表 10-2 疲労骨折の危険因子の分類（文献 20 より改変）

内因性力学的要因	骨ミネラル濃度，骨形状，骨アライメント，身体組成
生理学的要因	骨代謝回転，筋柔軟性・関節可動域，筋力・筋持久力
栄養要因	カルシウム摂取量，カロリー摂食量・摂食障害，栄養不足
ホルモン要因	性ホルモン，初経年齢，その他のホルモン
トレーニング要因	体力，トレーニング量・速度・強度，回復期間
外因性力学的要因	サーフェス，靴・インソール・装具，外的負荷
その他	遺伝素因，心理的特性

あった[10]。予後が不良な大腿骨転位骨折の発生率は年間 1.5/100,000（件/人）であり，その内訳は近位 10%，中間部 30%，遠位 60%であった[18]。これらから，軍人では報告によって大腿骨疲労骨折の好発部位が異なるのに対し，スポーツ選手では骨幹部に好発することがわかる。

C. 危険因子

疲労骨折の危険因子は，多くの相互関係があるため，特定するのは困難であると報告された[19]。危険因子は一般的に内因性要因と外因性要因に分類される[20, 21]（表 10-2）。このうち，本項において取り込まれた研究で検討された危険因子は，内因性力学的要因（解剖学的因子・生体力学的因子）およびホルモン要因（性別）であった。

1. 解剖学的因子

解剖学的因子について，スポーツ選手を対象とした研究は見出せなかった。有限要素モデルを用いた研究によると，骨盤幅が広いほど大腿骨頸部へ生じる力は大きい[22]。軍人を対象とした前向き研究では，股関節外旋可動域 65°以上の軍人の大腿骨疲労骨折発生率は 22.6%であったのに対し，65°未満では 9.6%と有意な群間差（$p < 0.01$）が認められた[13]。同じく軍人を対象とした前向き研究では，CT 撮像により脛骨幅を測定

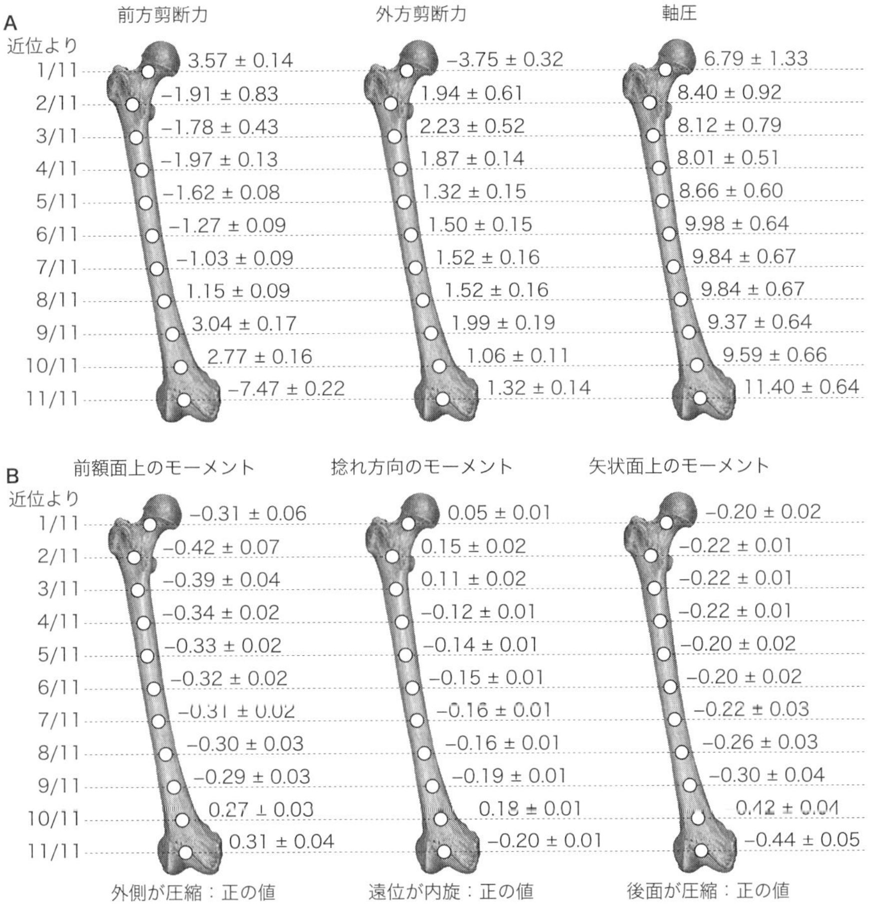

図10-1 ランニング中に大腿骨に生じる力（A，単位：BW）とモーメント（B，単位：BW・m）（文献1より作図）

近位より	前方剪断力	外方剪断力	軸圧
1/11	3.57 ± 0.14	−3.75 ± 0.32	6.79 ± 1.33
2/11	−1.91 ± 0.83	1.94 ± 0.61	8.40 ± 0.92
3/11	−1.78 ± 0.43	2.23 ± 0.52	8.12 ± 0.79
4/11	−1.97 ± 0.13	1.87 ± 0.14	8.01 ± 0.51
5/11	−1.62 ± 0.08	1.32 ± 0.15	8.66 ± 0.60
6/11	−1.27 ± 0.09	1.50 ± 0.15	9.98 ± 0.64
7/11	−1.03 ± 0.09	1.52 ± 0.16	9.84 ± 0.67
8/11	1.15 ± 0.09	1.52 ± 0.16	9.84 ± 0.67
9/11	3.04 ± 0.17	1.99 ± 0.19	9.37 ± 0.64
10/11	2.77 ± 0.16	1.06 ± 0.11	9.59 ± 0.66
11/11	−7.47 ± 0.22	1.32 ± 0.14	11.40 ± 0.64

近位より	前額面上のモーメント	捻れ方向のモーメント	矢状面上のモーメント
1/11	−0.31 ± 0.06	0.05 ± 0.01	−0.20 ± 0.02
2/11	−0.42 ± 0.07	0.15 ± 0.02	−0.22 ± 0.01
3/11	−0.39 ± 0.04	0.11 ± 0.02	−0.22 ± 0.01
4/11	−0.34 ± 0.02	−0.12 ± 0.01	−0.22 ± 0.01
5/11	−0.33 ± 0.02	−0.14 ± 0.01	−0.20 ± 0.02
6/11	−0.32 ± 0.02	−0.15 ± 0.01	−0.20 ± 0.02
7/11	−0.31 ± 0.02	−0.16 ± 0.01	−0.22 ± 0.03
8/11	−0.30 ± 0.03	−0.16 ± 0.01	−0.26 ± 0.03
9/11	−0.29 ± 0.03	−0.19 ± 0.01	−0.30 ± 0.04
10/11	0.27 ± 0.03	0.18 ± 0.01	0.42 ± 0.04
11/11	0.31 ± 0.04	−0.20 ± 0.01	−0.44 ± 0.05

外側が圧縮：正の値　遠位が内旋：正の値　後面が圧縮：正の値

し，大腿骨疲労骨折群と非骨折群で比較した。その結果，脛骨の最小横幅，最小前後幅，足関節より近位8 cm部の横幅と前後幅に関して，疲労骨折群の骨幅が有意に小さかった[14]。以上より，広い骨盤幅，広い股関節過外旋可動域，小さい脛骨幅が大腿骨疲労骨折の危険因子と考えられる。

2．生体力学的因子

大腿骨疲労骨折に関連した生体力学的研究は1件で，ランニング中に大腿骨へ生じる力を筋骨格モデルを用いて算出された[1]（**図10-1**）。ランニングにおける前方剪断力の最大値は大腿骨近位より11/11の部位で−7.5 ± 0.2 BW，外方剪断力は1/11の部位で−3.8 ± 0.3 BW，軸圧は11/11の部位で11.4 ± 0.6 BWであった（**図10-1A**）。前額面上のモーメントの最大値は大腿骨近位より2/11の部位で−0.4 ± 0.1 BW・m（外側が圧縮される方向が正の値），捻れ方向のモーメントは大腿骨11/11の部位で−0.2 ± 0.01 BW・m（遠位の内旋方向が正の値），矢状面上のモーメントは大腿骨11/11の部位で−0.4 ± 0.1 BW・m（後面が圧縮される方向が正の値）であった（**図10-1B**）。以上より，大腿骨の近位と遠位に強い外力が生じることが示された。

3．性　差

女性の大腿骨疲労骨折は男性よりも多い[23]。症例対照研究では，大腿骨疲労骨折が生じたア

第3章 疲労骨折・骨膜炎

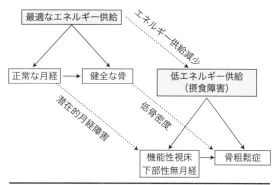

図10-2 女性アスリートの三徴
女性アスリートの三徴には摂食障害，生理不順，骨粗鬆症があげられる。

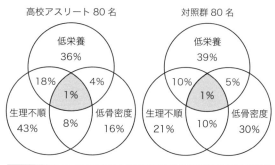

図10-3 女性アスリートの三徴の有病率
女性アスリートの三徴はアスリートでなくても起こる。

スリート71名中，女性は43名（61%）であった[24]。下肢疲労骨折のシステマティックレビュー[25]によると，大腿骨にかぎらず女性の下肢疲労骨折は，男性に比べ2〜10倍多い。女性アスリートの疲労骨折が多い原因に，摂食障害，生理不順，骨粗鬆症があげられ，これら3つをYeagerら[26]は「女性アスリートの三徴」と称した（図10-2）。最適なエネルギー供給があれば正常な月経と骨生成を保持できるが，何らかの原因で摂食障害や無月経（生理不順）が生じると骨粗鬆症が引き起こされ，疲労骨折が生じやすくなる[27]。女性アスリートの三徴はアスリートでなくても起こることが報告された[28]。高校女性アスリート80名とそれにマッチした運動習慣のない対照群80名を比較したところ，どちらの群にも1%（1名）で女性アスリートの三徴が認められた（図10-3）。両群の特徴を比較すると，アスリート群には激しい運動が原因と考えられる生理不順が43%と対照群の2倍以上に存在したのに対し，対照群では運動不足が原因と考えられる低骨密度が30%とアスリート群の約2倍であった。大腿骨疲労骨折に関する性差の報告は少ないが，下肢疲労骨折は男性より女性のほうが多いことから，大腿骨疲労骨折にも当てはまると推測され，その原因として女性アスリートの三徴が関与していると考えられる。

以上のように，大腿骨疲労骨折に特化した危険因子に関する研究は少なく，多くは全身性の危険因子に関する研究であった。今後，大腿骨疲労骨折に特化した危険因子を特定することが課題である。

D. 病態およびメカニズム

大腿骨疲労骨折の病態・メカニズムについて，大腿骨頭と骨幹部の骨折に関する報告はなかった。大腿骨頸部疲労骨折は，compression（圧縮），tension（伸張），displaced（転位）の3つのタイプに分類され，病態・メカニズムはタイプによって異なる[29]（図10-4）。圧縮タイプは，大腿骨頸部に圧縮ストレスが加わることで頸部下方に骨硬化が生じ，続いて亀裂が入り，骨折線が拡大する特徴がある。伸張タイプは，伸張ストレスによって大腿骨頸部上方に骨硬化が生じた後，亀裂が入り，骨折線が拡大する。伸張タイプは骨癒合が不完全となりやすく，伸張ストレスが加わり続けることで大腿骨頭は転位する。大腿骨頭疲労骨折の予後は，骨折タイプによって異なる。

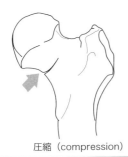
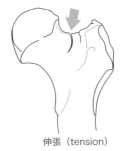
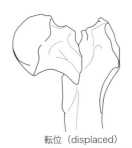

圧縮（compression）　　　伸張（tension）　　　転位（displaced）

図 10-4　大腿骨頸部骨折のタイプ（文献 29 より引用）
圧縮タイプは大腿骨頸部下方に，伸張タイプは頸部上方に亀裂が入る。伸張タイプは転位骨折となりやすい。

E. 診断および評価

疲労骨折は早期発見・早期治療が基本で，その診断には病歴，臨床所見，画像所見が重要となる。初期の疲労骨折をX線で発見するのは難しいことが知られている。近年，疲労骨折を早期発見するために，MRIやCT，骨シンチなどが用いられている。大腿骨疲労骨折の診断・評価に関する報告は少なく，そのほとんどが症例報告であった。大腿骨疲労骨折の部位別に病歴，臨床所見，画像所見を整理する。

1. 大腿骨頭

大腿骨頭疲労骨折の早期診断・評価にはMRIや骨シンチが有用である[30]。症例報告によると，症状の出現時期は軍事練習開始後4ヵ月以内[31]で，初期症状は股関節前面痛であり，徐々に長距離歩行が困難となった[30]。脚長差は認められなかったが，股関節最終屈曲時と内旋時に疼痛由来の可動域制限が認められた[30]。画像所見の陽性率は，初回X線では20%であったのに対し，初回MRIと骨シンチでは100%であった。大腿骨頭疲労骨折後の合併症に大腿骨頭壊死があり，その鑑別診断にはMRIが有用である。大腿骨頭に壊死が生じている場合，壊死した部位の外縁を画像で確認できる。また疲労骨折の場合，表層の軟骨下に骨髄浮腫がみられるが，骨頭壊死では壊死した領域外に骨髄浮腫がみられる[32]。以上より，大腿骨頭疲労骨折の診断・評価にはMRIや骨シンチが有用であると結論づけられた。

2. 大腿骨頸部

大腿骨頸部疲労骨折の診断・評価において骨シンチやMRIが有用である。1979〜1983年に軍人を対象として実施された研究によると，全体の40%の症例において症状出現時期が軍事練習開始後6〜8週間であった[29]。ほかの研究では，運動開始やプログラム変更から早くて2週間で症状が出現した[33]。初期症状として，股関節前面痛が87%，夜間痛が19%に認められた[29]。圧痛に関して，股関節を含む鼠径部の圧痛が62%に認められた[29]が，触診は困難とする報告[19,34]もあった。動作時の疼痛はactive SLRや跳躍動作で再現可能とされた[19,29,34]。大腿骨頸部疲労骨折の初回X線の陽性率は19%[29]であったが，骨シンチは71%[35]であり，初期の診断・評価には骨シンチやMRIが推奨された[34]。疼痛出現後10日の症例報告[36]によると，X線では疲労骨折陰性とされたが，骨シンチとMRIでは頸部疲労骨折が確認された。以上より，大腿骨頸部疲労骨折の診断・評価において，画像診断としてMRIや骨シンチ，疼痛誘発にはactive SLRや跳躍動作が有用と判断される。

図 10-5 Fulcrum test（文献 17 より引用）
患者の大腿部の下に検者の腕を入れ，てこの原理を利用して大腿骨へストレスを加える。痛みを訴えた場合，大腿骨骨幹部骨折を疑う。

3. 大腿骨骨幹部

　大腿骨骨幹部の疲労骨折の診断には MRI や骨シンチのほかに，疼痛誘発テストも有用とされる。疼痛部位は鼠径部や大腿部のほか，膝に非特異性の疼痛が認められることもあるため，臨床所見のみからの損傷部位の特定は困難と報告された[19,37]。疼痛誘発テストとして Fulcrum test が有用である[17,38,39]。Fulcrum test とは大腿部の下に検者の腕を入れ，てこの原理を利用して大腿骨へストレスを加えた際の疼痛の有無を評価する方法である[17]（図 10-5）。Johnson ら[17]は，アスリート 914 名を対象に Fulcrum test を実施した。その結果，7 名（0.8％）で陽性所見が認められ，画像診断と比較しても簡便であると述べた。疼痛出現早期の画像診断には，X 線ではなく，MRI や骨シンチが有用とされた[19,38]。両膝関節前面痛を主訴に来院し，X 線所見陰性のため「大腿四頭筋炎」と診断されたものの，2 ヵ月後に大腿骨骨幹部の転位骨折が生じた症例報告がある[40]。骨シンチは感染症，骨壊死，腫瘍との鑑別が困難なため，注意が必要である[41]。以上より，大腿骨骨幹部疲労骨折の早期発見には MRI や骨シンチ，疼痛誘発テストの Fulcrum test が有用である。

　ここで取り上げた論文の多くは症例報告であり，エビデンスは不十分といわざるをえない。先行研究より，大腿骨疲労骨折の疼痛部位を特定することは困難であるが，跳躍動作や Fulcrum test のように大腿骨へストレスを加えることで疼痛を誘発することが可能である。疲労骨折が疑われる場合，X 線撮影だけではなく，MRI，CT，骨シンチ撮影の併用が推奨される。

F. 治療および予防

　大腿骨疲労骨折の治療・予防に関してデザインされた研究は少なく，症例報告が多い。治療に関しては骨折部位により方針が異なるため，大腿骨頭，大腿骨頸部，大腿骨骨幹部の順に整理し，最後に予防についてまとめる。

1. 大腿骨頭

　大腿骨頭の疲労骨折の予後は，骨頭の圧潰がない場合にかぎり良好である[30]。そのため，治療の第一選択は免荷による保存療法が一般的であるが[30,31,42]，骨頭壊死が好発する可能性を考慮し，定期的な MRI など画像検査が必要である。大腿骨頭の疲労骨折と骨壊死は臨床所見，画像所見ともに類似している[32]（表 10-3）。骨頭壊死が確認された場合は観血的療法が選択される[31,32]。以上より，大腿骨頭疲労骨折と骨壊死の鑑別が重要であり，前者の第一選択は保存療法，後者は観血療法となる。

2. 大腿骨頸部

　大腿骨頸部疲労骨折の治療方針は，前述した骨折タイプ（図 10-4）によって異なる。骨折線のない伸張タイプの場合，第一選択は保存療法となるが[29]，骨折線がある場合は内固定術が推奨される[19]。伸張タイプ後に起こりやすい転位骨折では，内固定術を選択すべきとの意見で一致している[43〜48]。圧縮タイプも同様に，骨折線がなけ

表 10-3 大腿骨頭の骨壊死と疲労骨折の特徴（文献 32 より引用）

	骨頭壊死	疲労骨折
発症率	15,000 件/年	まれ
発症要因	アルコール，高用量のステロイド，突発性によるもの，外傷後，臓器移植，鎌状赤血球病，ゴーシェ病など	疲労骨折：活動レベルの上昇 不完全骨折：骨粗鬆症
両側性	50％以上の頻度で両側性	不明
進行	多くは末期変形性関節症	免荷により進行を抑制できる
MRI 所見	軟骨下骨折，T1 強調画像で壊死性損傷の外縁に低シグナル，壊死部分の外側に骨髄浮腫	軟骨下骨折，骨頭壊死にみられる低信号なし，骨折線に一致する骨髄浮腫

れば保存療法，骨折線が確認された場合には内固定術が適応となる[29]。以上より，大腿骨頸部疲労骨折では，骨折線が確認されない場合は保存療法，骨折線が確認されたら内固定術の選択が推奨される。

3．大腿骨骨幹部

大腿骨骨幹部疲労骨折の治療として，保存療法が良好な成績がもたらしている[17,49,50]。スポーツ復帰までのプロトコル[51]を図 10-6 に示す。転移した大腿骨骨幹部骨折には観血的治療が適応される。転位骨折の発症率は兵役 1.5/100,000（人/年）とまれである[18]。以上より，大腿骨骨幹部疲労骨折の治療では，免荷から徐々に負荷を上げていく保存療法によりスポーツ復帰が可能と考えられる。

4．予 防

スポーツ選手に対する大腿骨疲労骨折の予防を目的とした研究は存在しなかったため，軍人に対する下肢疲労骨折の予防を目的とした先行研究から，大腿骨疲労骨折を含んだ研究を紹介する。軍人を対象としてセルフモデルインソールを 3 ヵ月使用したところ，予防効果は認められなかった[52]。一方，軍人用インソールを使用した結果，有意な予防効果が認められた[53]。イスラエルでは軍人の疲労骨折が問題となっていたため，軍靴の改良，衝撃吸収インソールや骨吸収抑制剤の使用，6 時間以上の睡眠，軍隊の訓練

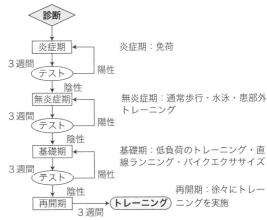

テストでは Fulcrum test と hop test（跳躍時の痛み）を確認し問題なければ次のフェーズへ移るが，痛みがあればさらに 3 週間同じプログラムを実施する。

図 10-6 大腿骨骨幹部疲労骨折のスポーツ復帰までのプロトコル（文献 51 より引用）

時間減少を実施した。その結果，大腿骨疲労骨折の発生率は 10.3％から 5.8％に減少した[15,54]。フィンランドでは 1975 年 1 月〜1986 年 12 月の期間において，大腿骨頸部転位骨折が 5.3/100,000（件/軍務），そのうち Garden type 4（大腿骨頸部が完全骨折して連続性が絶たれたもの）[55]が 3.8/100,000（件/軍務）と頻発していた[47]。この問題を踏まえ，大腿骨頸部疲労骨折の前駆症状に関する教育を実施したところ，1987 年 1 月〜1994 年 12 月の期間において，大腿骨頸部転位骨折は 2.3/100,000（件/軍務），そのうち Garden type 4 が 0/100,000（件/軍務）に減少した[47]。大腿骨疲労骨折の具体的な予防方法は確立されてはいないが，下肢への衝撃

を減少させることや正常な骨モデリングを維持することで，予防効果が得られる可能性が高い。

　大腿骨疲労骨折の治療・予防についてはデザインされた研究は少なく，多くは症例報告であった。治療方針の第一選択は保存療法であるが，骨折線が確認された場合には観血的療法が適応となる。予防に関しては，下肢への衝撃を減少させることや正常な骨モデリングを維持することが重要と考えられる。

G. まとめ

1．すでに真実として承認されていること

- 大腿骨疲労骨折の発症率は女性で高い。
- 大腿骨疲労骨折の治療には早期発見が重要で，診断にはMRI，CT，骨シンチが有用である。
- 疲労骨折初期であれば保存療法で予後は良好であるが，転位骨折にいたった場合は観血的療法が適応される。

2．議論の余地はあるが，今後の重要な研究テーマとなること

- 下肢への衝撃を減少させ，正常な骨モデリングを維持することで，疲労骨折の発症を減少させることができる。

H. 今後の課題

- 大腿骨およびスポーツ選手に特化した疲労骨折の危険因子の特定。
- 大腿骨疲労骨折に対する有効な予防法の確立。

文　献

1. Edwards WB, Gillette JC, Thomas JM, Derrick TR: Internal femoral forces and moments during running: implications for stress fracture development. *Clin Biomech (Bristol, Avon)*. 2008; 23: 1269-78.
2. Burr DB, Martin RB, Schaffler MB, Radin EL: Bone remodeling in response to *in vivo* fatigue microdamage. *J Biomech*. 1985; 18: 189-200.
3. Burr DB, Milgrom C, Boyd RD, Higgins WL, Robin G, Radin EL: Experimental stress fractures of the tibia. Biological and mechanical aetiology in rabbits. *J Bone Joint Surg Br*. 1990; 72: 370-5.
4. Iwamoto J, Takeda T: Stress fractures in athletes: review of 196 cases. *J Orthop Sci*. 2003; 8: 273-8.
5. Bennell KL, Malcolm SA, Thomas SA, Wark JD, Brukner PD: The incidence and distribution of stress fractures in competitive track and field athletes. A twelve-month prospective study. *Am J Sports Med*. 1996; 24: 211-7.
6. Brukner P, Bradshaw C, Khan KM, White S, Crossley K: Stress fractures: a review of 180 cases. *Clin J Sport Med*. 1996; 6: 85-9.
7. Matheson GO, Clement DB, McKenzie DC, Taunton JE, Lloyd-Smith DR, MacIntyre JG: Stress fractures in athletes. A study of 320 cases. *Am J Sports Med*. 1987; 15: 46-58.
8. Orava S: Stress fractures. *Br J Sports Med*. 1980; 14: 40-4.
9. Yanovich R, Friedman E, Milgrom R, Oberman B, Freedman L, Moran DS: Candidate gene analysis in Israeli soldiers with stress fractures. *J Sports Sci Med*. 2012; 11: 147-55.
10. Shaffer RA, Rauh MJ, Brodine SK, Trone DW, Macera CA: Predictors of stress fracture susceptibility in young female recruits. *Am J Sports Med*. 2006; 34: 108-15.
11. Beck TJ, Ruff CB, Mourtada FA, Shaffer RA, Maxwell-Williams K, Kao GL, Sartoris DJ, Brodine S: Dual-energy X-ray absorptiometry derived structural geometry for stress fracture prediction in male U.S. Marine Corps recruits. *J Bone Miner Res*. 1996; 11: 645-53.
12. Gardner LI Jr, Dziados JE, Jones BH, Brundage JF, Harris JM, Sullivan R, Gill P: Prevention of lower extremity stress fractures: a controlled trial of a shock absorbent insole. *Am J Public Health*. 1988; 78: 1563-7.
13. Giladi M, Milgrom C, Stein M, Kashtan H, Margulies J, Chisin R, Steinberg R, Kedem R, Aharonson Z, Simkin A: External rotation of the hip. A predictor of risk for stress fractures. *Clin Orthop Relat Res*. 1987; 216: 131-4.
14. Giladi M, Milgrom C, Simkin A, Stein M, Kashtan H, Margulies J, Rand N, Chisin R, Steinberg R, Aharonson Z, Kedem R, Frankel VH: Stress fractures and tibial bone width. A risk factor. *J Bone Joint Surg Br*. 1987; 69: 326-9.
15. Milgrom C, Giladi M, Stein M, Kashtan H, Margulies JY, Chisin R, Steinberg R, Aharonson Z: Stress fractures in military recruits. A prospective study showing an unusually high incidence. *J Bone Joint Surg Br*. 1985; 67: 732-5.
16. Milgrom C, Finestone A, Shlamkovitch N, Rand N, Lev B, Simkin A, Wiener M: Youth is a risk factor for stress fracture. A study of 783 infantry recruits. *J Bone Joint Surg Br*. 1994; 76: 20-2.
17. Johnson AW, Weiss CB Jr, Wheeler DL: Stress fractures of the femoral shaft in athletes - more common than expected. A new clinical test. *Am J Sports Med*. 1994; 22: 248-56.
18. Salminen ST, Pihlajamaki HK, Visuri TI, Bostman OM: Displaced fatigue fractures of the femoral shaft. *Clin Orthop Relat Res*. 2003; 409: 250-9.

19. Harrast MA, Colonno D: Stress fractures in runners. *Clin Sports Med*. 2010; 29: 399-416.
20. Bennell K, Matheson G, Meeuwisse W, Brukner P: Risk factors for stress fractures. *Sports Med*. 1999; 28: 91-122.
21. Paluska SA: An overview of hip injuries in running. *Sports Med*. 2005; 35: 991-1014.
22. Schwarzkopf R, Dong NN, Fetto JF: Finite element analysis of femoral neck stress in relation to pelvic width. *Bull NYU Hosp Jt Dis*. 2011; 69: 292-7.
23. Zeni AI, Street CC, Dempsey RL, Staton M: Stress injury to the bone among women athletes. *Phys Med Rehabil Clin N Am*. 2000; 11: 929-47.
24. Clement DB, Ammann W, Taunton JE, Lloyd-Smith R, Jesperson D, McKay H, Goldring J, Matheson GO: Exercise-induced stress injuries to the femur. *Int J Sports Med*. 1993; 14: 347-52.
25. Jones BH, Thacker SB, Gilchrist J, Kimsey CD Jr, Sosin DM: Prevention of lower extremity stress fractures in athletes and soldiers: a systematic review. *Epidemiol Rev*. 2002; 24: 228-47.
26. Yeager KK, Agostini R, Nattiv A, Drinkwater B: The female athlete triad: disordered eating, amenorrhea, osteoporosis. *Med Sci Sports Exerc*. 1993; 25: 775-7.
27. Thein-Nissenbaum JM, Carr KE: Female athlete triad syndrome in the high school athlete. *Phys Ther Sport*. 2011; 12: 108-16.
28. Hoch AZ, Pajewski NM, Moraski L, Carrera GF, Wilson CR, Hoffmann RG, Schimke JE, Gutterman DD: Prevalence of the female athlete triad in high school athletes and sedentary students. *Clin J Sport Med*. 2009; 19: 421-8.
29. Fullerton LR Jr, Snowdy HA: Femoral neck stress fractures. *Am J Sports Med*. 1988; 16: 365-77.
30. Anand A, Raviraj A, Kodikal G: Subchondral stress fracture of femoral head in a healthy adult. *Indian J Orthop*. 2010; 44: 458-60.
31. Song WS, Yoo JJ, Koo KH, Yoon KS, Kim YM, Kim HJ: Subchondral fatigue fracture of the femoral head in military recruits. *J Bone Joint Surg Am*. 2004; 86: 1917-24.
32. Lee YK, Yoo JJ, Koo KH, Yoon KS, Min BW, Kim HJ: Collapsed subchondral fatigue fracture of the femoral head. *Orthop Clin North Am*. 2009; 40: 259-65.
33. Fullerton LR Jr: Femoral neck stress fractures. *Sports Med*. 1990; 9: 192-7.
34. Shin AY, Morin WD, Gorman JD, Jones SB, Lapinsky AS: The superiority of magnetic resonance imaging in differentiating the cause of hip pain in endurance athletes. *Am J Sports Med*. 1996; 24: 168-76.
35. Prather JL, Nusynowitz ML, Snowdy HA, Hughes AD, McCartney WH, Bagg RJ: Scintigraphic findings in stress fractures. *J Bone Joint Surg Am*. 1977; 59: 869-74.
36. Takahara K, Nakagawa H, Kamimura M, Hashidate H, Kawaguchi A, Uchiyama S: Unusual stress fracture of the femoral neck in a young adult not caused by excessive stress: a case report. *J Orthop Sci*. 2004; 9: 650-3.
37. Theodorou SJ, Theodorou DJ, Resnick D: Imaging findings in symptomatic patients with femoral diaphyseal stress injuries. *Acta Radiol*. 2006; 47: 377-84.
38. Caesar BC, Roberts SJ: Stress fractures of the femoral diaphysis. *Oper Tech Sports Med*. 2009; 17: 94-9.
39. Koenig SJ, Toth AP, Bosco JA: Stress fractures and stress reactions of the diaphyseal femur in collegiate athletes: an analysis of 25 cases. *Am J Orthop (Belle Mead NJ)*. 2008; 37: 476-80.
40. Hutchinson PH, Stieber J, Flynn J, Ganley T: Complete and incomplete femoral stress fractures in the adolescent athlete. *Orthopedics*. 2008; 31: 604.
41. Fottner A, Baur-Melnyk A, Birkenmaier C, Jansson V, Durr HR: Stress fractures presenting as tumours: a retrospective analysis of 22 cases. *Int Orthop*. 2009; 33: 489-92.
42. Kim JW, Yoo JJ, Min BW, Hong SH, Kim HJ: Subchondral fracture of the femoral head in healthy adults. *Clin Orthop Relat Res*. 2007; 464: 196-204.
43. Goolsby MA, Barrack MT, Nattiv A: A displaced femoral neck stress fracture in an amenorrheic adolescent female runner. *Sports Health*. 2012; 4: 352-6.
44. Bouchoucha S, Barsaoui M, Saied W, Trifa M, Ben Khalifa S, Benghachem M: Bilateral stress fractures of the femoral neck with no risk factor : a case report. *Tunis Med*. 2011; 89: 295-7.
45. Okamoto S, Arai Y, Hara K, Tsuzihara T, Kubo T: A displaced stress fracture of the femoral neck in an adolescent female distance runner with female athlete triad: a case report. *Sports Med Arthrosc Rehabil Ther Technol*. 2010; 2: 6.
46. Shin AY, Gillingham BL: Fatigue fractures of the femoral neck in athletes. *J Am Acad Orthop Surg*. 1997; 5: 293-302.
47. Pihlajamaki HK, Ruohola JP, Kiuru MJ, Visuri TI: Displaced femoral neck fatigue fractures in military recruits. *J Bone Joint Surg Am*. 2006; 88: 1989-97.
48. Lee CH, Huang GS, Chao KH, Jean JL, Wu SS: Surgical treatment of displaced stress fractures of the femoral neck in military recruits: a report of 42 cases. *Arch Orthop Trauma Surg*. 2003; 123: 527-33.
49. Kang L, Belcher D, Hulstyn MJ: Stress fractures of the femoral shaft in women's college lacrosse: a report of seven cases and a review of the literature. *Br J Sports Med*. 2005; 39: 902-6.
50. Provost RA, Morris JM: Fatigue fracture of the femoral shaft. *J Bone Joint Surg Am*. 1969; 51: 487-98.
51. Ivkovic A, Bojanic I, Pecina M: Stress fractures of the femoral shaft in athletes: a new treatment algorithm. *Br J Sports Med*. 2006; 40: 518-20; discussion 20.
52. Baxter ML, Baycroft C, Baxter GD: Lower limb injuries in soldiers: feasibility of reduction through implementation of a novel orthotic screening protocol. *Mil Med*. 2011; 176: 291-6.
53. Simkin A, Leichter I, Giladi M, Stein M, Milgrom C: Combined effect of foot arch structure and an orthotic device on stress fractures. *Foot Ankle*. 1989; 10: 25-9.
54. Finestone A, Milgrom C: How stress fracture incidence was lowered in the Israeli army: a 25-yr struggle. *Med Sci Sports Exerc*. 2008; 40 Suppl: S623-9.
55. Garden RS: Low-angle fixation in fractures of the femoral neck. *J Bone Joint Surg Br*. 1961; 43: 647-63.

(生田　太)

11. 膝蓋骨疲労骨折

はじめに

膝蓋骨疲労骨折は下肢疲労骨折のなかでもきわめて発生率が低く，まれな疾患である．そのため膝蓋骨疲労骨折に関するエビデンスレベルの高い研究は少なく，これまでに報告された研究の多くはケースシリーズもしくは症例報告であった．しかし，膝蓋骨疲労骨折は一般集団に比べアスリートに好発し[1〜4]，アスリートの治療に携わるうえでは無視することはできない障害の1つといえる．本項では膝蓋骨疲労骨折および臨床的に類似した症状を呈する分裂膝蓋骨に関して整理した．

A. 文献検索方法

文献検索にはPubMedを使用し，2013年5月に検索を行った．検索式は①"patella" AND ("stress fracture" or "fatigue fracture")，および②"patella" AND "bipartite"とし，必要に応じてハンドサーチにて論文を追加した．総ヒット件数は217件（①147件，②70件）であった．収集した論文から動物実験および対象がアスリートではない論文は除外し，最終的に引用した論文数は30件となった．

B. 疫学および危険因子

膝蓋骨疲労骨折の発生率を調査した前向き研究は現時点では存在しない．Nummi[5]は，1961〜1967年にフィンランドのトーロ病院にて治療を行った膝蓋骨骨折患者702名，707例のデータを用い，全膝蓋骨骨折に占める疲労骨折の割合は707例中11例（1.6％）であったと報告した．膝蓋骨疲労骨折はまれな疾患であり，前向きに発生率を調査するには莫大な数のサンプルが必要となるため，コホート研究を行うことが困難であると推察される．

疲労骨折の危険因子として解剖学的因子やバイオメカニクス的因子，環境因子などがあげられる．下肢疲労骨折の危険因子は，Bennellら[6]が示した7つの要因（**表10-2**参照）に大きく分けることができるが，膝蓋骨疲労骨折に特化した危険因子に関する報告は現在のところ存在しない．

C. 病態および発生メカニズム

膝蓋骨疲労骨折は損傷タイプによって発生メカニズムが異なるとされる．損傷タイプは，膝蓋骨前額面に対して水平に骨折線の入る横骨折と縦に骨折線が入る垂直（縦）骨折の2つに分けられる．発生率は横骨折のほうが高いと報告された[4,7]．各損傷タイプの発生メカニズムに関するバイオメカニクス的研究は存在せず，疫学研究に付随した著者の考察にとどまっている．横骨折と垂直骨折の発生メカニズムと類似疾患である分裂膝蓋骨に関して以下に記載する．

1. 横骨折

横骨折は膝蓋骨下極部に好発する[8]．膝蓋骨は近位2/3が大腿四頭筋，遠位1/3が膝蓋腱に覆われる[9]．膝関節の屈曲や伸展運動に伴う大腿四

11. 膝蓋骨疲労骨折

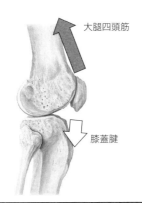

図 11-1　膝蓋骨横骨折の発生メカニズム
大腿四頭筋と膝蓋腱の移行部に生じる反復性の長軸方向の張力によって膝蓋骨下極に骨折線が発生する。

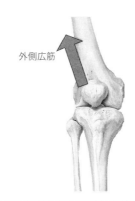

図 11-2　膝蓋骨垂直骨折の発生メカニズム
外側広筋による膝蓋骨上外側方向への牽引力により膝蓋骨外側に骨折線が発生する。

頭筋と膝蓋腱の移行部への反復性の長軸方向の張力が加わることにより，水平な骨折線が入ると考察された（図 11-1）[10]。しかしながら，この仮説を証明した研究はない。

2. 垂直（縦）骨折

垂直骨折は膝蓋骨外側に好発する[8]。膝蓋骨の外側には外側広筋が付着する。垂直骨折は膝の屈曲・伸展を伴う動作において，膝蓋骨外側の外側広筋付着部に上外側方向への牽引力が加わることで縦の骨折線が入ると推察された（図 11-2）[11]。しかし，こちらに関しても詳細なメカニズムは不明である。

3. 分裂膝蓋骨

垂直骨折の類似疾患に分裂膝蓋骨がある。分裂膝蓋骨は，通常1つだけ発生するはずの膝蓋骨の骨核が2つ発生し，癒合不全となった状態と定義される。膝蓋骨の骨核の発生は男性で4～5歳，女性で3歳とされ，骨端の閉鎖時期は男女ともに8～12歳とされる[12]。よって，分裂膝蓋骨は骨端閉鎖前の若年者で発生する。

分裂膝蓋骨の多くの症例は無症状だが，まれに痛みを伴い治療対象となる。この場合，有痛性分裂膝蓋骨と称される。Weaver[13]は，1972～1973年の病院の記録から米国アルバカーキ市における分裂膝蓋骨有病者を2,000人と推定し，そのうちの2％が有痛性であったと報告した。分裂膝蓋骨の有病率は女性に比べて男性で高く，その割合は1：9とされた[14]。また，分裂膝蓋骨は20歳未満で活動レベルの高い集団に多く発生すると報告された[13～16]。

分裂膝蓋骨の損傷タイプは3つに分類される。分裂部が膝蓋骨下極に存在するものがタイプ1，外側端に存在するものがタイプ2，上外側極に存在するのがタイプ3である[11,17,18]。損傷タイプの発生割合はタイプ3が75％，タイプ2が20％，タイプ1が5％と報告された[17]。

D. 診断および評価

膝蓋骨疲労骨折や分裂膝蓋骨の診断には，臨床評価と画像診断が用いられる。臨床評価の項目としては，膝の伸展に伴う疼痛や骨折部の腫脹，骨折部に限局した圧痛などがあげられる。また，受傷時にクラック音やポップ音が生じることもある[10,11]。

画像診断には，一般的に単純X線撮影による膝正面像や skyline view が選択される。単純X線像における異常所見は，骨折線や骨折線のエッ

ジの硬化である[19]。しかし，Norfrayら[20]は，受傷早期の単純X線像で異常所見が認められるものは，膝蓋骨疲労骨折患者の1/3〜1/2であると報告した。Ishikawaら[19]は，X線撮影による診断の精度をあげるため，荷重位での膝関節屈曲60°と90°（スクワットポジション）の撮影を推奨し，荷重位では大腿四頭筋の張力により骨片の離開ストレスが増加するため，診断に有用であると述べた。

その他の画像診断としてMRIが用いられる。MRIにおける異常所見は，骨折部に限局した骨髄浮腫が代表的である[21]。しかし，MRIによって分裂膝蓋骨と診断された若年アスリートにおいて，MRI上で骨髄浮腫が確認されたのは49%（26/53名）であった[14]。以上より，単純X線やMRIのみでは膝蓋骨疲労骨折や分裂膝蓋骨の確定診断には不十分な可能性がある。今後は超音波などほかの画像診断法を検討することも必要と考えられる。

E. 治療および予防

膝蓋骨疲労骨折や分裂膝蓋骨の治療の第一選択としては保存療法が推奨されるが，6ヵ月間の保存療法にて症状が改善しない場合には，手術療法が選択される[13,22,23]。

1. 保存療法

膝蓋骨疲労骨折や分裂膝蓋骨を呈したアスリートに対する保存療法として，活動制限と運動療法[2,4,24]，低出力超音波[25]が報告された。活動制限と運動療法のリハビリテーションの内容は，活動量の減少とギプス包帯やスプリントを使用した固定による安静，各競技練習の漸増的な増加，骨癒合を確認した後に競技復帰というものであった。Iwayaら[24]は，12歳の男子陸上短距離選手，11歳の男子剣道選手，10歳の女子体操選手の3例の膝蓋骨疲労骨折の治療成績を報告した。3例とも単純X線像にて膝蓋骨外側の垂直骨折を認めた。男子陸上短距離選手にはランニングの禁止，男子剣道選手には身体運動の禁止，女子体操選手には3ヵ月間激しい運動を禁止し体育の授業のみを許可した。その結果，男子陸上短距離選手は受傷5ヵ月後，男子剣道選手は受傷2ヵ月後，女子体操選手は受傷3ヵ月後に単純X線像で骨癒合が確認でき，各競技に復帰した。Dickasonら[2]は，単純X線像にて膝蓋骨下極に横骨折を認めた12歳の男子（サッカーおよびバスケットボールを実施）の治療成績を報告した。治療にはギプス包帯固定を4週間実施し，その後3週間で漸増的に活動量を増加した。治療開始7週後の単純X線像にて骨折線の消失が確認され，スポーツ活動に復帰した。Pietuら[4]は，16歳の男子バスケットボール選手の治療成績を報告した。この症例は単純X線像にて膝蓋骨遠位1/3に横骨折を認め，2mmの骨片偏位も存在した。治療として3週間のスプリント固定を実施し，その翌月から漸増的に活動を増加させた。治療開始6ヵ月後に単純X線像にて骨癒合が確認され，治療開始1年後に受傷前の競技レベルに復帰した。いずれの症例も競技復帰を果たしたが，復帰期間については受傷後約7週から1年と報告間でばらつきが大きかった。

有痛性分裂膝蓋骨に対する保存療法についての研究は少ない。Kumahashiら[25]は，有痛性分裂膝蓋骨に対する低出力超音波が骨癒合に与える効果について報告した。対象は13歳の男子野球選手と男子サッカー選手であった。野球選手は右膝の分裂膝蓋骨タイプ3，サッカー選手は両膝の分裂膝蓋骨タイプ2と診断された。野球選手に対しては，低出力超音波を1日20分間，受診から3ヵ月間実施し，2度目の診察時のみ冷湿布を使用した。治療開始2ヵ月後に運動時の疼痛は消失し，治療開始8ヵ月後に骨癒合が確認され，

受傷前の競技レベルへ復帰した。サッカー選手に対しては，低出力超音波を受診から2ヵ月間実施し，治療期間中に冷湿布と消炎剤を2回処方した。治療開始後2ヵ月で運動時の疼痛は消失し，右膝は治療開始4ヵ月後に骨癒合が確認され，左膝は9ヵ月後に確認された。この結果から，低出力超音波を使用した治療では，疼痛消失までに約2ヵ月，骨癒合が認められるまでに4〜9ヵ月を要するといえる。

2．手術療法

膝蓋骨疲労骨折に対する術式は，骨片のサイズと異常可動性の有無によって異なる[11]（図11-3）。骨片の異常可動性が認められる場合，骨片摘出術が選択される。骨片の異常可動性が認められず，骨片のサイズが小さい場合は骨片摘出術か外側広筋リリースが選択される。一方，骨片のサイズが大きい場合は骨片の縫合・締結術やopen reduction and internal fixation（ORIF）が選択される[11]。受傷タイプ別では，横骨折には主に骨片の縫合・締結術やORIFが選択され，垂直骨折には骨片摘出術や外側広筋リリースが選択されることが多い。

横骨折に対する手術成績の報告は5件あり，すべての報告でORIFを施行していた[1,3,9,26,27]。治療成績は早いもので術後6週，遅いものでは術後2年で受傷前の競技レベルに復帰可能であった。横骨折に対するORIFの実施は，保存療法と比較して競技復帰期間に大きな差は認められなかった。術後の骨癒合の発生する期間が競技復帰に影響していると推察される。

垂直骨折に対する手術成績の報告は3件あり，選択された術式は外側広筋リリース[28]，骨片摘出術[29]，ORIF[30]であった。男性15名に対して外側広筋リリースを施行したAdachiら[28]の報告では，すべての症例において術後約3ヵ月で受傷前の競技レベルに復帰可能であった。

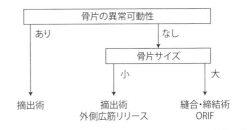

図11-3　膝蓋骨疲労骨折・分裂膝蓋骨の術式選択
ORIF：open reduction and internal fixation。

Oravaら[29]は，5例の膝蓋骨疲労骨折患者のうち1例（女子長距離選手）に対して骨片摘出術を行い，治療開始3ヵ月後に競技へ復帰したと報告した。垂直骨折に対する外側広筋リリースや骨片摘出術の施行は，保存療法や縫合・締結術，ORIFのような骨固定術に比べて，術後からの復帰に要する期間は短かった。

以上より，膝蓋骨疲労骨折や分裂膝蓋骨の治療の第一選択は保存療法であり，保存療法によって受傷前の競技レベルへの復帰は可能と考えられる。しかしながら，6ヵ月間の保存療法に抵抗を示す症例には手術療法が適用され，横骨折には骨片の縫合・締結術やORIF，垂直骨折には骨片摘出術や外側広筋リリースが主に施行される。

F．まとめ

1．すでに真実として承認されていること

- 膝蓋骨疲労骨折の有病率は低い。
- 膝蓋骨疲労骨折は若年アスリートに多く発生する。
- 分裂膝蓋骨は若年男性で活動レベルの高い集団に多く発生する。

2．議論の余地はあるが，今後の重要な研究テーマとなること

- 受傷早期の画像診断法の確立。

- 保存療法と手術療法の治療成績を比較する無作為化臨床試験。

3. 真実と思われていたが実は疑わしいこと

- 横骨折は大腿四頭筋と膝蓋腱の長軸方向への張力により発生する。
- 垂直骨折は外側広筋の牽引ストレスにより発生する。

文献

1. Brogle PJ, Eswar S, Denton JR: Propagation of a patellar stress fracture in a basketball player. *Am J Orthop (Belle Mead NJ)*. 1997; 26: 782-4.
2. Dickason JM, Fox JM: Fracture of the patella due to overuse syndrome in a child. A case report. *Am J Sports Med*. 1982; 104: 248-9.
3. Jerosch JG, Castro WH, Jantea C: Stress fracture of the patella. *Am J Sports Med*. 1989; 17: 579-80.
4. Pietu G, Hauet P: Stress fracture of the patella. *Acta Orthop Scand*. 1995; 66: 481-2.
5. Nummi J: Fracture of the patella. A clinical study of 707 patellar fractures. *Ann Chir Gynaecol Fenn Suppl*. 1971; 179: 1-85.
6. Bennell K, Matheson G, Meeuwisse W, Brukner P: Risk factors for stress fractures. *Sports Med*. 1999; 28: 91-122.
7. Devas MB: Stress fractures of the patella. *J Bone Joint Surg Br*. 1960; 42: 71-4.
8. Mason RW, Moore TE, Walker CW, Kathol MH: Patellar fatigue fractures. *Skeletal Radiol*. 1996; 25: 329-32.
9. Garcia Mata S, Hidalgo Ovejero A, Martinez Grande M: Transverse stress fracture of the patella in a child. *J Pediatr Orthop B*. 1999; 8: 208-11.
10. Drabicki RR, Greer WJ, DeMeo PJ: Stress fractures around the knee. *Clin Sports Med*. 2006; 25: 105-15, ix.
11. Gaheer RS, Kapoor S, Rysavy M: Contemporary management of symptomatic bipartite patella. *Orthopedics*. 2009; 32(11).doi: 10.3928/01477447-20090922-20.
12. Tria AJ, Klein KS: *An Illustrated Guide to the Knee*. Churchill Livingstone, London, 1992.
13. Weaver JK: Bipartite patellae as a cause of disability in the athlete. *Am J Sports Med*. 1977; 5: 137-43.
14. Kavanagh EC, Zoga A, Omar I, Ford S, Schweitzer M, Eustace S: MRI findings in bipartite patella. *Skeletal Radiol*. 2007; 36: 209-14.
15. Green WT Jr: Painful bipartite patellae. A report of three cases. *Clin Orthop Relat Res*, 1975; (110): 197-200.
16. Halpern AA, Hewitt O: Painful medial bipartite patellae: a case report. *Clin Orthop Relat Res*, 1978; (134): 180-1.
17. Ireland ML, Chang JL: Acute fracture bipartite patella: case report and literature review. *Med Sci Sports Exerc*. 1995; 27: 299-302.
18. Saupe H: Primare Krochenmark serelung der knieescheibe. *Deutsche Z Chir*. 1943; (258): 386-92.
19. Ishikawa H, Sakurai A, Hirata S, Ohno O, Kita K, Sato T, Kashiwagi D: Painful bipartite patella in young athletes. The diagnostic value of skyline views taken in squatting position and the results of surgical excision. *Clin Orthop Relat Res*. 1994 (305): 223-8.
20. Norfray JF, Schlachter L, Kernahan WT Jr, Arenson DJ, Smith SD, Roth IE, Schlefman BS: Early confirmation of stress fractures in joggers. *JAMA*. 1980; 243: 1647-9.
21. Vanhoenacker FM, Bernaerts A, Van de Perre S, De Schepper AM: MRI of painful bipartite patella. *JBR-BTR*. 2002; 85: 219.
22. Atesok K, Doral MN, Lowe J, Finsterbush A: Symptomatic bipartite patella: treatment alternatives. *J Am Acad Orthop Surg*. 2008; 16: 455-61.
23. Okuno H, Sugita T, Kawamata T, Ohnuma M, Yamada N, Yoshizumi Y: Traumatic separation of a type I bipartite patella: a report of four knees. *Clin Orthop Relat Res*. 2004 (420): 257-60.
24. Iwaya T, Takatori Y: Lateral longitudinal stress fracture of the patella: report of three cases. *J Pediatr Orthop*. 1985; 5: 73-5.
25. Kumahashi N, Uchio Y, Iwasa J, Kawasaki K, Adachi N, Ochi M: Bone union of painful bipartite patella after treatment with low-intensity pulsed ultrasound: report of two cases. *Knee*. 2008; 15: 50-3.
26. Carneiro M, Nery CA, Mestriner LA: Bilateral stress fracture of the patellae: a case report. *Knee*. 2006; 13: 164-6.
27. Crowther MA, Mandal A, Sarangi PP: Propagation of stress fracture of the patella. *Br J Sports Med*. 2005; 39: e6.
28. Adachi N, Ochi M, Yamaguchi H, Uchio Y, Kuriwaka M: Vastus lateralis release for painful bipartite patella. *Arthroscopy*. 2002; 18: 404-11.
29. Orava S, Taimela S, Kvist M, Karpakka J, Hulkko A, Kujala U: Diagnosis and treatment of stress fracture of the patella in athletes. *Knee Surg Sports Traumatol Arthrosc*. 1996; 4: 206-11.
30. Sillanpaa PJ, Paakkala A, Paakkala T, Maenpaa H, Toivanen J: Displaced longitudinal stress fracture of the patella: a case report. *J Bone Joint Surg Am*. 2010; 92: 2344-7.

(是澤　晃平)

12. 下腿疲労骨折

はじめに

疲労骨折はアスリート[1]や軍人[2]に多く発生し，長期間の活動制限を招く障害の1つである。なかでも下腿疲労骨折の発生頻度は高く，とりわけ脛骨に多発する[3]。したがって，疲労骨折が下腿に多い原因を解明し，効果的な治療法を確立する必要がある。下腿疲労骨折は，脛骨骨幹部，脛骨内果，腓骨に発生する。脛骨骨幹部疲労骨折は臨床的によくみられるスポーツ障害の1つであり，特に骨幹部中央前方に生じる跳躍型疲労骨折では，長期間にわたって競技復帰が妨げられることもしばしばである。一方，腓骨疲労骨折は比較的発生頻度が低く，良好な経過をたどる例が多い。

本項では，下腿疲労骨折に関する疫学，危険因子，病態・発生メカニズム，診断・評価，治療・予防の順でレビューする。疫学，危険因子に関してはスポーツに限定した文献情報のみを扱い，病態以降では軍人を対象とした研究も含めて紹介する。また，治療・予防では治療効果検証を行った論文のみを対象とし，個別の病態における治療成績の報告や症例報告に関しては病態の項に含めた。

A. 文献検索方法

文献検索にはPubMedを用い，2013年5月までに公表された論文を対象として検索した。検索用語とヒット数は**表12-1**の通りである。関連領域のレビュー論文や書籍のハンドサーチより適宜論文を追加した。脛骨・腓骨単独の結果が示されていない研究，シンスプリントのみを対象とした研究，手術後の合併症として発生した疲労骨折に関する論文は除外し，最終的に116編の文献を引用した。

B. 疫 学

アスリートにおいて下腿疲労骨折の発生は多い。アスリートの疲労骨折に対して占める割合は，脛骨骨幹部疲労骨折が20～53.5％，腓骨疲労骨折が4.2～21.1％と報告された[3~9]。また，脛骨骨幹部中央1/3に生じる跳躍型疲労骨折は脛骨疲労骨折の4.6％を占め[10]，脛骨内果疲労骨折は疲労骨折の0.6～4.1％を占める[4,11]と報告された。したがって，脛骨疲労骨折のなかでも，骨幹部中上1/3や中下1/3に生じる疾走型疲労骨折が最も多いといえる。

軍人を対象とした研究から，下肢疲労骨折は女性に多いとされた。前向き研究の結果，ランナーにおける脛骨疲労骨折も女性に多いと報告

表12-1 文献検索の検索式と結果

検索式	ヒット件数 (PubMed)
Stress fracture and tibia	1,046
Stress fracture and fibula	368
Fatigue fracture and tibia	899
Fatigue fracture and fibula	340
Shin splints	214
Medial tibial stress syndrome	99

表12-2 疲労骨折発症時に参加していたスポーツ
（文献3より作成）

スポーツ種目	症例数（名）
ランニング	221
フィットネスクラス	25
ラケットスポーツ	15
バスケットボール	12
サッカー	6
その他	41
合計	320

表12-3 スポーツごとの下腿疲労骨折の発生割合
（文献1, 13～15より作成）

スポーツ種目	脛骨疲労骨折*	腓骨疲労骨折*	報告者
ランニング	46%	12%	Bennellら[1]
ダンス	22%	4%	Kadelら[14]
テニス	11.1%	0%	Maquirriainら[15]
サッカー	12%	2%	Ekstrandら[13]

*下肢疲労骨折に対する割合。

された[12]。一方，陸上選手における下肢疲労骨折に性差はないとした報告もある[1]。下腿疲労骨折のみを対象とした研究が少なく，アスリートにおいて下腿疲労骨折の発生率に性差があるかは現時点で不明である。

一般に，下腿疲労骨折はランニングやジャンプを伴うスポーツにおいて多く発生するとされる。下肢疲労骨折の多いスポーツ[3]を表12-2に示し，各スポーツ種目における下腿疲労骨折に関する報告[1,13～15]を表12-3にまとめた。下腿疲労骨折の好発するスポーツを調査した研究はないが，表に示した研究から推察すると，脛骨・腓骨疲労骨折はランナーに最も多いと考えられる。

C. 危険因子

疲労骨折の危険因子は，一般に内因性要因と外因性要因に分類される。Bennellら[16]は疲労骨折の危険因子を7つの項目に分類した（表10-2参照）。本項ではこの分類に基づいて下腿疲労骨折の危険因子を整理する。なお，ランニングのバイオメカニクスについての知見を内因性力学的要因に含めた。腓骨疲労骨折の危険因子を調査した研究は存在しなかったため，アスリートを対象とした脛骨疲労骨折の危険因子を整理する。

1. 内因性力学的要因
1）骨ミネラル濃度

陸上選手を対象として，脛骨疲労骨折と骨ミネラル濃度の関係が調査された。男性陸上選手[17]および女性陸上選手[18]において脛骨疲労骨折群と非骨折群で脛骨の骨ミネラル濃度を比較した結果，いずれの研究においても群間差は認められなかった。陸上選手において骨ミネラル濃度は脛骨疲労骨折の危険因子とならない可能性が高い。Foldesら[19]は，バレエダンサーを対象として脛骨の骨ミネラル濃度と音速を測定した。超音波を用いて脛骨皮質を伝わる音速を評価することで，骨量だけでなく，骨の弾性のような定性的性質を評価できると著者らは考えた。結果として，バレエをしていない対照群とダンサー群で脛骨骨ミネラル濃度に群間差は認められなかったが，ダンサー群では対照群と比較して音速が低値を示した。脛骨における音速は，骨ミネラル濃度とは異なる骨の特性を反映している可能性があり，骨ミネラル濃度以外の評価項目の必要性が示唆された。しかし，脛骨疲労骨折患者が対象に含まれていなかったため，脛骨の音速が脛骨疲労骨折の危険因子となるかは不明である。

2）脛骨断面積

陸上選手[17,18]やアスリート[20]を対象として，脛骨疲労骨折と脛骨断面積の関係が調査された。脛骨断面積を脛骨疲労骨折群と非骨折群で比較した結果，女性では群間差が認められなか

表12-4 ランニングバイオメカニクス研究（文献18，22〜25より作成）

報告者	LOE	対象	キネマティクス	キネティクス
Pohlら[24]	III	女性ランナー 脛骨疲労骨折30名，対照30名	○ 股関節内転，後足部外反	○ フリーモーメント
Milnerら[22]	III	女性ランナー 脛骨疲労骨折20名，対照25名	−	○ フリーモーメント
Milnerら[23]	III	女性ランナー 脛骨疲労骨折25名，対照25名	○ 脛骨加速度	○ 垂直負荷率
Zifchockら[25]	III	女性ランナー 脛骨疲労骨折24名，対照25名	○ 脛骨加速度	△ 床反力
Bennellら[18]	III	女性ランナー 脛骨疲労骨折13名，対照23名	−	× 床反力

LOE：エビデンスレベル，III：ケースコントロール研究，○：脛骨疲労骨折群と非骨折群に差あり，△：脛骨疲労骨折群と非骨折群に差はないが，脛骨疲労骨折群の患側下肢と健側下肢に差あり，×：脛骨疲労骨折群と非骨折群に差なし．

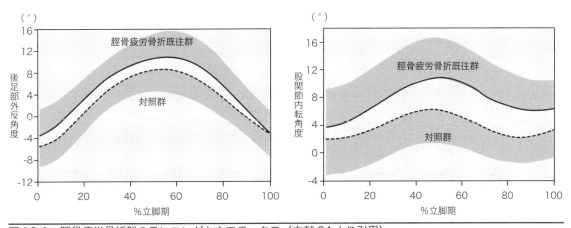

図12-1 脛骨疲労骨折群のランニングキネマティクス（文献24より引用）
脛骨疲労骨折既往群では対照群と比較して後足部外反の増大，股関節内転の増大が認められた．

ったが[18,20]，男性では骨折群で有意に断面積が小さかった[17,20]．男性アスリートにおいて脛骨断面積が小さい選手は脛骨疲労骨折の危険性が高い可能性がある．

3) アライメントおよび脚長差

アスリートを対象として，脛骨疲労骨折と下肢アライメントや脚長差と脛骨疲労骨折の関係が調査された．Mathesonら[3] は，下腿疲労骨折患者では回内足が多いと報告した．Ekenmanら[21] は，脛骨疲労骨折群29名と非骨折群30名で脚長差の有無を比較したが，脚長差と疲労骨折の関連性は認められなかった．下肢アライメント・脚長差に関しては報告数がかぎられており，脛骨疲労骨折の危険因子となるか現時点で不明である．

4) ランニングバイオメカニクス

下肢疲労骨折が女性に多く，なかでも陸上選手において脛骨疲労骨折が多いという疫学研究を背景として，女性ランナーにおけるランニングバイオメカニクス研究が積極的に行われてきた（表12-4）[18,22〜25]．床反力に関しては，脛骨疲労骨折群と非骨折群で差が認められなかった[18,25]．一方，脛骨疲労骨折群では非骨折群と比較して脛骨加速度[23,25] や垂直負荷率[23]，フリーモーメント（足と地面の摩擦で生じる垂直軸まわりのトルク）[22] が大きいと報告された．さらにPohlら[24] は，脛骨疲労骨折群においてランニング中の股関

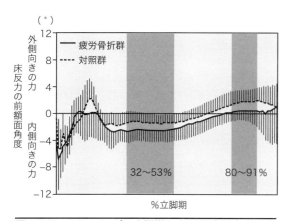

図12-2 ランニングの立脚期における床反力ベクトル（文献28より作成）
脛骨疲労骨折群では，立脚期の32〜53%および80〜91%（網掛け部）において対照群と比較して床反力ベクトルがより内方を向いた。

節内転および後足部外反が大きいことを報告し（**図12-1**），股関節内転・後足部外反・フリーモーメントによって脛骨疲労骨折を83%予測できると述べた。Clanseyら[26]は，ランニングバイオメカニクスに関連する因子に対する疲労の影響を調査し，疲労によって垂直負荷率やフリーモーメント，後足部外反が増大すると報告した。その他，ストライド長の増大も脛骨疲労骨折の危険因子として指摘された[27]。前向き研究が欠落しているため結論を得ることは難しいが，女性ランナーにおけるランニングバイオメカニクス不良が脛骨疲労骨折の危険性を高めていると推察される。

ランニング中の脛骨への曲げモーメントについて分析された。Creabyら[28]は，横断研究において脛骨疲労骨折を有する男性軍人と疲労骨折のない男性軍人を対象としてランニング動作の分析を行い，前額面および矢状面の床反力ベクトル角度と脛骨疲労骨折の関連性を検証した。矢状面の床反力ベクトル角度に群間差は認められなかったが，前額面の床反力ベクトルは脛骨疲労骨折群でより内方を向いた（**図12-2**）。著者らは立脚中期において前額面ベクトルが内側を向くことで，脛骨の内側への曲げモーメント増大を招き，脛骨疲労骨折の進行に関係する可能性があると考察した。さらに，この床反力の前額面ベクトルが脛骨疲労骨折の危険因子となるか，前向き調査によって解明する必要があると考察を加えた。

2. 生理学的要因

ランナー[12]やアスリート[21]を対象として，筋柔軟性や関節可動域と脛骨疲労骨折の関係が調査された。Yagiら[12]は高校生ランナーを対象として前向きコホート研究を実施し，男性ではSLR（下肢伸展挙上角度）減少が脛骨疲労骨折の危険因子であると報告した。しかし，SLR減少と脛骨疲労骨折の関連性に関して報告した先行研究はなく，男性でSLR減少により脛骨疲労骨折の危険性が増大した理由は不明である。Ekenmanら[21]は，脛骨疲労骨折群と非骨折群で筋柔軟性および関節可動域を比較し，群間差は認められないと報告した。筋柔軟性や関節可動域に関する報告はかぎられており，今後さらなる検討が必要と考えられる。

3. トレーニング要因

Edwardsらは，有限要素モデルを用いて走行距離[27]や走行速度[29]が脛骨疲労骨折の危険性に与える影響を調査した。その結果，走行距離の増大に伴い脛骨疲労骨折の危険性が増大したが[27]，走行速度の減少に伴い疲労骨折の危険性が減少した[29]。ランナーでは，走行距離や速度などのトレーニング内容も脛骨疲労骨折と関連性があると考えられる。

4. 外因性力学的要因

Milgromら[30]は，健常成人を対象として脛骨にストレインゲージを設置し，走行中の脛骨に加わるストレスをトレッドミルとアスファルトで比較した。その結果，アスファルトでは，トレッドミルと比較して脛骨に対する圧迫および引張スト

レスが増大した（図12-3）。脛骨疲労骨折の発生をアウトカムとした研究は報告されておらず，サーフェスの違いが疲労骨折の危険性に与える影響は不明であるが，走行環境の影響についても注意する必要があるといえる。

5．その他

Ekenmanら[31]は，脛骨疲労骨折を有するランナーと疲労骨折のないランナーを対象としてアンケート調査を実施し，脛骨疲労骨折と心理的特性の関係を調査した。男性では心理的特性と疲労骨折の関連性が示されなかったが，女性ではエクササイズ依存性やタイプA行動パターン（せっかち，怒りっぽい，競争心が強い，積極的であるなど）と脛骨疲労骨折の発生に関連性が認められた。意欲的・衝動的・競争的といった心理的特性が脛骨疲労骨折のようなランニング障害に関連すると考えられる。また，心理的ストレスの管理のためにエクササイズにたよりがちな女性ほど，疲労骨折のリスクが増大する可能性があると推察される。

D. 病態および発生メカニズム

1．脛骨骨幹部

1）病態

脛骨骨幹部の疲労骨折は，陸上競技のようにランニングを繰り返す競技に多く発生する疾走型[1]と，バスケットボールのようにジャンプ動作を繰り返すスポーツに多く発生する跳躍型[32]に分けられる。

疾走型は脛骨中上1/3または中下1/3境界部に主に発生し，脛骨後内側部に骨膜肥厚・骨硬化像を示す[33〜35]。跳躍型では脛骨中央前方に骨膜肥厚や"dreaded black line"と呼ばれる特徴的な骨折線（いわゆる「くちばし状」の骨改変像）が認められ[10,32,36〜38]，完全骨折にいたる場合も

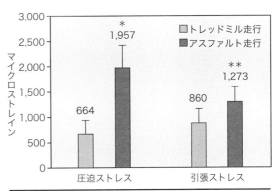

図12-3　サーフェスの違いと脛骨ストレス（文献30より引用）
アスファルト走行では，トレッドミル走行と比較して脛骨に対する圧迫および引張ストレスが増大した。＊p<0.0001，＊＊p<0.001。

ある[32,39,40]。疾走型疲労骨折は平均約3ヵ月の復帰期間を要すると報告された[13]。一方，跳躍型疲労骨折は，保存療法では10〜19ヵ月[32,36]，手術療法では2.2〜24ヵ月[38,39,41〜45]で競技復帰にいたると報告された。跳躍型では競技復帰までに長期間を要し，手術療法が選択される場合もあるという点が特徴的である。跳躍型疲労骨折の治癒が遅れる原因を解明するべく，脛骨前方中央部の生検が行われた[10,40,45,46]。その結果，仮骨形成が認められないこと[45]や，線維性組織形成が認められること[10,45]が示された。Rolfら[45]は，過度な線維性組織形成や血管分布過小によって骨の治癒が遅延し，偽関節様の所見を呈すると考察した。

2）発生メカニズム

脛骨にストレインゲージを設置し，軍人を想定したトレーニング[47]やランニング・ジャンプ・リバウンドといったスポーツ動作[48〜50]における脛骨ストレスが調査された。疲労による脛骨ストレス変化も報告された[51,52]。ランニングとドロップジャンプに脛骨ストレスの差がないとする報告[49]やランニングと比較してリバウンドで脛骨ストレスが大きいとする報告[50]があり，各動作

第3章 疲労骨折・骨膜炎

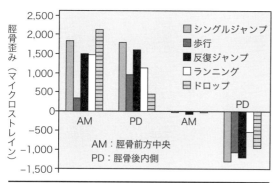

図 12-4 各動作中の脛骨歪み（マイクロストレイン）（文献 48 より引用）
脛骨後内側には引張・圧迫ストレスが生じたが，脛骨前方中央には引張負荷のみ生じた。

による脛骨ストレスの大小について結論を得ることは困難である。一方，ランニングやジャンプ動作において脛骨後内側には引張・圧迫ストレスが加わるが，脛骨前方中央には引張負荷のみが加わるとされた（図 12-4）[48]。このような脛骨前方中央の引張負荷を受けやすいという特徴が，同部位に生じる跳躍型疲労骨折のメカニズムに関与している可能性がある。

脛骨に対するストレスを，有限要素モデルを用いて分析した報告が散見される[53〜56]。Sonodaら[54]は，脛骨に対して屈曲–圧迫負荷および回旋負荷を加えた際の，脛骨後内側近位 1/3・前方中央 1/3・後内側遠位 1/3 における骨ストレスを分析した。脛骨長軸まわりの回旋負荷に対しては，疲労骨折の進行に伴い 3 部位におけるストレスが増大した（図 12-5 右）。一方，屈曲–圧迫負荷に対しては，疲労骨折の進行が進むと，脛骨前方ストレスが急激に増大するという結果が得られた（図 12-5 左）。跳躍型では，病変が進行すると，矢状面で脛骨がたわむ方向の負荷に対して前方中央へのストレスが増大してしまう可能性があると考えられる。

このほか，三次元動作解析を用いた研究[57]や加速度計，筋電図などを用いた研究[58]がある。Mizrahi ら[58]はランニング中の脛骨加速度と腓腹筋および前脛骨筋筋活動を評価し，疲労に伴い脛骨加速度が増大し，前脛骨筋筋活動が減少することを示した。著者らは長距離ランニングに伴う疲労が脛骨加速度の増大，下腿筋収縮バランス不良と関連し，疲労骨折のリスクが増大すると考察した。Kawamoto ら[59]は，三次元動作解析装置と床反力計を用いてランニング動作を分析し，脛骨近位に対する外的外旋モーメントが前額面における脛骨外方傾斜角や垂直床反力と相関することを示した。Sasimontonkul ら[57]も同様にランニング動作を分析し，立脚中期で脛骨遠位の圧縮ス

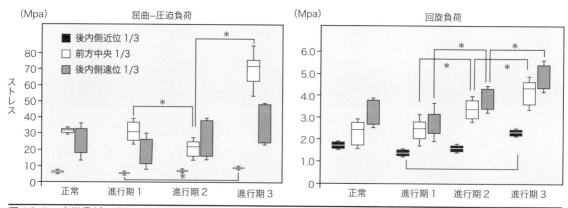

図 12-5 疲労骨折の進行による脛骨 3 部位におけるストレスの比較（文献 54 より引用）
脛骨長軸まわりの回旋負荷に対しては，疲労骨折の進行に伴い 3 部位におけるストレスが増大した（右）。屈曲–圧迫負荷に対しては，疲労骨折の進行が進むと脛骨前方中央のストレスが急激に増大した（左）。＊ $p<0.01$。

トレスや後方剪断ストレスが最大に達すると報告した。著者らはこのランニング中の脛骨圧縮ストレスや後方剪断ストレスの累積によって，疾走型疲労骨折を生じると考察した[57]。

2. 脛骨内果

脛骨内果疲労骨折は比較的発生頻度の低い疲労骨折であるが，特にランナーやアスリートに多く発生し，内果周囲の運動時痛・圧痛・腫脹などの臨床所見を示す[60,61]。画像所見としては，天蓋から内果境界部へ垂直または斜めに走る骨折線が特徴的である[60~62]。ランナーを対象とした研究では，保存療法または手術療法によって，6～8週で競技復帰にいたったと報告された[62]。発生メカニズムを実験的に検討した研究はないが，足関節内反による距骨と脛骨内果のインピンジメント[62]，足部外転や脛骨内反による荷重伝達異常[60,62~64]などが一因と考えられている。

3. 脛骨その他

スポーツまたはオーバーユースと関連する脛骨疲労骨折はその他にもある。Harolds[65]は，新兵49,765名のうち脛骨内側プラトー疲労骨折が疑われた224膝にX線撮影を行い，71名105膝の疲労骨折を報告した。Engber[66]は男性36名57例の脛骨内側プラトー疲労骨折を報告し，21名は両側発症であったと述べた。Israeliら[67]は16歳の男性走り高跳び選手に発症した脛骨結節の疲労骨折について報告した。その他，脛骨骨幹部の長軸方向に骨折線が生じる疲労骨折に関する報告も散見される[68~73]。

4. 腓骨

腓骨疲労骨折は近位・中央・遠位1/3の3部位に分けられる。サンプルによって異なると考えられるが，近位[74,75]や遠位[76~79]と比較して，中央部の疲労骨折[77,80]は報告数が少ない。Devasら[77]はアスリートの腓骨疲労骨折50例において，近位2/3と比較して遠位1/3に多いと報告した。Hongら[75]は，スクワット肢位での歩行・ジャンプを反復するトレーニング後に生じた軍人の腓骨近位疲労骨折11例において，保存療法後4週間でトレーニングに復帰したと報告した。彼らはスクワット肢位での歩行・ジャンプではヒラメ筋・短腓骨筋の収縮が要求され，腓骨近位に剪断力が生じるとした。腓骨遠位疲労骨折には筋収縮と軸負荷が関与し，後者は後足部外反アライメントによって増大すると報告された[64]。

E. 診断および評価

1. 臨床検査

脛骨疲労骨折に対する臨床検査は重要なテーマと考えられるが，研究数はかぎられている。Lesho[81]は振動させた音叉を脛骨前面に当て，局所的な脛骨痛が再現された場合を陽性，すなわち脛骨疲労骨折とした。この検査の感度は75%，特異度は67%で，著者らは脛骨疲労骨折の除外診断には感度が不十分であると結論づけた。超音波治療に対する疼痛反応から，脛骨疲労骨折を予測できるか検討した論文は2編存在する[82,83]。Boamら[82]によると，この超音波を用いた方法の感度は43%，特異度は49%であった。Romaniら[83]によると，この検査によって脛骨疲労骨折所見を正しく分類できたのは42.3%のみであり，感度は0%，特異度は100%であった。十分な感度・特異度を有する脛骨疲労骨折の臨床検査法は現時点では存在せず，今後の研究が待たれる。

2. 画像診断

下腿疲労骨折の画像診断には，ほかの疲労骨折と同様，X線や骨シンチ，CT，MRIが用いられる。脛骨疲労骨折に対する画像診断の感度・特異

表 12-5 画像診断の感度・特異度・検者間信頼性（文献 84〜87 より作成）

	感度	特異度	検者間信頼性*
X線	15%	−	0.56
骨シンチ	74%	−	0.81
CT	42〜100%	88.2〜100%	0.73
MRI	88%	100%	0.89

＊：クロンバックのα信頼性係数。

表 12-6 MRI における脛骨ストレス反応のグレード分類（文献 88 より引用）

グレード	MRI 所見
1	骨膜浮腫：T2 強調像で軽度から中等度 骨髄：T1・T2 強調像で正常
2	骨膜浮腫：T2 強調像で中等度から重度 骨髄浮腫：T2 強調像で浮腫あり
3	骨膜浮腫：T2 強調像で中等度から重度 骨髄浮腫：T1・T2 強調像で浮腫あり
4	骨膜浮腫：T2 強調像で中等度から重度 骨髄浮腫：T1・T2 強調像で浮腫あり 明瞭な骨折線の存在

度・検者間信頼性を**表 12-5** にまとめた[84〜87]。初期の X 線像では MRI で異常所見を示した疲労骨折の検出はできず，感度は 15％と低かった[87]。X 線像で陽性所見が検出されると，Fredericson のグレード分類 4（**表 12-6**）[88] のような重症度の高い脛骨疲労骨折の危険性が増大した[87]。骨シンチは，陰性所見により疲労骨折を除外できると考えられてきたが，MRI で検出可能な骨皮質のストレス損傷を検出できず，MRI と比較して検出率は低かった[85]。外側像を用いることで骨シンチの検出率が高まるとした報告[89] もあるが，異常所見が正常化するまでに長期間を要すること[90]，骨皮質のストレス損傷を検出しにくいこと，放射線被曝を伴うことを考慮すると，脛骨疲労骨折の画像診断としての骨シンチの有用性は限定的であると考えられる。Gaeta ら[85] は，MRI が感度・特異度ともに最も優れた診断装置であると報告した。一方，一部の脛骨疲労骨折患者では MRI が正常でも CT で骨皮質に異常所見が認められたと報告された[85]。著者らは CT の優れた感度・特異度を報告し，脛骨疲労骨折診断の第一段階は MRI であり，MRI 所見が陰性でも疲労骨折が疑われる場合，CT を用いた追加調査を考慮すべきであると述べた[86]。

画像診断において重要となるのは，画像所見と臨床症状にどの程度関連性があるか，という点である。Fredericson ら[88] は，MRI の T1・T2 強調画像における骨膜浮腫や骨髄反応に基づいて脛骨ストレス反応のグレード分類（**表 12-6**）を行い，臨床症状との関連性を示した。Beck ら[84] は，疼痛なくホップできる状態を脛骨ストレス障害の治癒と定義し，MRI による重症度（グレード進行）が高いほど治癒期間を要する傾向にあると報告した（p＝0.07）。一方，脛骨疲労骨折のない無症候の大学生ランナーにおいて，43％の脛骨に MRI によるグレード 1〜3 の脛骨ストレス反応が認められたとする報告[91] や，MRI によるグレードと日常生活における疼痛の重症度に負の相関が認められた（グレードが進行するほど疼痛が小さい）とする報告[84] もある。MRI を用いた脛骨疲労骨折の有用性は認められているが，臨床症状との関連性は不明であり，治癒・復帰期間の予測能などに関しては今後の課題である。

3. 鑑別診断

脛骨疲労骨折とシンスプリントの鑑別診断は，単純 X 線や臨床所見に基づいて行われることが多い。そのようななか，Aoki ら[92] は MRI を用いた鑑別診断の有用性について報告した。X 線像から脛骨疲労骨折と診断された 8 名全例で MRI において骨髄に広範囲に及ぶ異常高信号が認められたが，X 線所見陰性のシンスプリント 14 名では全例 MRI において骨髄の異常高信号は認められなかった[92]。Mammoto ら[93] は，エクササイ

ズに伴う脛骨痛を有する患者を，初期・経過観察時ともにX線所見陰性の者（グループ1），初期はX線所見陰性だが経過観察時に脛骨骨膜反応が認められた者（グループ2），初期・経過観察時ともにX線所見陽性の者（グループ3）に分類し，MRI所見との関連性を検証した。グループ1に分類された19名全例で骨浮腫が認められなかった一方で，グループ2に分類された7名は全例でMRI画像において全体的な骨浮腫が認められた[93]。グループ1はシンスプリント，グループ2は脛骨疲労骨折を示すと考えられ，2編の研究結果から，広範囲に及ぶ骨髄浮腫の有無が脛骨疲労骨折とシンスプリントの鑑別の一助となる可能性がある。

F. 治療および予防

腓骨疲労骨折に対する治療・予防の効果検証に関する論文は存在しなかったため，脛骨疲労骨折に対する治療・予防効果検証に関する報告を整理する。介入研究の多くは軍人を対象としており，アスリートを対象とした研究はごくわずかであった。保存療法を①薬物療法，②物理療法，③装具療法，④運動療法，⑤装具療法＋運動療法に分類し，それぞれにおける治療および予防効果について紹介する。

1. 薬物療法

投薬療法の下腿疲労骨折の予防効果を検証した論文は2編存在した[94,95]。無作為化対照試験により，軍人におけるリセドロネート（骨粗鬆症治療薬）[94]やカルシウム[95]摂取の効果が検証されたが，いずれの研究においても脛骨疲労骨折発生数に対照群との群間差は認められなかった。投薬療法に脛骨疲労骨折の予防効果は期待できないといえる。

Stewartら[96]は脛骨疲労骨折に対する注射療法の効果を検証した。パミドロネートを静注したアスリート5名中4名は，治療開始後1週間以内にトレーニング復帰した。しかし，この研究は対照群のないケースシリーズ研究のため，注射療法の効果について結論を得るためには比較試験が必要である。

2. 物理療法

物理療法の脛骨疲労骨折治癒に及ぼす効果については，ケースシリーズ研究[97,98]や無作為化対照試験[99,100]によって検証された。アスリートを対象としたケースシリーズ研究では，超音波治療が脛骨疲労骨折を受傷したアスリートの疼痛・機能・競技復帰に有効性を示すと報告された[97,98]。一方，軍人を対象とした無作為化対照試験によると，超音波または電気治療の脛骨疲労骨折治癒に対する効果は示されなかった[99,100]。以上のように，物理療法の効果については対象によって結果が異なっており，脛骨疲労骨折に対する物理療法の効果は不明である。

体外衝撃波療法（extracorporeal shock wave therapy：ESWT）は，骨折治癒や癒合不全を改善させる治療法として用いられてきた。Takiら[101]は脛骨疲労骨折患者2名を含む疲労骨折患者5名に対するESWTの治療成績を報告した。脛骨疲労骨折患者2名では，1〜1.5ヵ月でX線所見が改善し，4〜4.5ヵ月でスポーツ活動復帰にいたった。Morettiら[102]は脛骨疲労骨折患者4名を含む下肢疲労骨折患者10名に対するESWTの治療成績を報告した。脛骨疲労骨折患者4名では，6〜8週でX線所見が改善し，3〜4ヵ月でスポーツ活動復帰にいたった。

3. 装具療法

エアーブレースが脛骨疲労骨折患者の活動復帰期間に与える効果を検証した無作為化対照試験は3編存在した[103〜105]。これらの研究では，アスリ

第3章 疲労骨折・骨膜炎

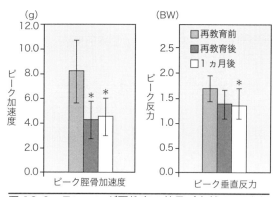

図12-6 ランニング再教育の効果（文献115より引用）
ランニング再教育後では，ランニング中の脛骨加速度（左）および垂直反力（右）が減少した。＊p＜0.05．

ート[105]および軍人[103,104]のいずれにおいてもブレース群で活動復帰期間の短縮を認めた。これらの研究結果を統合したコクランレビューによると，ブレース群では平均33日の活動復帰期間短縮が認められ，エアーブレースが脛骨疲労骨折後の活動復帰期間の短縮に効果的であることが示された[106]。

インソールの下肢疲労骨折予防効果を検証した無作為化対照研究は3編存在した[107〜109]。これらの研究結果を統合したコクランレビュー[106]によると，衝撃吸収インソールの使用は脛骨疲労骨折発生数を減少させる傾向にあると報告された。脛骨疲労骨折数のみを対象とした分析のない研究[109]，脛骨疲労骨折数は減少する傾向にあるが有意差を認めなかった研究[108]，軟性インソールは標準インソールと比較して脛骨疲労骨折発生数を有意に減少させると報告した研究[107]など，アウトカムや結果は一様ではないが，衝撃吸収インソールの使用は脛骨疲労骨折予防に有用である可能性が示唆された。

脛骨に生じるストレスがインソールの使用により異なるかどうかを調査した論文は3編存在した[110〜112]。このうち2編の研究では，歩行時にインソールを使用することで，脛骨に生じるストレスが減少すると報告されたが[111,112]，一方で走行時にランニングシューズにインソールを併用しても，効果は認められないとされた[111]。軍人に対してインソールは効果的と考えられるが，ランナーにおける脛骨疲労骨折に対するインソール単独の効果は不明である。

4. 運動療法

下腿三頭筋のストレッチングの下肢外傷予防効果を検証した無作為化対照研究は2編存在した[113,114]。これらの研究結果を統合したコクランレビュー[106]によると，脛骨疲労骨折に関してサブグループ分析を行った結果，下腿三頭筋のストレッチングによる脛骨疲労骨折の予防効果は認められなかった。アスリートの脛骨疲労骨折を対象とした研究は報告されていないが，下腿三頭筋のストレッチング単独の脛骨疲労骨折予防効果は期待できないと考えられる。

Crowellら[115]は，脛骨加速度が大きいランナーを対象として，ランニング再教育によるバイオメカニクス的効果について検証した。対象者は脛骨加速度がピーク値の50％を超えないように視覚的フィードバックを受けつつ，トレッドミルでのランニングを実施した。ランニング再教育後では，ランニング中の脛骨加速度や垂直反力が減少した（図12-6）。脛骨加速度は脛骨疲労骨折の危険因子となりうる[23,25]ことを考慮すると，ランニングバイオメカニクス修正により脛骨疲労骨折の発生または進行を予防できる可能性がある。

5. 装具＋運動療法

Andrishら[116]は，装具療法と運動療法の併用効果を検証した。男性士官候補生を対照群，ヒールパッド群，アキレス腱ストレッチング群，ヒールパッド＋アキレス腱ストレッチング群，漸増ランニングプログラム群に割り付けし，各群におけるシンスプリントまたは脛骨疲労骨折の発生を前

向きに調査した．その結果，脛骨疲労骨折は対照群で1例，アキレス腱ストレッチング群で1例認められたが，発生数が少なかったため，装具療法と運動療法の効果の違いや，装具療法と運動療法の併用効果に関しては不明である．

G. まとめ

1. すでに真実として承認されていること

- アスリートの疲労骨折において，脛骨骨幹部が最も多い．
- 脛骨疲労骨折を有する女性ランナーではランニングバイオメカニクスの不良が認められる．
- エアーブレースは脛骨疲労骨折患者の早期活動復帰を促進する．

2. 議論の余地はあるが，今後の重要な研究テーマとなること

- ランニングバイオメカニクスの不良が脛骨疲労骨折の危険因子となるか（前向きな検証が必要）．
- MRI所見と臨床症状（治癒期間・復帰期間）に関連性があるか．
- ランニングバイオメカニクスの修正が脛骨疲労骨折の発生および進行を予防可能か．

3. 真実と思われていたが実は疑わしいこと

- 疲労骨折の画像診断において，骨シンチがゴールドスタンダードである．

H. 今後の課題

- 脛骨および腓骨疲労骨折に特化した危険因子の特定．
- 跳躍型および疾走型疲労骨折の発生メカニズム解明．
- 危険因子および病態に基づいた治療プログラムの効果検証．

文 献

1. Bennell KL, Malcolm SA, Thomas SA, Wark JD, Brukner PD: The incidence and distribution of stress fractures in competitive track and field athletes. A twelve-month prospective study. *Am J Sports Med*. 1996; 24: 211-7.
2. Kaufman KR, Brodine S, Shaffer R: Military training-related injuries: surveillance, research, prevention. *Am J Prev Med*. 2000; 18(3 Suppl): 54-63.
3. Matheson GO, Clement DB, McKenzie DC, Taunton JE, Lloyd-Smith DR, MacIntyre JG: Stress fractures in athletes. A study of 320 cases. *Am J Sports Med*. 1987; 15: 46-58.
4. Brukner P, Bradshaw C, Khan KM, White S, Crossley K: Stress fractures: a review of 180 cases. *Clin J Sport Med*. 1996; 6: 85-9.
5. Iwamoto J, Sato Y, Takeda T, Matsumoto H: Analysis of stress fractures in athletes based on our clinical experience. *World J Orthop*. 2011; 2: 7-12.
6. Ohta-Fukushima M, Mutoh Y, Takasugi S, Iwata H, Ishii S: Characteristics of stress fractures in young athletes under 20 years. *J Sports Med Phys Fitness*. 2002; 42: 198-206.
7. Ha KI, Hahn SH, Chung MY, Yang BK, Yi SR: A clinical study of stress fractures in sports activities. *Orthopedics*. 1991; 14: 1089-95.
8. Orava S, Puranen J, Ala-Ketola L: Stress fractures caused by physical exercise. *Acta Orthop Scand*. 1978; 49: 19-27.
9. Walker RN, Green NE, Spindler KP: Stress fractures in skeletally immature patients. *J Pediatr Orthop*. 1996; 16: 578-84.
10. Orava S, Hulkko A: Stress fracture of the mid-tibial shaft. *Acta Orthop Scand*. 1984; 55: 35-7.
11. Iwamoto J, Takeda T: Stress fractures in athletes: review of 196 cases. *J Orthop Sci*. 2003; 8: 273-8.
12. Yagi S, Muneta T, Sekiya I: Incidence and risk factors for medial tibial stress syndrome and tibial stress fracture in high school runners. *Knee Surg Sports Traumatol Arthrosc*. 2013; 21: 556-63.
13. Ekstrand J, Torstveit MK: Stress fractures in elite male football players. *Scand J Med Sci Sports*. 2012; 22: 341-6.
14. Kadel NJ, Teitz CC, Kronmal RA: Stress fractures in ballet dancers. *Am J Sports Med*. 1992; 20: 445-9.
15. Maquirriain J, Ghisi JP: The incidence and distribution of stress fractures in elite tennis players. *Br J Sports Med*. 2006; 40: 454-9; discussion 459.
16. Bennell K, Matheson G, Meeuwisse W, Brukner P: Risk factors for stress fractures. *Sports Med*. 1999; 28: 91-122.
17. Crossley K, Bennell KL, Wrigley T, Oakes BW: Ground reaction forces, bone characteristics, tibial stress fracture in male runners. *Med Sci Sports Exerc*. 1999; 31: 1088-93.

18. Bennell K, Crossley K, Jayarajan J, Walton E, Warden S, Kiss ZS, Wrigley T: Ground reaction forces and bone parameters in females with tibial stress fracture. *Med Sci Sports Exerc*. 2004; 36: 397-404.
19. Foldes AJ, Danziger A, Constantini N, Popovtzer MM: Reduced ultrasound velocity in tibial bone of young ballet dancers. *Int J Sports Med*. 1997; 18: 296-9.
20. Franklyn M, Oakes B, Field B, Wells P, Morgan D: Section modulus is the optimum geometric predictor for stress fractures and medial tibial stress syndrome in both male and female athletes. *Am J Sports Med*. 2008; 36: 1179-89.
21. Ekenman I, Tsai-Fellander L, Westblad P, Turan I, Rolf C: A study of intrinsic factors in patients with stress fractures of the tibia. *Foot Ankle Int*. 1996; 17: 477-82.
22. Milner CE, Davis IS, Hamill J: Free moment as a predictor of tibial stress fracture in distance runners. *J Biomech*. 2006; 39: 2819-25.
23. Milner CE, Ferber R, Pollard CD, Hamill J, Davis IS: Biomechanical factors associated with tibial stress fracture in female runners. *Med Sci Sports Exerc*. 2006; 38: 323-8.
24. Pohl MB, Mullineaux DR, Milner CE, Hamill J, Davis IS: Biomechanical predictors of retrospective tibial stress fractures in runners. *J Biomech*. 2008; 41: 1160-5.
25. Zifchock RA, Davis I, Hamill J: Kinetic asymmetry in female runners with and without retrospective tibial stress fractures. *J Biomech*. 2006; 39: 2792-7.
26. Clansey AC, Hanlon M, Wallace ES, Lake MJ: Effects of fatigue on running mechanics associated with tibial stress fracture risk. *Med Sci Sports Exerc*. 2012; 44: 1917-23.
27. Edwards WB, Taylor D, Rudolphi TJ, Gillette JC, Derrick TR: Effects of stride length and running mileage on a probabilistic stress fracture model. *Med Sci Sports Exerc*. 2009; 41: 2177-84.
28. Creaby MW, Dixon SJ: External frontal plane loads may be associated with tibial stress fracture. *Med Sci Sports Exerc*. 2008; 40: 1669-74.
29. Edwards WB, Taylor D, Rudolphi TJ, Gillette JC, Derrick TR: Effects of running speed on a probabilistic stress fracture model. *Clin Biomech (Bristol, Avon)*. 2010; 25: 372-7.
30. Milgrom C, Finestone A, Segev S, Olin C, Arnd T, Ekenman I: Are overground or treadmill runners more likely to sustain tibial stress fracture? *Br J Sports Med*. 2003; 37: 160-3.
31. Ekenman I, Hassmen P, Koivula N, Rolf C, Fellander-Tsai L: Stress fractures of the tibia: can personality traits help us detect the injury-prone athlete? *Scand J Med Sci Sports*. 2001; 11: 87-95.
32. Rettig AC, Shelbourne KD, McCarroll JR, Bisesi M, Watts J: The natural history and treatment of delayed union stress fractures of the anterior cortex of the tibia. *Am J Sports Med*. 1988; 16: 250-5.
33. Daffner RH, Martinez S, Gehweiler JA Jr, Harrelson JM: Stress fractures of the proximal tibia in runners. *Radiology*. 1982; 142: 63-5.
34. Mulligan ME, Shanley DJ: Supramalleolar fatigue fractures of the tibia. *Skeletal Radiol*. 1996; 25: 325-86.
35. van der Velde GM, Hsu WS: Posterior tibial stress fracture: a report of three cases. *J Manipulative Physiol Ther*. 1999; 22: 341-6.
36. Batt ME, Kemp S, Kerslake R: Delayed union stress fractures of the anterior tibia: conservative management. *Br J Sports Med*. 2001; 35: 74-7.
37. Martire JR, Matthews L: Imaging case of the month. Stress fractures. *Md Med J*. 1994; 43: 461-2.
38. Varner KE, Younas SA, Lintner DM, Marymont JV: Chronic anterior midtibial stress fractures in athletes treated with reamed intramedullary nailing. *Am J Sports Med*. 2005; 33: 1071-6.
39. Borens O, Sen MK, Huang RC, Richmond J, Kloen P, Jupiter JB, Helfet DL: Anterior tension band plating for anterior tibial stress fractures in high-performance female athletes: a report of 4 cases. *J Orthop Trauma*. 2006; 20: 425-30.
40. Green NE, Rogers RA, Lipscomb AB: Nonunions of stress fractures of the tibia. *Am J Sports Med*. 1985; 13: 171-6.
41. Beals RK, Cook RD: Stress fractures of the anterior tibial diaphysis. *Orthopedics*. 1991; 14: 869-75.
42. Chang PS, Harris RM: Intramedullary nailing for chronic tibial stress fractures. A review of five cases. *Am J Sports Med*. 1996; 24: 688-92.
43. Miyamoto RG, Dhotar HS, Rose DJ, Egol K: Surgical treatment of refractory tibial stress fractures in elite dancers: a case series. *Am J Sports Med*. 2009; 37: 1150-4.
44. Orava S, Karpakka J, Hulkko A, Vaananen K, Takala T, Kallinen M, Alen M: Diagnosis and treatment of stress fractures located at the mid-tibial shaft in athletes. *Int J Sports Med*. 1991; 12: 419-22.
45. Rolf C, Ekenman I, Tornqvist H, Gad A: The anterior stress fracture of the tibia: an atrophic pseudoarthosis? *Scand J Med Sci Sports*. 1997; 7: 249-52.
46. Burrows HJ: Fatigue infraction of the middle of the tibia in ballet dancers. *J Bone Joint Surg Br*. 1956; 38-B: 83-94.
47. Burr DB, Milgrom C, Fyhrie D, Forwood M, Nyska M, Finestone A, Hoshaw S, Saiag E, Simkin A: *In vivo* measurement of human tibial strains during vigorous activity. *Bone*. 1996; 18: 405-10.
48. Ekenman I, Halvorsen K, Westblad P, Fellander-Tsai L, Rolf C: Local bone deformation at two predominant sites for stress fractures of the tibia: an *in vivo* study. *Foot Ankle Int*. 1998; 19: 479-84.
49. Milgrom C, Finestone A, Levi Y, Simkin A, Ekenman I, Mendelson S, Millgram M, Nyska M, Benjuya N, Burr D: Do high impact exercises produce higher tibial strains than running? *Br J Sports Med*. 2000; 34: 195-9.
50. Milgrom C, Simkin A, Eldad A, Nyska M, Finestone A: Using bone's adaptation ability to lower the incidence of stress fractures. *Am J Sports Med*. 2000; 28: 245-51.
51. Fyhrie DP, Milgrom C, Hoshaw SJ, Simkin A, Dar S, Drumb D, Burr DB: Effect of fatiguing exercise on longitudinal bone strain as related to stress fracture in humans. *Ann Biomed Eng*. 1998; 26: 660-5.

52. Milgrom C, Radeva-Petrova DR, Finestone A, Nyska M, Mendelson S, Benjuya N, Simkin A, Burr D: The effect of muscle fatigue on *in vivo* tibial strains. *J Biomech.* 2007; 40: 845-50.
53. Quenneville CE, Dunning CE: Development of a finite element model of the tibia for short-duration high-force axial impact loading. *Comput Methods Biomech Biomed Engin.* 2011; 14: 205-12.
54. Sonoda N, Chosa E, Totoribe K, Tajima N: Biomechanical analysis for stress fractures of the anterior middle third of the tibia in athletes: nonlinear analysis using a three-dimensional finite element method. *J Orthop Sci.* 2003; 8: 505-13.
55. Stern-Perry, M, Gefen, A, Shabshin, N, Epstein, Y: Experimentally tested computer modeling of stress fractures in rats. *J Appl Physiol.* 2011; 110: 909-16.
56. Taylor D, Kuiper JH: The prediction of stress fractures using a 'stressed volume' concept. *J Orthop Res.* 2001; 19: 919-26,.
57. Sasimontonkul S, Bay BK, Pavol MJ: Bone contact forces on the distal tibia during the stance phase of running. *J Biomech.* 2007; 40: 3503-9.
58. Mizrahi J, Verbitsky O, Isakov E: Fatigue-related loading imbalance on the shank in running: a possible factor in stress fractures. *Ann Biomed Eng.* 2000; 28: 463-9.
59. Kawamoto R, Ishige Y, Watarai K, Fukashiro S: Primary factors affecting maximum torsional loading of the tibia in running. *Sports Biomech.* 2002; 1: 167-86.
60. Kor A, Saltzman AT, Wempe PD: Medial malleolar stress fracturesLiterature review, diagnosis, treatment. *J Am Podiatr Med Assoc.* 2003; 93: 292-7.
61. Orava S, Karpakka J, Taimela S, Hulkko A, Permi J, Kujala U: Stress fracture of the medial malleolus. *J Bone Joint Surg Am.* 1995; 77: 362-5.
62. Shelbourne KD, Fisher DA, Rettig AC, McCarroll JR: Stress fractures of the medial malleolus. *Am J Sports Med.* 1988; 16: 60-3.
63. Okada K, Senma S, Abe E, Sato K, Minato S: Stress fractures of the medial malleolus: a case report. *Foot Ankle Int.* 1995; 16: 49-52.
64. Sherbondy PS, Sebastianelli WJ: Stress fractures of the medial malleolus and distal fibula. *Clin Sports Med.* 2006; 25: 129-37, x.
65. Harolds JA: Fatigue fractures of the medial tibial plateau. *South Med J.* 1981; 74: 578-81.
66. Engber WD: Stress fractures of the medial tibial plateau. *J Bone Joint Surg Am.* 1977; 59: 767-9.
67. Israeli A, Ganel A, Blankstein A, Horoszowski H: Stress fracture of the tibial tuberosity in a high jumper: case report. *Int J Sports Med.* 1984; 5: 299-300.
68. Allen GJ: Longitudinal stress fractures of the tibia: diagnosis with CT. *Radiology.* 1988; 167: 799-801.
69. Feydy A, Drape J, Beret E, Sarazin L, Pessis E, Minoui A, Chevrot A: Longitudinal stress fractures of the tibia: comparative study of CT and MR imaging. *Eur Radiol.* 1998; 8: 598-602.
70. Krauss MD, Van Meter CD: A longitudinal tibial stress fracture. *Orthop Rev.* 1994; 23: 163-6,.
71. Pozderac RV: Longitudinal tibial fatigue fracture: an uncommon stress fracture with characteristic features. *Clin Nucl Med.* 2002; 27: 475-8.
72. Saifuddin A, Chalmers AG, Butt WP: Longitudinal stress fractures of the tibia: MRI features in two cases. *Clin Radiol.* 1994; 49: 490-5.
73. Umans HR, Kaye JJ: Longitudinal stress fractures of the tibia: diagnosis by magnetic resonance imaging. *Skeletal Radiol.* 1996; 25: 319-24.
74. DiFiori JP: Stress fracture of the proximal fibula in a young soccer player: a case report and a review of the literature. *Med Sci Sports Exerc.* 1999; 31: 925-8.
75. Hong SH, Chu IT: Stress fracture of the proximal fibula in military recruits. *Clin Orthop Surg.* 2009; 1: 161-4.
76. Burrows HJ: Fatigue fractures of the fibula. *J Bone Joint Surg Br.* 1948; 30-B: 266-79.
77. Devas MB, Sweetnam R: Stress fractures of the fibula; a review of fifty cases in athletes. *J Bone Joint Surg Br.* 1956; 38-B: 818-29.
78. Miller HG: Stress fracture of the fibula: secondary to pronation? *J Am Podiatr Med Assoc.* 1985; 75: 211-2.
79. Miller MD, Marks PH, Fu FH: Bilateral stress fractures of the distal fibula in a 35-year-old woman. *Foot Ankle Int.* 1994; 15: 450-3.
80. Blivin SJ, Martire JR, McFarland EG: Bilateral midfibular stress fractures in a collegiate football player. *Clin J Sport Med.* 1999; 9: 95-7.
81. Lesho EP: Can tuning forks replace bone scans for identification of tibial stress fractures? *Mil Med.* 1997; 162: 802-3.
82. Boam WD, Miser WF, Yuill SC, Delaplain CB, Gayle EL, MacDonald DC: Comparison of ultrasound examination with bone scintiscan in the diagnosis of stress fractures. *J Am Board Fam Pract.* 1996; 9: 414-7.
83. Romani WA, Perrin DH, Dussault RG, Ball DW, Kahler DM: Identification of tibial stress fractures using therapeutic continuous ultrasound. *J Orthop Sports Phys Ther.* 2000; 30: 444-52.
84. Beck BR, Bergman AG, Miner M, Arendt EA, Klevansky AB, Matheson GO, Norling TL, Marcus R: Tibial stress injury: relationship of radiographic, nuclear medicine bone scanning, MR imaging, CT severity grades to clinical severity and time to healing. *Radiology.* 2012; 263: 811-8.
85. Gaeta M, Minutoli F, Scribano E, Ascenti G, Vinci S, Bruschetta D, Magaudda L, Blandino A: CT and MR imaging findings in athletes with early tibial stress injuries: comparison with bone scintigraphy findings and emphasis on cortical abnormalities. *Radiology.* 2005; 235: 553-61.
86. Gaeta M, Minutoli F, Vinci S, Salamone I, D'Andrea L, Bitto L, Magaudda L, Blandino A: High-resolution CT grading of tibial stress reactions in distance runners. *AJR Am J Roentgenol.* 2006; 187: 789-93.
87. Kijowski R, Choi J, Mukharjee R, de Smet A: Significance of radiographic abnormalities in patients with tibial stress injuries: correlation with magnetic resonance imaging. *Skeletal Radiol.* 2007; 36: 633-40.
88. Fredericson M, Bergman AG, Hoffman KL, Dillingham MS: Tibial stress reaction in runners. Correlation of clin-

88. ical symptoms and scintigraphy with a new magnetic resonance imaging grading system. *Am J Sports Med*. 1995; 23: 472-81.
89. Mohan HK, Clarke SE, Centenara M, Lucarelli A, Baron D, Fogelman I: Value of lateral blood pool imaging in patients with suspected stress fractures of the tibia. *Clin Nucl Med*. 2011; 36: 173-7.
90. Nielsen MB, Hansen K, Holmer P, Dyrbye M: Tibial periosteal reactions in soldiers. A scintigraphic study of 29 cases of lower leg pain. *Acta Orthop Scand*. 1991; 62: 531-4.
91. Bergman AG, Fredericson M, Ho C, Matheson GO: Asymptomatic tibial stress reactions: MRI detection and clinical follow-up in distance runners. *AJR Am J Roentgenol*. 2004; 183: 635-8.
92. Aoki Y, Yasuda K, Tohyama H, Ito H, Minami A: Magnetic resonance imaging in stress fractures and shin splints. *Clin Orthop Relat Res*. 2004; (421): 260-7.
93. Mammoto T, Hirano A, Tomaru Y, Kono M, Tsukagoshi Y, Onishi S, Mamizuka N: High-resolution axial MR imaging of tibial stress injuries. *Sports Med Arthrosc Rehabil Ther Technol*. 2012; 4: 16.
94. Milgrom C, Finestone A, Novack V, Pereg D, Goldich Y, Kreiss Y, Zimlichman E, Kaufman S, Liebergall M, Burr D: The effect of prophylactic treatment with risedronate on stress fracture incidence among infantry recruits. *Bone*. 2004; 35: 418-24.
95. Schwellnus MP, Jordaan G: Does calcium supplementation prevent bone stress injuries? A clinical trial. *Int J Sport Nutr*. 1992; 2: 165-74.
96. Stewart GW, Brunet ME, Manning MR, Davis FA: Treatment of stress fractures in athletes with intravenous pamidronate. *Clin J Sport Med*. 2005; 15: 92-4.
97. Brand JC Jr, Brindle T, Nyland J, Caborn DN, Johnson DL: Does pulsed low intensity ultrasound allow early return to normal activities when treating stress fractures? A review of one tarsal navicular and eight tibial stress fractures. *Iowa Orthop J*. 1999; 19: 26-30.
98. Uchiyama Y, Nakamura Y, Mochida J, Tamaki T: Effect of low-intensity pulsed ultrasound treatment for delayed and non-union stress fractures of the anterior mid-tibia in five athletes. *Tokai J Exp Clin Med*. 2007; 32: 121-5.
99. Beck BR, Matheson GO, Bergman G, Norling T, Fredericson M, Hoffman AR, Marcus R: Do capacitively coupled electric fields accelerate tibial stress fracture healing? A randomized controlled trial. *Am J Sports Med*. 2008; 36: 545-53.
100. Rue JP, Armstrong DW 3rd, Frassica FJ, Deafenbaugh M, Wilckens JH: The effect of pulsed ultrasound in the treatment of tibial stress fractures. *Orthopedics*. 2004; 27: 1192-5.
101. Taki M, Iwata O, Shiono M, Kimura M, Takagishi K: Extracorporeal shock wave therapy for resistant stress fracture in athletes: a report of 5 cases. *Am J Sports Med*. 2007; 35: 1188-92.
102. Moretti B, Notarnicola A, Garofalo R, Moretti L, Patella S, Marlinghaus E, Patella V: Shock waves in the treatment of stress fractures. *Ultrasound Med Biol*. 2009; 35: 1042-9.
103. Allen CS, Flynn TW, Kardouni JR, Hemphill MH, Schneider CA, Pritchard AE, Duplessis DH, Evans-Christopher G: The use of a pneumatic leg brace in soldiers with tibial stress fractures - a randomized clinical trial. *Mil Med*. 2004; 169: 880-4.
104. Slatyer MA: *Lower limb training injuries in an army recruit population*. University of Newcastle, 1995.
105. Swenson EJ Jr, DeHaven KE, Sebastianelli WJ, Hanks G, Kalenak A, Lynch JM: The effect of a pneumatic leg brace on return to play in athletes with tibial stress fractures. *Am J Sports Med*. 1997; 25: 322-8.
106. Rome K, Handoll HH, Ashford R: Interventions for preventing and treating stress fractures and stress reactions of bone of the lower limbs in young adults. *Cochrane Database Syst Rev*. 2005; (2): CD000450.
107. Finestone A, Giladi M, Elad H, Salmon A, Mendelson S, Eldad A, Milgrom C: Prevention of stress fractures using custom biomechanical shoe orthoses. *Clin Orthop Relat Res*. 1999; (360): 182-90.
108. Milgrom C, Giladi M, Kashtan H, Simkin A, Chisin R, Margulies J, Steinberg R, Aharonson Z, Stein M: A prospective study of the effect of a shock-absorbing orthotic device on the incidence of stress fractures in military recruits. *Foot Ankle*. 1985; 6: 101-4.
109. Schwellnus MP, Jordaan G, Noakes TD: Prevention of common overuse injuries by the use of shock absorbing insoles. A prospective study. *Am J Sports Med*. 1990; 18: 636-41.
110. Milgrom C, Burr D, Fyhrie D, Forwood M, Finestone A, Nyska M, Giladi M, Liebergall M, Simkin A: The effect of shoe gear on human tibial strains recorded during dynamic loading: a pilot study. *Foot Ankle Int*. 1996; 17: 667-71.
111. Ekenman I, Milgrom C, Finestone A, Begin M, Olin C, Arndt T, Burr D: The role of biomechanical shoe orthoses in tibial stress fracture prevention. *Am J Sports Med*. 2002; 30: 866-70.
112. Milgrom C, Finestone A, Ekenman I, Simkin A, Nyska M: The effect of shoe sole composition on *in vivo* tibial strains during walking. *Foot Ankle Int*. 2001; 22: 598-602.
113. Pope R, Herbert R, Kirwan J: Effects of ankle dorsiflexion range and pre-exercise calf muscle stretching on injury risk in army recruits. *Aust J Physiother*. 1998; 44: 165-172.
114. Pope RP, Herbert RD, Kirwan JD, Graham BJ: A randomized trial of preexercise stretching for prevention of lower-limb injury. *Med Sci Sports Exerc*. 2000; 32: 271-7.
115. Crowell HP, Davis IS: Gait retraining to reduce lower extremity loading in runners. *Clin Biomech (Bristol, Avon)*. 2011; 26: 78-83.
116. Andrish JT, Bergfeld JA, Walheim J: A prospective study on the management of shin splints. *J Bone Joint Surg Am*. 1974; 56: 1697-700.

〔坂　　雅之〕

13. シンスプリント

はじめに

シンスプリントは「脛骨後内側縁遠位 2/3〜1/3 に起こる骨膜炎」[1]と定義され，その呼称は医療関係者のみならずスポーツ選手にも広く知られている．近年では「虚血性疾患や疲労骨折による痛みを除く，運動中に生じる脛骨後内側縁に沿った痛み」[2]として痛みの特徴と詳細な部位が定義され，"medial tibial stress syndrome：MTSS"と呼ばれる．臨床場面では，足部底屈や固い地面での反復的なランニングなどのオーバーユースにより下腿の疼痛や不快感が生じ，診断において筋腱の肉芽腫形成に限定されていなければならず，骨折や虚血性疾患は除外するとされている[3]．本項では，MTSS の疫学，危険因子，病態・発症メカニズム，診断・評価，治療・予防に関する科学的根拠を整理することを目的にした．なお，MTSS の詳細な定義が提唱された 2004 年以降の報告は MTSS と表記し，それ以前の報告に関しては各報告の記載に準じた．

A. 文献検索方法

文献検索に PubMed を使用し，2013 年 5 月までに公表された論文の検索を行った．キーワードに「shin splints」「medial tibial stress syndrome」を用い 229 件がヒットした．また，1989 年以降のレビューを参考にハンドサーチも行った．最終的に，疫学・危険因子に関して 19 件，病態・発症メカニズムに関して 5 件，診断・評価に関して 4 件，治療・予防に関して 12 件を採用した．

B. 疫学

MTSS の疫学調査は，ランナーや陸軍兵・海軍兵を対象としたものが多かった．MTSS の存在率に関して，ランナー 60 名を対象とした 1 年間の前向き調査で，ランニング障害を生じた部位のうち 20％が下腿であったと報告された[4]．クロスカントリーランナーでは，下腿のランニング障害の 75％が MTSS か疲労骨折であり[5]，ランナーにおける MTSS の存在率の高さがうかがえる．発症率に関して，Plisky ら[5]や Knobloch ら[6]による大規模な前向き調査の結果，すべてのランニング障害（アキレス腱障害や膝前面痛など）のうち MTSS の発症率は 15.2〜35％であった．イギリスの男性歩兵 468 名を対象とした 26 週間の前向き調査での MTSS 発生率は 7.9％であった[7]．海軍兵 124 名（男性 84 名，女性 40 名）を対象とした 10 週間の軍兵ベーシックトレーニングにおける前向き調査では，112 名が 10 週間のトレーニングを実行し，MTSS 発生率は 35％（男性 28.2％，女性 52.9％）であった[2]．以上より，軍人とランナーにおいて，MTSS は高頻度に発生するようである．

C. 危険因子

MTSS 発生の危険因子に関する研究は 26 件存在し，さまざまな危険因子が報告されてきた．し

第3章 疲労骨折・骨膜炎

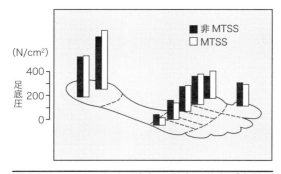

図13-1 MTSS発症の有無と足底圧分布（文献7より引用）
足部を8つの領域に分け足底圧分布を測定した。MTSS発症群は非発症群と比べ内側の足底圧が高い値を示した。

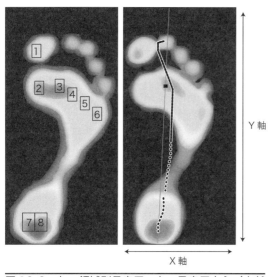

図13-2 左：領域別足底圧，右：足底圧中心（文献9より引用）
1；第一趾，2：第1中足骨頭，3：第2中足骨頭，4：第3中足骨頭，5：第4中足骨頭，6：第5中足骨頭，7：踵内側，8：踵外側。8領域の圧分布から歩行およびランニング中の特徴を調査した。X軸：内外側，Y軸：前後側から足底圧中心を測定した。

かし，エビデンスレベル別に整理すると一致した見解が得られているものは少なく，今後も危険因子に関する大規模な前向き研究が必要と考えられる。以下，危険因子をBennellら[8]の分類（表10-2参照）に従って整理する。なお，Bennellらの分類に性差は含まれていないが，便宜上，性差をホルモン要因の一部として扱うこととした。

1. 内因性力学的要因

足底圧分布や三次元動作解析によって，歩行やランニングパターンとMTSS発生との関連が示唆された。Sharmaら[7]は，健常なイギリス人男性歩兵468名を対象に足底圧分布を調査し，26週間経過観察をした。その結果，経過観察中に37名がMTSSを発症し，発症した群は非発症群と比較して内側の足底圧が上昇していた（図13-1）。Willemsら[9]は，健常な大学新入生400名を対象に歩行およびランニング中の足底圧分布と三次元動作解析を実施し（図13-2），1年間の経過観察を行った。その結果，経過観察期間において46名がランニング中の下腿痛を発症した。発症群は非発症群と比較して歩行中において踵中央での接地，足部過外転，外側ロールオフ（後足部回内方向への運動）の増加がみられた。

2. ホルモン要因

アスリートおよび陸軍・海軍兵を対象とした多くの報告で，女性のほうが男性よりもMTSS発症率が高いとされ，性別はMTSS発症の危険因子の1つであるといえる。性差に関して調査した研究を表13-1にまとめた[2,5,10,11]。高校生のクロスカントリーランナー105名を対象とした前向き調査[5]では，13週後のMTSS発症にかかわるオッズ比が女性で3.2，男性で1.0と報告された。また，海軍兵124名を対象とした前向き調査で女性[2]のMTSS発症率は52.9％と報告された。エビデンスレベルの高い研究では女性であることがハイリスクとする報告が多い。

3. 外因性力学的要因

健常大学生アスリート146名を対象にランニングシューズの使用期間とMTSS発症との関連性を調べた研究がある[12]。各所属競技1シーズ

表 13-1 MTSS 発生率の性差に関する報告のまとめ

報告者	エビデンスレベル	対象	MTSS 発症数	性差
Plisky ら[5]	I	クロスカントリーランナー 105 名	17 名	女性 > 男性
Yates ら[2]	I	海軍兵 124 名	40 名	女性 > 男性
Raissi ら[11]	II	アスリート 66 名	13 名	女性：22.0% 男性：14.3%
Bennett ら[10]	II	クロスカントリーランナー 125 名	15 名	女性 > 男性

エビデンスレベル I：前向き研究，II：後ろ向き研究。

ンの経過観察の結果，MTSS 発症・非発症群で，ランニングシューズ使用期間に有意差は認められなかった[12]。その他，外因性力学的要因に関する研究はなかった。

4. 生理学的要因

アスリートおよび陸軍・海軍兵を対象としたエビデンスレベルの高い研究では，MTSS 発症の危険因子として，①body mass index（BMI）高値，②足部内側縦アーチの低下が報告された。

1）BMI

高校生クロスカントリーランナー 105 名（男女混合）を対象に 1 シーズン（13 週間）経過観察をした調査[5]では，BMI が 20.2〜21.6 kg/m^2 の場合，オッズ比が 7.0 になると報告された。

2）股関節可動域

Burne ら[13]による空軍士官学校生 164 名を対象とした前向き調査では，MTSS 非発症群と比較して発症群の股関節内外旋可動域が有意に増加していたと報告された。この報告では股関節回旋可動域が及ぼす機械的影響は明らかではないが，Burne ら[13]は，股関節回旋可動域の増加がランニングスタイルに影響し脛骨への負荷につながるのではないかと考察した。

3）足部内側縦アーチ

海軍兵 124 名を対象とした前向き研究[2]では，foot posture index を用いて足部アライメントを調査した。その結果，MTSS 発症群で有意に足部回内アライメントを示した。同様に navicular drop test を用いてアスリート[11]およびクロスカントリーランナー[10]を調査した研究では，どちらも足部内側縦アーチの低下が MTSS 発症リスクの増加につながると報告された。

4）足関節可動域

大学生アスリート 146 名を対象とした前向き調査[12]では，健常群（40.6 ± 9.3°）と比較して MTSS 発症群（46.0 ± 6.4°）の足関節底屈可動域が有意に増加していた。軍人を対象とした調査では，Rauh ら[14]により女性海軍兵の足関節背屈可動域 21°以上と MTSS 発症との関連が示唆され，Moen ら[15]の男性陸軍兵を対象とした調査では，足関節底屈可動域増加と MTSS 発症との関連が示唆された。このように足関節底背屈可動域と MTSS 発症には研究間で一致した見解が得られていない。

5. その他

活動歴やフィットネスレベル，骨密度などの生活習慣に関連する因子について検討した報告が数件あるものの，結論が得られるにはいたっていない。健常男性歩兵 468 名を対象とした前向き調査では，MTSS の発症と低フィットネスレベル（オッズ比 3.62），喫煙習慣（オッズ比 6.54）の関連が示唆された[7]。また，健常一般大学生

第3章 疲労骨折・骨膜炎

図13-3 脛骨の骨密度調査領域（文献16より引用）
脛骨を5つの領域に分け骨密度を測定した。MTSS発症群は，領域3，4において，対照群およびアスリート対照群と比較して骨密度が低値であった。

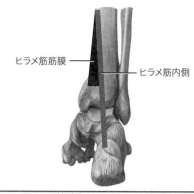

図13-4 ヒラメ筋内側とヒラメ筋筋膜付着部位（文献17より作図）
ヒラメ筋内側線維は内果から4インチ近位に付着し，ヒラメ筋筋膜は脛骨後内側3/4に付着している。ヒラメ筋内側の筋伸長ストレスは踵骨回外時に比べ回内時に高く，ヒラメ筋筋膜も同時に伸張された。

146名を対象とした前向き調査[12]では，MTSSの発症とMTSS既往歴，ランニング歴の少なさとの関連が示唆された。骨密度に関しての横断研究[16]では，MTSSを有するアスリート18名，対照群16名，アスリート対照群18名を対象に脛骨を5つの区域に分け部位別に骨密度を分析した（図13-3）。その結果，MTSS群では両対照群と比較して脛骨病変部位の骨密度が低かった。

D. 病態および発症メカニズム

MTSSの発症メカニズムとして古くからtraction theory（牽引理論）が支持され，議論されてきた。そのなかではヒラメ筋，後脛骨筋などの筋実質による伸張ストレスと脛骨に付着する筋膜との関連が示唆されているものもあるが，一致した見解は得られていない。

Michaelら[17]は，シンスプリント発症とヒラメ筋の関与を提唱した。彼らは屍体脚28脚を用いて解剖学的・電気生理学的検討を行った。その結果，シンスプリントの疼痛部位とされる脛骨後内側3/4にはヒラメ筋筋膜が付着し，内果から10 cm（4インチ）近位にはヒラメ筋筋実質の付着が確認された。また，ヒラメ筋内側を電気的に収縮させて踵骨を他動回・内外させた際，踵骨回内時にヒラメ筋内側の張力が上昇し，筋膜も同時に伸張されたと報告した（図13-4）。

Saxenaら[18]は，屍体脚10脚を対象とした解剖学的検討から，ヒラメ筋は脛骨内側遠位1/3に付着しておらず，後脛骨筋が疼痛部位に付着することから，ヒラメ筋のMTSS発症への関与が否定された（図13-5A）。Beckら[19]は，屍体脚50脚を用いた大規模な解剖学的検討より，脛骨骨長（脛骨高原端から内果遠位端）に対する後脛骨筋・ヒラメ筋・長趾屈筋の脛骨内側付着部を調査した。その結果，内果遠位端から各筋への付着部位は，それぞれ53％，48％，35％（図13-5B）であり，疼痛部位とされる脛骨遠位1/2には後脛骨筋は付着しておらず，後脛骨筋とシンスプリント発症との関連を否定した。

Stickleyら[20]は，新鮮凍結屍体2脚とホルマリン固定屍体14脚を用いて，同じく骨長に対する筋付着部位の解剖学的検討を行った。筋付着順序はSaxenaら[18]，Beckら[19]と同様であったが，疼痛部位とされる脛骨遠位1/2の大部分に深部筋膜が付着していたと報告し（図13-5C），

筋膜の関与を支持した。

Boucheら[21]は，筋膜と疼痛部位との関連を新鮮凍結屍体3脚にて調査した。脛骨筋膜の歪みを評価するストレインゲージを内果から近位3・6・9・12 cmに装着し，脛骨に600 Nの軸圧を加えて後脛骨筋・長趾屈筋・ヒラメ筋に継いだケーブルを引張した。その結果，3・6 cmの部分で腱の緊張増加に伴って筋膜の歪みの増加が認められ，脛骨筋膜の歪みとMTSS発症の関連が示唆された。

MTSS発症には後脛骨筋やヒラメ筋の関与が示唆されてきたが，解剖学的付着部位の相違から関連を否定する意見が多い。近年では，疼痛部位と付着部位の一致から筋伸張に伴う筋膜の歪み増加との関連が疑われている。

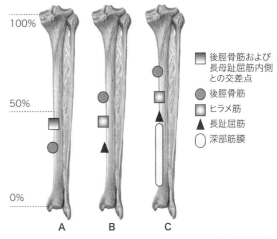

図13-5　筋付着部の解剖学的検討（文献18～20より作図）
A：筋の解剖学的付着部位を確認。B，C：骨長に対する筋の解剖学的付着部位を確認。疼痛発生部位の脛骨遠位1/2～1/3には，ヒラメ筋および後脛骨筋の付着が確認されず関与が否定され，深部筋膜の関与が報告された。

E. 診断および評価

1. 臨床評価

MTSSは脛骨後内側に限局した疼痛を認める。これに対する有用な臨床検査方法として脛骨触診テスト（shin palpation test：SPT）（図13-6A）と脛骨浮腫テスト（shin oedema test：SOT）（図13-6B）が提唱された[22]。脛骨触診テストは，脛骨後内側遠位2/3に十分な圧を加え疼痛の有無を確認するテストである。陽性の場合，MTSSの発症を予測（16ヵ月後の発症リスク4.63倍）するとともに臨床検査としても有用と記載された。脛骨浮腫テストは脛骨内側面遠位2/3を5秒以上持続して触診し，圧痕の有無を確認するテストである。こちらも発症予測および臨床検査として有用とされ，陽性例では16ヵ月後のMTSS発症リスクが76.1倍であった[22]。

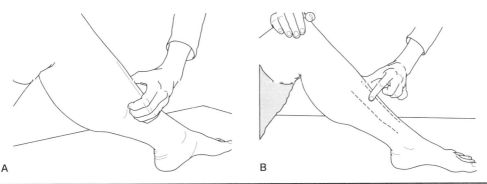

図13-6　脛骨触診テスト（shin palpation test）（A）と脛骨浮腫テスト（shin oedema test）（B）（文献22より引用）
脛骨触診テストは脛骨後内側縁に2/3に十分な圧を加え疼痛の有無を確認する。脛骨浮腫テストは脛骨内側面遠位2/3を5秒以上持続して触診し，圧痕の有無を確認する。

表 13-2 MTSS の MRI によるグレード分類と異常所見（文献 24 より作成）

グレード	骨膜浮腫 T2 強調画像	骨髄浮腫 T2 強調画像	骨髄浮腫 T1 強調画像
1	軽度～中等度	正常	正常
2	中等度～重度	浮腫あり	正常
3	中等度～重度	浮腫あり	浮腫あり
4	中等度～重度	浮腫あり / 明らかな骨折線あり	浮腫あり

グレード 1～3 は MTSS，グレード 4 は疲労骨折に分類される。

表 13-3 MTSS の単純 X 線所見と MRI 所見の比較（文献 25 より作成）

グレード	MRI 異常所見 骨膜	MRI 異常所見 骨髄 全体	MRI 異常所見 骨髄 局所	X 線骨膜反応 初期	X 線骨膜反応 4 週後
1	+	−	−	−	−
2	+	+	−	−	+
3	+	+	+	+	

2. 画像診断

MTSS の画像所見では，単純 X 線，MRI，骨シンチが用いられてきた．3 ヵ月未満のびまん性脛骨痛および下肢痛を有する 23 名 46 脚を対象に X 線，triple-phase bone scan (TPBS)，MRI の画像所見を比較検討した結果，TPBS で 36 脚，MRI で 34 脚に異常所見がみられた[23]．臨床所見および画像診断に関するデータから算出した感度・特異度は，TPBS が 84％・33％，MRI が 79％・33％であり，TPBS の有用性が報告された（X 線に関する記載なし）[23]．TPBS をゴールドスタンダードと仮定した場合，MRI の感度は 95％，特異度は 67％であった[23]．しかし Batt ら[23]は，被曝の問題を考慮すると，アスリートにおける急性脛骨痛の画像診断には MRI の適用が現実的だと述べた．

MRI による重症度分類が提唱された．Fredericson ら[24]は，MRI を用いた MTSS の重症度分類を報告した．骨膜および骨髄浮腫の程度による分類でグレードを 4 つに段階づけした（表 13-2）．この MRI 重症度分類は Mammoto ら[25]によって単純 X 線像と比較された．彼らは，MRI にて骨膜のみに異常所見が認められる場合は X 線像上で骨膜反応を確認できないが，MRI における異常所見が骨髄に認められる場合，X 線像上で骨膜反応を確認できることから，MRI が MTSS の早期重症度予測に有用であると報告した（表 13-3）．

MRI 所見は復帰時期の指標としても使用される．Moen ら[26]は，Fredericson ら[24]の MRI 重症度分類のグレード 2 および 3 と比較してグレード 1 で復帰期間が有意に遅延したとし，骨髄および骨膜浮腫が存在すると回復期間が短くなると報告した（図 13-7）．彼らは，浮腫の存在は骨のリモデリングがすでにはじまっていることを示しており，グレード 2 以降は治癒過程の進行途中であるためグレード 1 と比較して回復期間が短くなったと考察した．

以上より，MTSS の画像診断における感度・特異度は骨シンチが最も高かった．しかしながら，対象者の被曝，重症度分類，復帰時期の指標としての有用性を考慮すると，MRI が最も有用であると思われる．

F. 治療および予防

1. 治療

エビデンスの確立された MTSS に特異的な治療プロトコルは現時点で見当たらない．一方，下腿障害（シンスプリント・疲労骨折・コンパートメント症候群など）に対する治療プロトコルは，回復過程に沿って提唱された[27,28]．回復過程は急性期，リハビリテーション期，機能期，強化・再学習期，復帰期，再発防止期の 6 期に大別さ

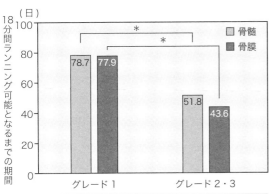

図13-7 MRI所見と復帰期間（文献26より作図）
Fredericsonら の MRI 分類基準グレード1〜3をもとに復帰期間に関する調査した結果，グレード2・3と比較してグレード1では復帰期間が有意に遅延した。＊p＜0.05。

表13-4 下腿障害に対する治療方針（文献27, 28より作成）

回復過程	プログラム
急性期	安静・冷却
リハビリテーション期	強度・頻度・持続時間の変更 低衝撃・クロストレーニング
機能期	運動連鎖を重視したマニュアルセラピー
強化・再学習期	筋強度・筋パワー・筋耐久性の再構築
復帰期	疼痛のない活動範囲での段階的復帰
再発防止期	定期的なストレッチとストレングス 衝撃吸収材の使用 400〜800kmごとのシューズ交換

れる（表13-4）。運動療法単独の介入効果を検討した報告はなかった。その他，個別のプログラムや介入に関する効果について以下に整理する。

1）薬物療法

MTSSに対する薬物療法の効果を検証した論文が1件あった。Andrishら[29]は，MTSSを発症した海軍学校生97名を対象に無作為化対照試験を実施した。対象者をA群（ランニング中止＋1日3回アイシング），B群（ランニング中止＋1日3回アイシング＋1日4回アスピリン投与），C群（ランニング中止＋1日3回アイシング＋1日4回フェニルブタゾン投与），D群〔ランニング中止＋1日3回アイシング＋下腿ストレッチ（実施頻度未記載）〕，E群（1週間ギプス固定）の5群にランダムに割り付け，介入効果を調査した。疼痛消失および500m走が可能となるまで介入されたが，その日数に関してすべての群間に有意差はなかった。

2）装具療法

装具療法の効果を検証した研究が3件あった。Moenら[30]は，74名のアスリートを対象に，段階的ランニングプログラム（graded running program：GRP）（表13-5）を週3回，GRP週3回＋下腿ストレッチ・トレーニング週5回，GRP週3回＋圧迫ストッキング（GRP実施中に装着）の3群にランダムに割り付け，治療効果に関して無作為化対照試験を実施した。介入はGRPの段階6に到達するまで実施し，2，4，6，8，10，12，16，22，28，34，42，50週において経過観察した。その結果，プログラム達成期間および治療満足度に群間差は認められなかった。またMoenら[31]は，軍人15名を対象にGRP週3回を下腿ブレースあり群，なし群に分け，無作為化対照比較試験を実施した。その結果，sports activity rating scale（SARS）および治療満足度に群間差は認められなかった。Loudonら[32]はMTSSを呈する軍人男女23名を対象に下腿ストレッチ（腓腹筋およびヒラメ筋，各30秒×3回，1日2回，3週間）と足装具（basic foot orthotic：BFO）（日中装着）の効果に関して前向きコホート研究を実施した。その結果，15名がnumeric pain rating score（NPRS）5以下となり，ストレッチと装具の併用の効果が示唆された。しかし，これらの研究は主観的な指標のみの検証にとどまっているため，客観的指標を用いた研究が望まれる。

表 13-5 段階的ランニングプログラム（文献 30 より作成）

段階	走行場所	走行時間（分）	走行時間（分）	速さ・強度
1	トレッドミル	2 2 2 2 2 2 2 2	16	2 ＝ ランニング 10 km/h を 2 分間 2 ＝ ウォーキング 6 km/h を 2 分間
2	トレッドミル	2 2 2 2 2 2 2 2	16	2 ＝ ランニング 12 km/h を 2 分間 2 ＝ ウォーキング 6 km/h を 2 分間
3	コンクリート	3 2 3 2 3 2 3 2	20	3 ＝ ランニング強度①〜②，2 ＝ ウォーキング（自由速度）
4	コンクリート	3 2 3 2 3 2 3 2	20	3 ＝ ランニング強度②〜③，2 ＝ ウォーキング（自由速度）
5	コンクリート	ランニング継続	16	ランニング強度①〜②
6	コンクリート	ランニング継続	18	ランニング強度②〜③

ランニング強度＝①：軽いジョギング，②：会話が可能な速度，③：会話が困難な速度。

3）物理療法

物理療法の効果を検証した研究は 2 件で，ともに衝撃波療法の効果が検証された。Moen ら[33]は，42 名のアスリートを対象に，GRP（週 3 回）および GRP（週 3 回）＋衝撃波療法（1 週目：0.10 mJ/mm^2，1,000 回/2.5 回/秒，2 週目：0.15 mJ/mm^2，1,500 回/2.5 回/秒，3 週目：0.20 mJ/mm^2，1,500 回/2.5 回/秒，4 週目以降：0.25 mJ/mm^2，1,500 回/2.5 回/秒，9 週目：0.30 mJ/mm^2，1,500 回/2.5 回/秒）の 2 群に割り付け，治療効果を比較した。介入は GRP の段階 6 に到達するまで実施したところ，衝撃波療法群で復帰期間が有意に短かった。Rompe ら[34]は，MTSS を呈する 94 名のランナーを 12 週のホームプログラム（下腿ストレッチ，セラバンドストレッチ，踵挙上，前足部挙上）および 12 週のホームプログラム＋衝撃波療法（0.1 mJ/mm^2，2,000 回/8 回/秒）の 2 群に割り付け，治療効果を比較した。衝撃波療法はホームプログラム開始後，2，3，4 週後に施行した。その結果，後者で疼痛指標の 1 つである numeric rating scale（NRS）が減少した。以上から，衝撃波療法が MTSS の疼痛減少や早期復帰へ有効である可能性が示された。

4）手術療法

手術療法の効果を検証した研究は 2 件あった。Yates ら[35]は，6 ヵ月以上症状が継続し，保存的治療の効果がみられない MTSS 患者 78 名を対象に，深部筋膜リリースおよび骨膜切除を実施し，観血的治療効果に関して前後比較検討を行った。その結果，術前と比較して visual analog pain scale（VAPS）が有意に減少し，その減少割合は平均 72％ であった。術後成績別（**表 13-6**）にまとめると，疼痛減少割合が低い場合ほどスポーツへの復帰率が低く，術前の疼痛レベルに影響を受けることがうかがえる。Detmer[36]は下腿障害において骨ストレス反応や微細損傷を呈しているものをタイプⅠ，骨膜・筋膜間の慢性剥離をタイプⅡ，慢性コンパートメント症候群をタイプⅢとし，タイプⅡ・Ⅲに対して手術療法が適用となる場合があるとした。手術療法の予後に関して，慢性化タイプとされるタイプⅡ・Ⅲに対して筋膜切開および骨膜焼灼を実施し，平均 6 ヵ月（2〜14 ヵ月）の経過観察によるパフォーマンス改善，完治の割合を分析した（**表 13-7**）。タイプⅡ・Ⅲともに高いパフォーマンス改善および完治率を示し，アスリート活動への復帰に合理的な方法であると報告された。

表13-6 MTSSに対する術後成績とスポーツ活動復帰者数（文献35より作成）

術後成績 （疼痛減少割合）	対象者数 （％）	スポーツ活動 復帰者数
Poor（40％以下）	8名（9％）	0
Fair（41～60％）	19名（22％）	2
Good（61～80％）	30名（34％）	8
Excellent（81～100％）	31名（35％）	9

疼痛減少割合は visual analog pain scale による術前比較。

表13-7 筋膜切開・骨膜焼灼による下腿障害の予後（文献36より作成）

	タイプⅡ	タイプⅢ	タイプⅡ/Ⅲ
パフォーマンス改善（％）	93	100	86
完治（％）	78	75	57

タイプⅠ：骨ストレス反応，微細損傷，タイプⅡ：骨膜・筋膜間の慢性剥離，タイプⅢ：慢性コンパートメント症候群，タイプⅡ/Ⅲ：共存型。

2. 予 防

予防効果を検証した報告は4件あり，介入内容はコンディショニングプログラム2件，装具2件であった。

Brushojら[37]は，1,020名の軍人を対象に予防プログラム（スクワット，ランジ，股関節外転・伸展・回旋，前足部挙上，コーディネーション，大腿四頭筋ストレッチ1回15分週3回）およびプラセボプログラム（腹筋・背筋・上腕二頭筋・上腕三頭筋トレーニング，大胸筋ストレッチ）の2群にランダムに割り付け，予防効果を比較した。その結果，両群ともMTSS発症に関する予防効果はみられなかった。

Popeら[38]は，1,538名の男性軍人を対象にトレーニング前に4分間のウォームアップエクササイズを行った後，下肢筋ストレッチ群（腓腹筋，ヒラメ筋，ハムストリングス，大腿四頭筋，股関節内転筋，股関節屈曲筋を各種目20秒）および対照群（ストレッチなし）の2群に割り付け，新兵トレーニング期間中（12週間）のシンスプリント発生に対する予防効果を比較した。その結果，両群間で有意差は認められなかった。

Larsenら[39]は146名の新兵を対象に，biomechanic shoe orthoses（BSO）群と対照群にランダムに割り付け，3ヵ月間の介入を実施し，装具によるMTSS予防効果を検討した。その結果，BSO群で有意にMTSS発症率が低値であった。

Schwellhusら[40]は1,388名の新兵をフラットインソール群（気泡含浸，ネオプレン製）と対照群（インソールなし）の2群にランダムに割り付け，9週間の身体トレーニング中（行進，ランニング，ウォーキング）のインソール有無による予防効果を比較検討した。その結果，フラットインソール群で有意にMTSS発症率が低値であった。

以上より，運動介入による予防効果は現時点では立証されておらず，装具使用による予防効果のみが示唆された。既存の運動介入は筋力や柔軟性に焦点をあてたアプローチだが，MTSSの発症に筋膜の伸張ストレスの関与が注目されていることを考慮すると，今後は筋実質のみではなく筋膜も治療対象とした運動介入方法の開発が必要であると考えられる。

G. まとめ

1. すでに真実として承認されていること

- MTSSはランナーにおいて発症率の高い障害である。
- MTSS発症の危険因子としては，女性，高いBMI，足部内側縦アーチの低下があげられる。

2. 議論の余地はあるが，今後の重要な研究テーマとなること

- MTSSの発症には筋実質よりも筋膜の伸張スト

レスが関与している可能性がある。

3. 真実と思われていたが実は疑わしいこと
- MTSSに対する下腿後面筋のストレッチ効果。

H. 今後の課題

- MRIを使用したMTSS発症に関する縦断的前向き調査を行い，MRI所見における脛骨骨膜・骨髄の浮腫が，原因なのか結果なのかを明らかにすること。
- 発症メカニズムに関して，下腿への機械的ストレスの影響を明らかにすること。
- MTSS発症過程に関して，下腿疲労骨折との相違点を明らかにし，疲労骨折との早期鑑別診断を確立させること。
- MTSSを対象とした危険因子を反映した治療法の開発とその効果を検証すること。

文 献

1. Mubarak SJ, Gould RN, Lee YF, Schmidt DA, Hargens AR: The medial tibial stress syndrome. A cause of shin splints. *Am J Sports Med*. 1982; 10: 201-5.
2. Yates B, White S: The incidence and risk factors in the development of medial tibial stress syndrome among naval recruits. *Am J Sports Med*. 2004; 32: 772-80.
3. American Medical Association, Committee on the Medical Aspects of Sports, Subcommittee on Classification of Sports Injuries: *Standard Nomenclature of Athletic Injuries*. Chicago: AMA, 1996, p.126
4. Lysholm J, Wiklander J: Injuries in runners. *Am J Sports Med*. 1987; 15: 168-71.
5. Plisky MS, Rauh MJ, Heiderscheit B, Underwood FB, Tank RT: Medial tibial stress syndrome in high school cross-country runners: incidence and risk factors. *J Orthop Sports Phys Ther*. 2007; 37: 40-7.
6. Knobloch K, Yoon U, Vogt PM: Acute and overuse injuries correlated to hours of training in master running athletes. *Foot Ankle Int*. 2008; 29: 671-6.
7. Sharma J, Golby J, Greeves J, Spears IR: Biomechanical and lifestyle risk factors for medial tibia stress syndrome in army recruits: a prospective study. *Gait Posture*. 2011; 33: 361-5.
8. Bennell K, Matheson G, Meeuwisse W, Brukner P: Risk factors for stress fractures. *Sports Med*. 1999; 28: 91-122.
9. Willems TM, De Clercq D, Delbaere K, Vanderstraeten G, De Cock A, Witvrouw E: A prospective study of gait related risk factors for exercise-related lower leg pain. *Gait Posture*. 2006; 23: 91-8.
10. Bennett JE, Reinking MF, Pluemer B, Pentel A, Seaton M, Killian C: Factors contributing to the development of medial tibial stress syndrome in high school runners. *J Orthop Sports Phys Ther*. 2001; 31: 504-10.
11. Raissi GR, Cherati AD, Mansoori KD, Razi MD: The relationship between lower extremity alignment and medial tibial stress syndrome among non-professional athletes. *Sports Med Arthrosc Rehabil Ther Technol*. 2009; 1: 11.
12. Hubbard TJ, Carpenter EM, Cordova ML: Contributing factors to medial tibial stress syndrome: a prospective investigation. *Med Sci Sports Exerc*. 2009; 41: 490-6.
13. Burne SG, Khan KM, Boudville PB, Mallet RJ, Newman PM, Steinman LJ, Thornton E: Risk factors associated with exertional medial tibial pain: a 12 month prospective clinical study. *Br J Sports Med*. 2004; 38: 441-5.
14. Rauh MJ, Macera CA, Trone DW, Reis JP, Shaffer RA: Selected static anatomic measures predict overuse injuries in female recruits. *Mil Med*. 2010; 175: 329-35.
15. Moen MH, Bongers T, Bakker EW, Zimmermann WO, Weir A, Tol JL, Backx FJ: Risk factors and prognostic indicators for medial tibial stress syndrome. *Scand J Med Sci Sports*. 2012; 22: 34-9.
16. Magnusson HI, Westlin NE, Nyqvist F, Gardsell P, Seeman E, Karlsson MK: Abnormally decreased regional bone density in athletes with medial tibial stress syndrome. *Am J Sports Med*. 2001; 29: 712-5.
17. Michael RH, Holder LE: The soleus syndrome. A cause of medial tibial stress (shin splints). *Am J Sports Med*. 1985; 13: 87-94.
18. Saxena A, O'Brien T, Bunce D: Anatomic dissection of the tibialis posterior muscle and its correlation to medial tibial stress syndrome. *J Foot Surg*. 1990; 29: 105-8.
19. Beck BR, Osternig LR: Medial tibial stress syndrome. The location of muscles in the leg in relation to symptoms. *J Bone Joint Surg Am*. 1994; 76: 1057-61.
20. Stickley CD, Hetzler RK, Kimura IF, Lozanoff S: Crural fascia and muscle origins related to medial tibial stress syndrome symptom location. *Med Sci Sports Exerc*. 2009; 41: 1991-6.
21. Bouche RT, Johnson CH: Medial tibial stress syndrome (tibial fasciitis): a proposed pathomechanical model involving fascial traction. *J Am Podiatr Med Assoc*. 2007; 97: 31-6.
22. Newman P, Adams R, Waddington G: Two simple clinical tests for predicting onset of medial tibial stress syndrome: shin palpation test and shin oedema test. *Br J Sports Med*. 2012; 46: 861-4.
23. Batt ME, Ugalde V, Anderson MW, Shelton DK: A prospective controlled study of diagnostic imaging for acute shin splints. *Med Sci Sports Exerc*. 1998; 30: 1564-71.
24. Fredericson M, Bergman AG, Hoffman KL, Dillingham MS: Tibial stress reaction in runners. Correlation of clinical symptoms and scintigraphy with a new magnetic resonance imaging grading system. *Am J Sports Med*. 1995;

23: 472-81.
25. Mammoto T, Hirano A, Tomaru Y, Kono M, Tsukagoshi Y, Onishi S, Mamizuka N: High-resolution axial MR imaging of tibial stress injuries. *Sports Med Arthrosc Rehabil Ther Technol*. 2012; 4: 16.
26. Moen MH, Schmikli SL, Weir A, Steeneken V, Stapper G, de Slegte R, Tol JL, Backx FJ: A prospective study on MRI findings and prognostic factors in athletes with MTSS. *Scand J Med Sci Sports*. 2014; 24: 204-10.
27. Galbraith RM, Lavallee ME: Medial tibial stress syndrome: conservative treatment options. *Curr Rev Musculoskelet Med*. 2009; 2: 127-33.
28. Herring KM: A plyometric training model used to augment rehabilitation from tibial fasciitis. *Curr Sports Med Rep*. 2006; 5: 147-54.
29. Andrish JT, Bergfeld JA, Walheim J: A prospective study on the management of shin splints. *J Bone Joint Surg Am*. 1974; 56: 1697-700.
30. Moen MH, Holtslag L, Bakker E, Barten C, Weir A, Tol JL, Backx F: The treatment of medial tibial stress syndrome in athletes; a randomized clinical trial. *Sports Med Arthrosc Rehabil Ther Technol*. 2012; 4: 12.
31. Moen MH, Bongers T, Bakker EW, Weir A, Zimmermann WO, van der Werve M, Backx FJ: The additional value of a pneumatic leg brace in the treatment of recruits with medial tibial stress syndrome; a randomized study. *J R Army Med Corps*. 2010; 156: 236-40.
32. Loudon JK, Dolphino MR: Use of foot orthoses and calf stretching for individuals with medial tibial stress syndrome. *Foot Ankle Spec*. 2010; 3: 15-20.
33. Moen MH, Rayer S, Schipper M, Schmikli S, Weir A, Tol JL, Backx FJ: Shockwave treatment for medial tibial stress syndrome in athletes; a prospective controlled study. *Br J Sports Med*. 2012; 46: 253-7.
34. Rompe JD, Cacchio A, Furia JP, Maffulli N: Low-energy extracorporeal shock wave therapy as a treatment for medial tibial stress syndrome. *Am J Sports Med*. 2010; 38: 125-32.
35. Yates B, Allen MJ, Barnes MR: Outcome of surgical treatment of medial tibial stress syndrome. *J Bone Joint Surg Am*. 2003; 85: 1974-80.
36. Detmer DE: Chronic shin splints. Classification and management of medial tibial stress syndrome. *Sports Med*. 1986; 3: 436-46.
37. Brushoj C, Larsen K, Albrecht-Beste E, Nielsen MB, Loye F, Holmich P: Prevention of overuse injuries by a concurrent exercise program in subjects exposed to an increase in training load: a randomized controlled trial of 1020 army recruits. *Am J Sports Med*. 2008; 36: 663-70.
38. Pope RP, Herbert RD, Kirwan JD, Graham BJ: A randomized trial of preexercise stretching for prevention of lower-limb injury. *Med Sci Sports Exerc*. 2000; 32: 271-7.
39. Larsen K, Weidich F, Leboeuf-Yde C: Can custom-made biomechanic shoe orthoses prevent problems in the back and lower extremities? A randomized, controlled intervention trial of 146 military conscripts. *J Manipulative Physiol Ther*. 2002; 25: 326-31.
40. Schwellnus MP, Jordaan G, Noakes TD: Prevention of common overuse injuries by the use of shock absorbing insoles. A prospective study. *Am J Sports Med*. 1990; 18: 636-41.

〔濱田　孝喜，伊藤　一也〕

第4章
下肢のスポーツ疾患の私の治療法

　第4章では，3名の著者にそれぞれハムストリングス肉ばなれ，アキレス腱症，シンスプリント（medial tibial stress syndrome）をテーマにご執筆いただいた。いずれも，スポーツ復帰や再発予防に向けて確実なロードマップが存在するとはいいがたく，臨床的に難渋する例も多い疾患である。これらについてエビデンスレベルの高い研究は十分とはいえず，必然的にエビデンスレベルの低い論文，バイオメカニクスや疫学などの基礎的な研究を参考にせざるをえない。各先生には，前章までの包括的レビューではどうしても網羅できないほかの下肢関節の機能低下との関連性，患部への徒手療法についても具体的に記載していただいた。3名の著者が，ともに，動作および運動機能を詳細に評価し，そのうえで局所と全身の問題点をバランスよく治療することを強調されている点が興味深い。

　ハムストリングス肉ばなれについては，新潟医療福祉大学の永野康治先生にご執筆いただいた。永野先生は2名の肉ばなれ受傷者のモーションキャプチャーによる動作分析の結果から，受傷メカニズムにかかわる下肢のキネマティクスを分析し，下肢の関節や筋の機能低下を同定したうえで治療プログラムをご提示いただいている。多くの症例において，受傷前に動作分析を行うことは稀少であるため，少数のサンプルであっても客観的なデータの存在はたいへん有用な情報となる。

　アキレス腱症については，国立スポーツ科学センターの高橋佐江子先生にご担当いただいた。高橋先生はアキレス腱にストレスが加わる原因として，足関節の機能低下やアキレス腱の滑走性の問題に加え，アキレス腱へのストレス増大を招くような股関節を含む下肢全体のキネマティクスや動的アライメント改善の必要性を強調されている。

　最後に，シンスプリントについては，京都のやまぎわ整形外科の吉村直心先生にご執筆いただいた。触診による疼痛の分布の把握にはじまり，静的アライメント，筋機能，動的アライメント，動作分析（観察）を含めて包括的な評価に基づく治療法をご紹介いただいている。特にランニングフォームに異常をもたらすような機能的問題を解決し，下腿へのストレスを軽減する動作の修正を重視しておられる。

　本章の記載内容には十分なエビデンスの裏づけのない情報も含まれている。しかしながら，これらの臨床的な推論や意思決定の根拠となる思考は，今後の研究や臨床を前進させるための重要なヒントとなるである。本章を踏まえて，新たな研究や臨床のアイデアが生まれるものと確信している。

第4章編集担当：蒲田　和芳

14. スプリント動作の特徴からみたハムストリングス肉ばなれの危険因子とリハビリテーション

はじめに

　筋障害の代表例としてあげられるのがハムストリングス肉ばなれである。ハムストリングス肉ばなれはスプリント動作中に発症することが多く[1〜3]，大腿二頭筋に好発する[3]。ハムストリングス肉ばなれに対するリハビリテーションで留意すべきは，その再発率が高いこと[4]である。スポーツ復帰の段階において，ハムストリングス肉ばなれの再受傷リスクが高いスプリント動作の再開を慎重にすべきと考えられている。しかしながら，実際にどのような動作において受傷リスクが高いかは明らかではない。そこで本項では，肉ばなれ受傷者と既往がある肉ばなれ再受傷者の2例について，受傷前のスプリント動作を供覧し，ハムストリングス肉ばなれ発生のスプリント動作上の危険因子について考察する。また，その危険因子に対するリコンディショニングを提示する。

A. メカニズムおよび推論

　近年，肉ばなれの受傷メカニズム解明を目的とし，三次元動作解析を用いてスプリント時のハムストリングスのキネマティクスを検討した報告が散見される。トレッドミル走[5〜8]，およびグラウンド走[9,10]におけるハムストリングスの筋腱長の推定を行った研究は，共通してハムストリングスの筋腱は遊脚期後半，接地直前の下腿の振り出し期に最も伸張すると報告してきた。このことから，ハムストリングスが最も伸張する遊脚期後半において肉ばなれ受傷リスクが高くなると推測される。一方で，Yuら[10]は，接地期後半（蹴り出し期）においてもハムストリングスの伸張性収縮が認められたことから，接地期においても肉ばなれが発生する可能性を指摘した。このように，スプリント動作時のハムストリングス肉ばなれ受傷局面に関して一致した見解を見出せていない。

　肉ばなれ発生の瞬間を捉えた動作解析の結果が過去に複数報告された。Heiderscheitら[11]は，トレッドミル上のランニング動作時に実際に発生した大腿二頭筋長頭の近位筋腱移行部における肉ばなれの瞬間を，Schacheら[12,13]は，屋内走路における走動作時に発生した大腿二頭筋長頭と半腱様筋の近位筋腱移行部と共同腱における肉ばなれの瞬間を分析した。これらの著者らは共通して，遊脚期後半の接地直前の下腿振り出し期においてハムストリングスが伸張性収縮中に受傷したと推測した。以上より，ハムストリングス肉ばなれは遊脚期後半の接地直前に起こると考えられている。

　ハムストリングス肉ばなれを事前に防ぐためには，危険因子となりうるスプリント動作を明らかにし，危険因子を有する選手をスクリーニングする必要がある。しかし，危険因子となりうるスプリント動作を明らかにした前向き研究はみられない。ハムストリングス肉ばなれ既往者のスプリント動作についても，少数の論文が散見される[14]

第4章 下肢のスポーツ疾患の私の治療法

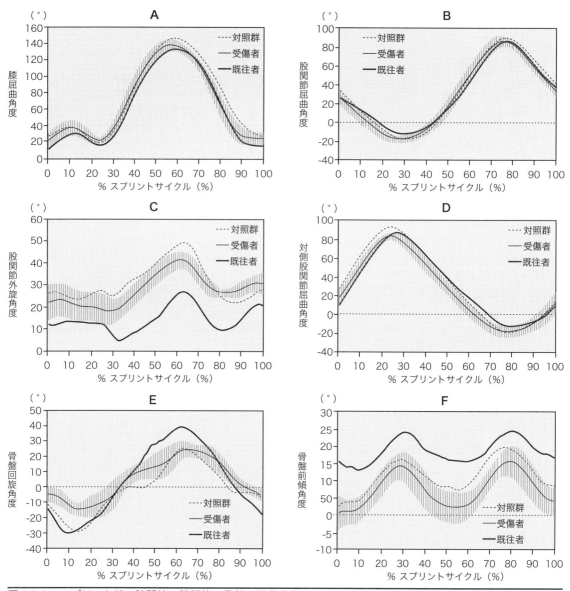

図14-1 スプリント時の膝関節・股関節，骨盤の運動変化
A：膝関節屈曲角度，B：股関節屈曲角度，C：股関節外旋角度，D：対側股関節屈曲角度，E：骨盤回旋角度，F：骨盤前傾角度。

のみで，結論は得られていない。そこでわれわれは，肉ばなれ受傷者と肉ばなれ既往者（その後再受傷）の2例について，受傷前のスプリント動作を分析した。

スプリント動作の計測条件等は以下の通りであった。

- 対象者：男子陸上短距離選手8名（そのうち2名が後述のケース1，2。ほか6名が対照群）。
- 屋外走路における全力スプリント。60 m付近を撮影。
- 全身に34点の反射マーカーを添付し，三次元動作解析システム（Mac 3D System, 200 Hz）にて各マーカーの三次元位置座標を計測。
- 1ストライド中の，関節角度（股関節，膝関

14. ハムストリングス肉ばなれの危険因子とリハビリテーション

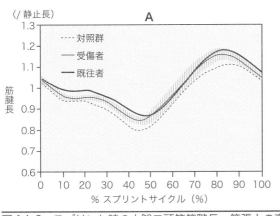
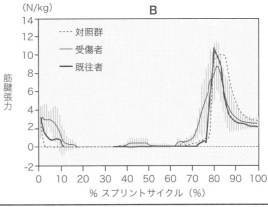

図 14-2　スプリント時の大腿二頭筋筋腱長，筋張力の変化
A：大腿二頭筋筋腱長，B：大腿二頭筋張力。

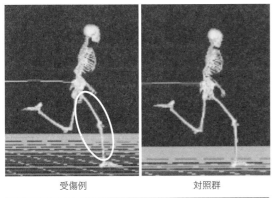

図 14-3　ケース 1（受傷例）と対照群の接地時姿勢
受傷者では接地直前の膝関節が伸展位に近い。

図 14-4　ケース 1（受傷例）と対照群の対側股関節伸展時姿勢
受傷者では対側股関節の伸展角度が小さく，骨盤前傾角度が大きい。

節，骨盤），筋腱長，筋張力を筋骨格モデリングソフト（nMotion musculous：NAC Image Tecnology, Inc., Japan）を用いて算出。

・測定の結果算出された関節角度変化（股，膝，骨盤）を図 14-1 に，大腿二頭筋筋腱長，筋張力変化を図 14-2 に示した。

B. 評　価

1. ケース 1：肉ばなれ受傷者の例

18 歳，男性，陸上短距離選手。計測から約半年後にハムストリングス肉ばなれを受傷し，その後，再受傷。受傷後，1 年で競技復帰した。ケース 1 のスプリント動作には以下の特徴がみられた。

・膝関節屈曲の遅延（図 14-1A），および接地直前の大きな伸展（図 14-3）。
・股関節伸展の減少，および屈曲の遅延（図 14-1B）。
・対側股関節伸展の減少（図 14-1D），および骨盤前傾の増大（図 14-1F，図 14-4）。
・股関節外旋の減少（図 14-1C），および骨盤回旋の増大（図 14-1F）。

第4章 下肢のスポーツ疾患の私の治療法

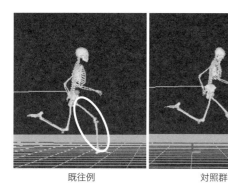

図14-5 ケース2（既往・再受傷例）と対照群の遊脚期後半の姿勢
既往・再受傷例では，遊脚期中盤から後半の膝関節屈曲が大きい。

このケースの特徴は，大腿二頭筋の筋腱長を増大させる要因が数多くみられたことである。まず，遊脚後期から接地直前にかけての大きな膝伸展は，それのみでも大腿二頭筋の筋腱長を増加させる要因となりうる。そして，その原因としては股関節屈曲－伸展の可動範囲が小さく，屈曲が遅延することから，股関節運動でストライドを広げることができず，膝関節伸展でストライドを広げているためと考えられる。また，対側股関節伸展の減少に伴い，対側の立脚後期と対応する患側の遊脚後期で骨盤前傾が増加し，このことも大腿二頭筋の筋腱長を増加させる要因になっていると考えられる。さらに，股関節外旋角度が小さく，代償的に骨盤回旋を大きくしていることは，股関節屈曲－伸展に伴う筋長の変化に骨盤の回旋による筋長の変化が加わり，より急激な大腿二頭筋の短縮－伸張動態に結びついているといえる。つまりこのケースは，ハムストリングスの伸張を増大させるような股関節機能不全を危険因子として有していた可能性がある。

2. ケース2：肉ばなれ既往者・再受傷の例

18歳，男性，陸上短距離選手。計測時までに1週間以上の競技休止を要したハムストリングス肉ばなれを3回（いずれも同側）受傷。測定から約1ヵ月後にハムストリングス肉ばなれを再受傷し，1ヵ月半で競技復帰した。ケース2（既往者）のスプリント動作には以下の特徴がみられた。

- 遊脚期中盤から後半にかけての膝関節屈曲の増加（図14-5）。
- 大腿二頭筋筋張力のピーク付近の時間の延長（図14-2B）。

このケースの特徴は，大腿二頭筋の伸張性の低下を示唆する動作がみられたことである。遊脚期中盤から後半にかけては膝関節屈曲が大きく，筋腱長変化をみても大腿二頭筋の伸張が小さかった。これは受傷筋の伸張性自体が低下していたためか，無意識的に伸張を制限したためかのいずれかに起因すると考えられる。また，筋張力変化をみると大腿二頭筋の張力ピーク付近の時間が延長していた。これは，ハムストリングスの遠心性収縮に対する筋機能が十分に回復していないため，遊脚期後期に起こる股関節屈曲，膝関節屈曲の遠心性負荷に対して，ハムストリングスが同時に対応できず，筋にかかる負荷を分散させて耐容しているためだと考えられる。つまり，このケースでは既往のあるハムストリングス自体の伸張性や筋機能の低下そのものが，再受傷の危険因子となっていた可能性がある。

C. 治療法

1. ケース1：肉ばなれ受傷者の例

1) 治療方針

このケースにおける治療上の改善点は以下の通りである。

①股関節可動域（屈曲・外旋・伸展）の改善
②股関節機能（屈曲）の改善
③骨盤代償運動の制動
④股関節運動を主とした動作への改善

14. ハムストリングス肉ばなれの危険因子とリハビリテーション

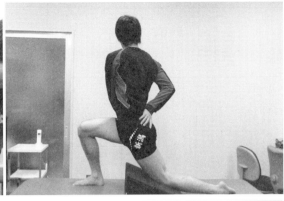

図14-6 大腿筋膜張筋へのセルフマッサージおよびストレッチ

2）機能回復を加速するための方策
①股関節可動域（屈曲・外旋・伸展）の改善

股関節可動域の改善には骨盤の過度の前傾位の改善を主に行う。骨盤の前傾は股関節屈曲時の骨盤後傾を減少させ，股関節屈曲可動域を減少させる。骨盤前傾の改善には，股関節前外側に位置する大腿筋膜張筋および中殿筋の前部の緊張を十分に寛解させる必要がある（図14-6）。骨盤前傾の改善に加え，股関節前外側の柔軟性が得られることで股関節伸展可動域も改善する。以上によって骨盤前傾の改善がみられない場合は，腸骨稜後方の脊柱起立筋や大殿筋上部付着部の緊張を寛解させ，骨盤後傾の制限因子を取り除く。評価の項で述べたように，対側股関節伸展可動域の減少が動作中の骨盤前傾の増加につながる可能性があるため，対側においても股関節の十分な可動域を確保する。

②股関節機能（屈曲）の改善

股関節屈曲機能改善策として腸腰筋の強化を積極的に行う。ただし，トレーニング開始時には，機能低下を起こしている腸腰筋の収縮感が得られない場合が多いため，背臥位など安定した肢位での運動から開始する（図14-7）。腸腰筋を構成する大腰筋は腰椎前弯に作用するため，トレーニ

図14-7 背臥位で行う腸腰筋トレーニングの例

ング時には体幹を安定させて，腰椎の生理的前弯を維持した状態での実施が望ましい。また，後述する動作練習時にも骨盤の前・後傾などの代償を防ぎ，腸腰筋の収縮を意識させる。

③骨盤代償運動の制動

骨盤の前傾および回旋に対するコントロール能力向上を主に行う。骨盤前傾に対しては，下部腹筋の遠心性トレーニングを行う（図14-8）。股関節屈曲での座位から体幹を徐々に後傾させる。その際，下部腹筋の収縮感が得られない場合には，骨盤後傾→腰椎屈曲→胸椎屈曲と順を追って体幹を後傾させていく。また，骨盤回旋に対しては，股関節外旋筋群の遠心性トレーニングを行う（図14-9）。片脚立位の状態から股関節屈曲動作を行

第4章 下肢のスポーツ疾患の私の治療法

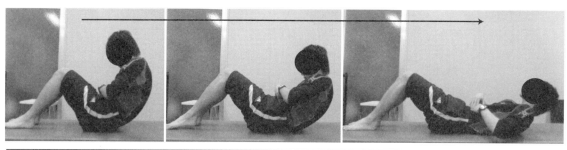

図14-8 下部腹筋の遠心性トレーニング

図14-9 股関節外旋筋群の遠心性トレーニング

図14-10 ボックスを用いた昇段動作における動作練習

い，その際，骨盤を中間位に保持しながら股関節を屈曲させることで，股関節外旋筋を遠心性に働かせることができる．

④股関節運動を主とした動作への改善

股関節運動を主とした動作を習得するために，ボックスを用いた昇段動作における動作練習を行う（**図14-10**）．患側支持ではボックス上に足を乗せた股関節屈曲位から，骨盤中間位を保ったまま昇段を行う．特に支持側に荷重がかかった際に，骨盤の回旋や側方傾斜の代償が生じないように注意する．また，健側支持からの同様の昇段動作も行い，患側の振り上げ動作を反復する．健側の立ち上がりに合わせて患側を股関節屈曲位まで振り上げる．この際，股関節屈曲に伴う骨盤の側方傾斜や体幹の屈曲の代償が生じないよう注意する．

2．ケース2：肉ばなれ既往者・再受傷の例
1）治療方針

このケースにおける治療上の改善点は以下の通りである．

①ハムストリングスの伸張性確保

②ハムストリングスの機能改善（収縮能の改善）

③ハムストリングスの機能改善（遠心性負荷への耐容）

2）機能回復を加速するための方策
①ハムストリングスの伸張性確保

ハムストリングスの伸張性確保として，まず患部周辺の組織間の癒着改善を行う．本ケースのようにハムストリングス肉ばなれ既往をもつ場合は，受傷後の腫脹や不活動に伴い周辺結合組織との間に癒着が形成される場合が多い．特に大腿二

14. ハムストリングス肉ばなれの危険因子とリハビリテーション

外側広筋−大腿二頭筋間

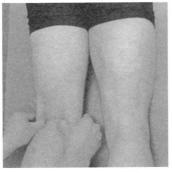
腓腹筋−ハムストリングス間

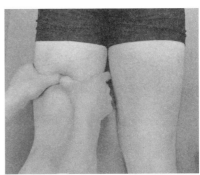
内外側ハムストリングス間

図 14-11　ハムストリングスと周辺組織間の癒着好発部位

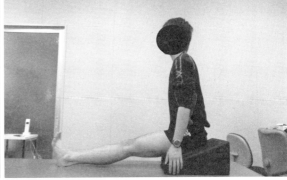

図 14-12　ハムストリングスストレッチのバリエーション

頭筋と外側広筋との間，ハムストリングスと腓腹筋内・外側頭との間，内・外ハムストリングス間の滑走性改善を目的とした徒手療法などを行う（図 14-11）。その後，膝伸展位で股関節屈曲させる通常のストレッチのほかに，膝屈曲位での股関節屈曲によるストレッチや股関節屈曲位・膝関節屈曲位からの膝関節伸展によるストレッチな

ど，両関節の肢位を変えてストレッチを行うことで，スプリント動作中の伸張負荷に対応できる伸張性を確保する（図 14-12）。

②ハムストリングスの機能改善（収縮能の改善）

受傷前リスクの減少や復帰直前におけるハムストリングスの機能改善を目的としたトレーニング

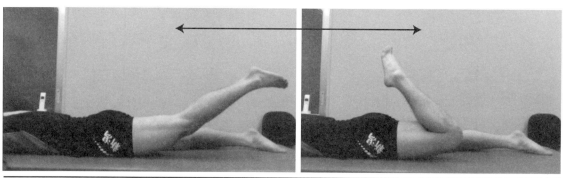

図 14-13　股関節伸展位での自動膝関節屈曲運動

図 14-14　ハムストリングスの股関節伸展遠心性トレーニング

を行う．リハビリテーションの初期では等尺性収縮から開始し，徐々に収縮形態や負荷を変化させることで強度を高める．ハムストリングスのようにスプリント動作に応じて，大きく筋が伸張−短縮する場合，筋は最大短縮位から最大伸張位までの全域において機能することが求められる．そこで，短縮位における収縮能の改善を行う．短縮位においてハムストリングスの収縮が不十分な場合，腹臥位での膝屈曲時に股関節中間位を保持できず，股関節屈曲の代償動作が現われる．このような代償が起きた場合には，股関節伸展位での自動膝関節屈曲運動（図 14-13）を指導する．股関節を伸展位に保持したまま膝最大屈曲まで屈曲させることで最大短縮位での収縮機能を向上させる．

③ハムストリングスの機能改善（遠心性負荷への耐容）

　遠心性負荷への耐容能の改善を目的としたトレーニングを行う．膝関節屈曲の遠心性トレーニングとしては，特別な器具を必要としないノルディックハムストリングス[15]を用いる．ただし，遠心性の膝関節屈曲運動は，ハムストリングスのうち半腱様筋に対する負荷が大きいとされ[16,17]，ハムストリングス全体のトレーニングとはならない可能性がある．そこで，股関節伸展の遠心性トレーニングも併せて行う（図 14-14）．このトレーニングでは大腿二頭筋，半膜様筋に対しても遠心性負荷を十分に加えることができたと報告された[18]．また，前述した片脚立位からの股関節屈曲のトレーニング（図 14-9）はハムストリングスの遠心性トレーニングとしても有用である．

D. まとめ

　本項ではハムストリングス肉ばなれのスプリント動作上の危険因子を，2 例のケースから検討した．本ケースシリーズでは「股関節機能不全」，「ハムストリングス機能不全」に注目したトレーニングの必要性が示唆された．しかし，すべての

ハムストリングス肉ばなれが必ずしも上記の危険因子を有するわけではない．既往者，受傷リスク保持者を問わず，スプリント動作の観察や身体機能の評価を行い，リスクになりうる要因をみつけ出すことが必要であると考えられる．

文 献

1. Brooks JH, Fuller CW, Kemp SP, Reddin DB: Incidence, risk, and prevention of hamstring muscle injuries in professional rugby union. *Am J Sports Med*. 2006; 34: 1297-306.
2. Woods C, Hawkins R, Hulse M, Hodson A: The Football Association Medical Research Programme: an audit of injuries in professional football-analysis of preseason injuries. *Br J Sports Med*. 2002; 36: 436-41; discussion 41.
3. Woods C, Hawkins RD, Maltby S, Hulse M, Thomas A, Hodson A: The Football Association Medical Research Programme: an audit of injuries in professional football - analysis of hamstring injuries. *Br J Sports Med*. 2004; 38: 36-41.
4. Croisier JL: Factors associated with recurrent hamstring injuries. *Sports Med*. 2004; 34: 681-95.
5. Thelen DG, Chumanov ES, Best TM, Swanson SC, Heiderscheit BC: Simulation of biceps femoris musculotendon mechanics during the swing phase of sprinting. *Med Sci Sports Exerc*. 2005; 37: 1931-8.
6. Thelen DG, Chumanov ES, Hoerth DM, Best TM, Swanson SC, Li L, Young M, Heiderscheit BC: Hamstring muscle kinematics during treadmill sprinting. *Med Sci Sports Exerc*. 2005; 37: 108-14.
7. Chumanov ES, Heiderscheit BC, Thelen DG: Hamstring musculotendon dynamics during stance and swing phases of high-speed running. *Med Sci Sports Exerc*. 2011; 43: 525-32.
8. Chumanov ES, Heiderscheit BC, Thelen DG: The effect of speed and influence of individual muscles on hamstring mechanics during the swing phase of sprinting. *J Biomech*. 2007; 40: 3555-62.
9. Schache AG, Dorn TW, Blanch PD, Brown NA, Pandy MG: Mechanics of the human hamstring muscles during sprinting. *Med Sci Sports Exerc*. 2012; 44: 647-58.
10. Yu B, Queen RM, Abbey AN, Liu Y, Moorman CT, Garrett WE: Hamstring muscle kinematics and activation during overground sprinting. *J Biomech*. 2008; 41: 3121-6.
11. Heiderscheit BC, Hoerth DM, Chumanov ES, Swanson SC, Thelen BJ, Thelen DG: Identifying the time of occurrence of a hamstring strain injury during treadmill running: a case study. *Clin Biomech (Bristol, Avon)*. 2005; 20: 1072-8.
12. Schache AG, Kim HJ, Morgan DL, Pandy MG: Hamstring muscle forces prior to and immediately following an acute sprinting-related muscle strain injury. *Gait Posture*. 2010; 32: 136-40.
13. Schache AG, Wrigley TV, Baker R, Pandy MG: Biomechanical response to hamstring muscle strain injury. *Gait Posture*. 2009; 29: 332-8.
14. Silder A, Thelen DG, Heiderscheit BC: Effects of prior hamstring strain injury on strength, flexibility, and running mechanics. *Clin Biomech (Bristol, Avon)*. 2010; 25: 681-6.
15. Mjolsnes R, Arnason A, Osthagen T, Raastad T, Bahr R: A 10-week randomized trial comparing eccentric vs. concentric hamstring strength training in well-trained soccer players. *Scand J Med Sci Sports*. 2004; 14: 311-7.
16. Kubota J, Ono T, Araki M, Torii S, Okuwaki T, Fukubayashi T: Non-uniform changes in magnetic resonance measurements of the semitendinosus muscle following intensive eccentric exercise. *Eur J Appl Physiol*. 2007; 101: 713-20.
17. Ono T, Okuwaki T, Fukubayashi T: Differences in activation patterns of knee flexor muscles during concentric and eccentric exercises. *Res Sports Med*. 2010; 18: 188-98.
18. Ono T, Higashihara A, Fukubayashi T: Hamstring functions during hip-extension exercise assessed with electromyography and magnetic resonance imaging. *Res Sports Med*. 2011; 19: 42-52.

〈永野　康治，東原　綾子〉

15. 腱障害（アキレス腱症）の治療

はじめに

アキレス腱症は陸上競技の中長距離系の選手に多くみられる，オーバーユースによる腱障害の1つである。アキレス腱は人体で最も太い腱であり，そのほとんどはコラーゲン線維でできている。正常なアキレス腱のコラーゲン線維は，安静時は弛緩しており波状の構造をしているが，張力が加わると緊張し波状の外観はみられなくなる（図 15-1）[1]。

アキレス腱に適切なストレスが加わればコラーゲンの合成が促進され腱の強度は増すが，一定以上のストレスが継続的にかかると損傷したコラーゲンの修復が間に合わず，組織に微細な損傷が蓄積されアキレス腱症となる。ストレスの種類は大きく分類すると牽引，摩擦（圧迫）に分けられ，下腿三頭筋の張力による牽引ストレスと，踵骨後上隆起とアキレス腱の摩擦による踵骨後部の滑液包炎やシューズやソックスによる圧迫（図 15-2）によるものがある。実際にはこれらのストレスが同時に生じていることが多い。

アキレス腱症のリハビリテーションは，患部の治療だけでなく，アキレス腱症にいたった原因の1つである過度な力学的ストレスを生じさせる非効率的な動作を改善させる必要がある。また，効率的な動作を習得することは，競技力向上にもつながるはずである。

本項では，アキレス腱症の発生が多いランニング動作を例にとり，アキレス腱症にいたったメカニズムの推論と，評価や治療方針，治療の実際を述べる。

A. メカニズム推論

アキレス腱は，人体で最も太い腱であるにもか

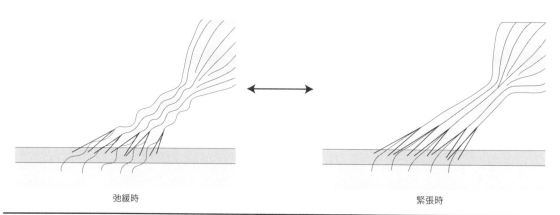

図 15-1　アキレス腱の弛緩時と緊張時の腱停止部の様子（文献1より引用）
正常なアキレス腱は，安静時は弛緩しており波状の構造をしているが，張力が加わると緊張し波状の構造がみられなくなる。

かわらず，腱炎や腱周囲炎が発生することが多い。その原因として，アキレス腱は付着部から近位2～6 cmの部分に血流減少部位があること[2]や，タイプⅡ線維の腓腹筋とタイプⅠ線維のヒラメ筋が共同収縮する際にタイプの違いから収縮率に差が生じ，遠位腱の2つの構成要素間に剪断力が働く[3]ことが関係している。また，アキレス腱症の多くは，初期は起床時や練習開始時のみ疼痛を訴えることから，筋の過緊張による牽引ストレスも関与していると考えられる。

van Ginckelら[4]は，ランニング動作における重心の前方移動量が少ないことがアキレス腱症のリスクであると報告した。ランニング動作は，前方への推進力をいかに効率的に発揮するかがポイントであり，左右や上下方向の重心移動を極力少なくし，前方へスムーズに移動することが求められる。筋では身体重心位置に近い体幹や股関節伸筋群を使うことが効率的であると思われる。これに対し，アキレス腱症の症例では，胸椎や胸郭，股関節の可動制限などから体幹や股関節伸筋群の収縮が十分でなく，その代わりに下腿三頭筋を過度に収縮させることで前方の推進力を得ているようにみられることが多い。その結果，下腿三頭筋のタイトネスが生じ，足関節の背屈が制限される。

アキレス腱症と背屈可動域制限との関連性も指摘されてきた。Kaufmanら[5]は，膝伸展位における足関節背屈可動域と後足部内反可動性の増加が，アキレス腱症の危険因子の1つであると報告した。ランニングのテイクオフにおいては，足関節背屈に伴ってアキレス腱停止部は脛骨に対して前方に移動し，アキレス腱と脛骨との距離が接近する。同時に，下腿三頭筋だけでなく長母趾屈筋なども強く収縮し，距骨内側の後方へのすべりが制限され，さらに背屈に伴う踵骨の前方移動が増強する。このような背屈の異常運動によって，アキレス腱停止部は脛骨に接近するように前方に

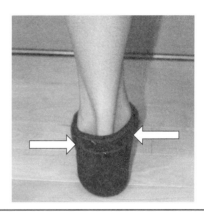

図15-2　ソックスによるアキレス腱への圧迫ストレス
アキレス腱へのストレスは牽引と摩擦（圧迫）に大きく分けられる。

移動し，慢性的にアキレス腱が長母趾屈筋に押しつけられる。しばしば，アキレス腱と長母趾屈筋の滑走性に異常をきたした症例を経験する。下腿三頭筋やアキレス腱の滑走性は，距骨後顆レベルからヒラメ筋の筋腱移行部周囲で低下することが多く，このため背屈時にはこれよりも遠位のアキレス腱にのみ応力が集中することとなる。以上のような伸張ストレスがアキレス腱にかかることで，コラーゲン線維の損傷が加速される。加えて，ソックスなどによる圧迫や，血流の減少，腓腹筋やヒラメ筋の収縮率の違いなども関与し，損傷した線維の修復が間に合わず，アキレス腱症が生じると考えられる。

B. 評　価

問診，触診，画像診断で炎症を起こしている部位やその程度など患部の状態を確認するとともに，腱障害を招く原因となった患部付近の機能的な問題や非効率的な動作をみつけることが評価のポイントである。

1. 患部の評価

熱感，腫脹，圧痛，画像診断などから疼痛部位

第4章 下肢のスポーツ疾患の私の治療法

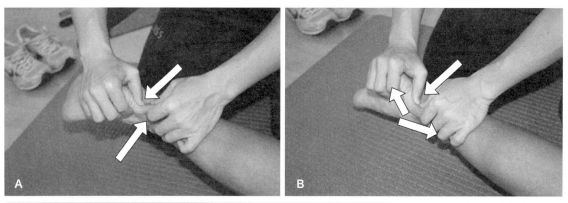

図15-3 アキレス腱の可動性の評価
A：アキレス腱の走行に対して垂直方向に力を加える，B：アキレス腱内外側の一側に伸張を加える。

フットストライク　ミッドサポート　テイクオフ　フォロースルー　フォワードスイング　フットディセント
———————サポート期———————→　———————リカバリー期———————→

図15-4　走動作の位相（右脚）
アキレス腱症では，走動作全般にわたって骨盤の過度な前後傾の動きや胸椎過後弯がみられる。ランニング相別では，フットストライクからミッドサポートで膝関節の過屈曲や足部過回内，ミッドサポートでは膝の内外反，テイクオフで骨盤の後傾や過度な足関節底屈がみられることが多い。

や腱炎の程度を確認する。患部の柔軟性を，腱線維に対する垂直方向の可動性（図15-3A），および内外側の一側を圧迫し反対側を伸張させた際の疼痛や可動性（図15-3B）により評価する。患部周囲は，膝伸展位と屈曲位それぞれの足関節背屈可動域や距骨，足部のアライメント，足底部や下腿後面の筋の柔軟性を確認する。

2. 腱障害にいたった原因を探る

ビデオやトレッドミルなどを利用してランニング動作を確認し，アキレス腱に過度な負担がかかるような非効率的な動作がないかをチェックする。非効率的な動作があればその原因を基本動作，姿勢，筋機能，可動域，柔軟性から探っていく。

アキレス腱症でよくみられる走りの特徴（図15-4）として，走動作全般にわたって骨盤の過度な前後傾の動きや胸椎過後弯がみられることがあげられる。走動作の位相別にみると，フットストライクからミッドサポートで膝関節の過屈曲や足部過回内，ミッドサポートでは膝の内外反，テイクオフで骨盤の後傾や過度な足関節底屈がみられることが多い（表15-1）。ランニング動作で問題となる動きを片足スクワットなどの基本動作や

立位のアライメントなどで再確認するとともに，そのような非効率的な動作となった原因が，筋機能か可動域か，動きそのものにあるのかなど，あらゆる側面から評価をしていくことが重要である。

　筋力の評価は，①フットストライクにおいて体幹や股関節，膝関節周囲筋に荷重負荷に負けない筋力があるか，②フットストライクからミッドサポートにおいて体幹，股関節外転筋，大腿内側の筋による前額面上の安定性が得られているか，③ミッドサポートからテイクオフにおいて股関節伸筋，股関節屈筋による前方への推進力が十分にあるかを確認する。また，可動域の評価は，胸椎・胸郭の可動性，股関節を中心に行う。

3．治療の進め方

　急性期には，まず患部の消炎・鎮痛を図る。また，早期より患部周囲の柔軟性を改善させつつ，可動域や筋機能を中心とするエクササイズでアキレス腱症に結びついた原因の改善を図る。この時期は，必要に応じて心肺機能の維持のための免荷トレッドミルや低酸素運動，水中運動なども行

表15-1　アキレス腱症でよくみられる走りの特徴

> 1）ランニング動作全般
>   　骨盤の過度な前後傾，胸椎過後弯
> 2）フットストライク～ミッドサポート
>   　膝過屈曲，足部過回内
> 3）ミッドサポート
>   　膝の内外反
> 4）テイクオフ
>   　骨盤後傾，過度の足関節底屈

う。患部の炎症が治まったら，患部の柔軟性の改善を行う。アキレス腱やその周囲の動きが改善されたらヒールレイズなどの荷重エクササイズを開始し，徐々に負荷量を上げて実際のランニング動作に結びつけていく。荷重系の負荷を上げる際は，常に効率的な動作を行うことができているかをチェックしながら進める必要がある（**図15-5**）。

C．リハビリテーション

1．患部の炎症，疼痛の軽減

　安静時痛や腫脹など明らかな炎症所見があれば，アイシング，マイクロカレント，Hi-Vや超

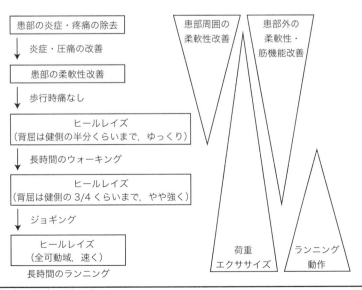

図15-5　アキレス腱症の治療の進め方
患部の状態をチェックしながら1段階ずつ進める。

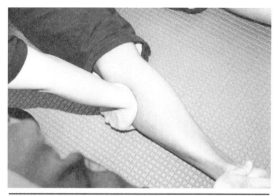

図15-6 腓腹筋のリリース
中央から外に向かって動かし，深部筋との滑走性を改善させる。同様に，内側は内に向かって動かす。

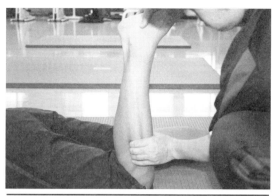

図15-7 下腿外側のリリース
長腓骨筋の後方を手前に引くようにしながら他動的に足関節を動かす。

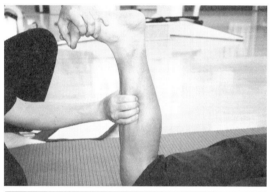

図15-8 下腿内側のリリース
下腿内側後方に指を入れて足趾を他動的に動かす。

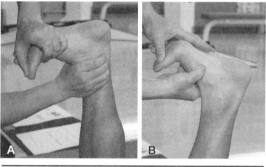

図15-9 長母趾屈筋，足底部のリリース
A：アキレス腱内側前方を圧迫しながら足関節背屈位で母趾を底背屈させる。B：第1中足骨の下に指を入れて母趾を底背屈させる。

音波などの物理療法で患部の消炎・鎮痛を図る。

2. 患部周囲の柔軟性改善

患部付近のアキレス腱への張力を軽減するため，患部より近位の下腿後面の筋の柔軟性を十分に回復させる。まず，皮下脂肪と筋膜との滑走性の低下は，筋の伸張性を著しく低下させると考えられるため，最表層において筋膜と皮下脂肪の滑走性を改善させる。次に，腓腹筋と外側に隣接する腓骨筋群や，内側に隣接する脛骨内側縁上の骨膜との滑走性を改善させる。下腿外側では腓腹筋外側頭を手掌で押さえて深部筋からはがすように外側に移動させ，腓腹筋外側の柔軟性を改善させる（図15-6）。次に長腓骨筋の後縁と下腿三頭筋の間に指を入れ，長腓骨筋後縁を手前に引くようにしながら足関節を他動的に底背屈させて，両筋間の滑走性を改善させる（図15-7）。下腿内側では，長趾屈筋や後脛骨筋とヒラメ筋，腓腹筋の間に指を入れて，足関節の底背屈や足趾の屈伸を行う（図15-8）。特にヒラメ筋の筋腱移行部周囲は筋間の滑走性が低下していることが多く，その影響でこれより遠位のアキレス腱に伸張ストレスが集中してしまうことが多くみられるため，この部分は重点的に柔軟性の改善を行う必要がある。内側遠位では，これらの筋腱と長母趾屈筋腱間にも指を入れて母趾を底背屈させる（図15-9A）。

15. 腱障害（アキレス腱症）の治療

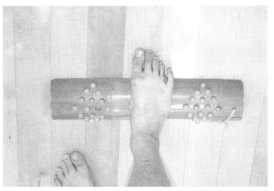

図15-10 足底部の柔軟性改善
ゴルフボールや青竹などを利用し、足底部全体の柔軟性を改善させる。

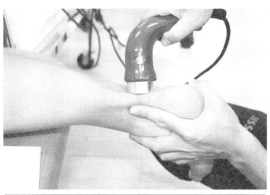

図15-11 超音波による柔軟性改善
腱の一側からプローブをあて、反対側に指を置いて腱がプローブに十分に密着するようにする。指で超音波による温熱を感じたら治療部位を変える。

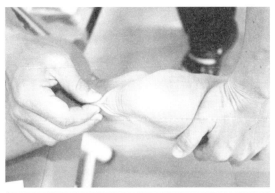

図15-12 アキレス腱上の皮膚のリリース
アキレス腱上の皮膚をつまみ、足関節を底背屈させる。

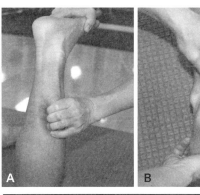

図15-13 アキレス腱のリリース
A：近位はアキレス腱とヒラメ筋の間に指を入れて足関節を底背屈させる。B：遠位はアキレス腱を持ち上げるようにしながら足関節を他動的に動かす。

アキレス腱へのストレスを減弱するために、アキレス腱の遠位に踵骨を介して伸張ストレスを与える可能性のある足底部の柔軟性も改善させる必要がある。足底部では、長母趾屈筋などの下腿から起始している筋の腱と母趾外転筋をはじめとする足部の内在筋群の滑走性を改善させる。そのために、第1中足骨の底部に指をすべり込ませて母趾を底背屈させる方法（図15-9B）や、ゴルフボールや青竹などを利用した足底筋のダイレクトマッサージ（図15-10）により、その柔軟性を改善させる。

3. 患部の柔軟性改善

アキレス腱症においては、アキレス腱自体の柔軟性低下または硬度上昇が認められる場合が多い。これに対して、超音波や高周波などの物理療法で患部の柔軟性をある程度改善させる（図15-11）。超音波などを患部にあてる際は、プローブを動かすだけでなく、プローブを固定し足関節を底背屈させてアキレス腱を動かしながらあてると効果的である。加えて、アキレス腱とその周囲の組織との間の滑走性の改善を目的とした徒手療法を行う。アキレス腱上の皮膚とアキレス腱の滑走

第4章 下肢のスポーツ疾患の私の治療法

図15-14 ヒールレイズ
足趾を開排したままヒールレイズする。

図15-15 胸椎・胸郭の可動性改善
A：インクラインダンベルプレス，前胸部の柔軟性改善。B：四つ這いから股関節を最大屈曲させ上半身を回旋させる。腰椎の動きをロックさせた状態で下位胸椎から上の動きを出す。

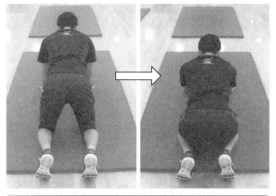

図15-16 股関節の動きの改善
股関節周囲のストレッチやリリースを十分に行った後，四つ這いから腰椎や骨盤を動かさないようにして股関節のみを屈伸させる。

性を改善するために，アキレス腱上の皮膚をつまんだまま関節を底背屈させる（**図15-12**）。アキレス腱近位部においては，下腿三頭筋と深部屈筋との滑走性を改善するため，アキレス腱・ヒラメ筋と深部屈筋との間に指を入れつつ足関節を底背屈させて，アキレス腱にかかる直接的な伸張ストレスを軽減させる（**図15-13A**）。アキレス腱中央から停止部付近では，アキレス腱を後方に牽引しながら足関節を底背屈させ，アキレス腱と後脛骨筋腱や長趾屈筋腱，長母趾屈筋腱，腓骨筋腱との滑走性を改善させるとともに足関節後方とアキレス腱の距離を広げるようにする（**図15-13B**）。

アキレス腱とその周囲の筋腱などとの滑走性が改善されたら，アキレス腱そのものの柔軟性を改善させる。**図15-3A**で示したようにアキレス腱の走行に対して垂直方向に腱を動かしたり，**図15-3B**のように内外側の一方に伸張を加えたりして，疼痛や腱炎の症状が出ていた部分の柔軟性を改善させる。患部周囲のアキレス腱の柔軟性や可動性が改善されたら，膝屈曲位と伸展位それぞれでアキレス腱のストレッチを行い，長軸方向の柔軟性を改善させる。

4．患部の筋機能，基本動作

患部の柔軟性が改善され，歩行時痛が改善したらヒールレイズを開始する（**図15-14**）。背屈角度は健側の半分くらいまでの範囲でゆっくりとしたペースで行う。長時間のウォーキングでも問題なければ，ヒールレイズ時の背屈可動域を広げて切り返しを速くしていき，全可動域で速いテンポで疼痛なくヒールレイズができるように改善したら長時間のランニングを開始する。

15. 腱障害（アキレス腱症）の治療

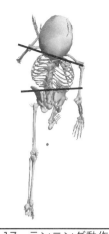

図 15-17　ランニング動作中の上半身と骨盤の回旋
後上方から見た骨格モデル。走動作は上半身と骨盤の逆回旋の動きの連続である。

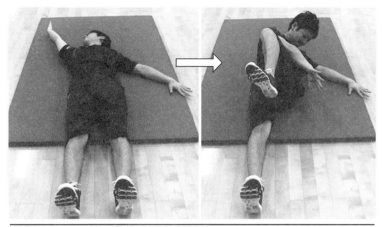

図 15-18　上半身と骨盤のクロスモーション
上半身と骨盤を逆回旋させるようにして斜め方向の腹筋運動をする。図では左骨盤を挙上しながら右手を左下方向に伸ばしている。

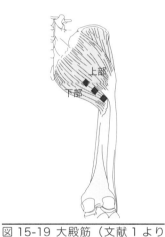

図 15-19　大殿筋（文献 1 より引用）
停止は上部は腸脛靱帯、下部は殿筋粗面である。

図 15-20　股関節伸展筋のトレーニング
大殿筋下部線維と大内転筋の収縮を考慮に入れたトレーニング。A：股関節を内転させつつ伸展させる。B：両膝でジムボールを挟みながらバックブリッジ。

5. 患部外の柔軟性，筋機能，荷重エクササイズ

　可動域で特に重要となるのは，胸椎や胸郭の可動性と股関節の可動域である。過度な胸椎後弯や胸郭の可動制限がみられる場合にはそれを改善させる（**図 15-15**）。股関節では，腰椎や骨盤の前後傾などの代償動作がなく，目指しているランニング動作で必要とされる可動域が得られるようにする（**図 15-16**）。

　必要とされる可動域が得られた後，フットストライクの衝撃で上半身がつぶれないように胸椎伸展，胸郭拡張した姿勢を維持するための下後鋸筋や僧帽筋下部，骨盤輪の安定化に必要な腹横筋下部のトレーニングを併せて行う。さらに，走動作は上半身と骨盤の逆回旋の動きの連続でもあるため（**図 15-17**），**図 15-18** のような体幹回旋筋の

第4章　下肢のスポーツ疾患の私の治療法

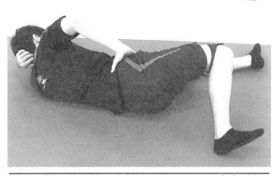

図 15-21　中殿筋，小殿筋のトレーニング（両膝上にチューブで抵抗をかけている）
股関節を伸展させつつ外転外旋させることで股関節伸展作用もある中殿筋や小殿筋の下部の収縮を高めることができる。

図 15-23　膝屈曲位での内側広筋の収縮
片膝立ちで後脚側の股関節を外旋させた姿勢から骨盤を後方に移動させる。図では左側の内側広筋を収縮させている。

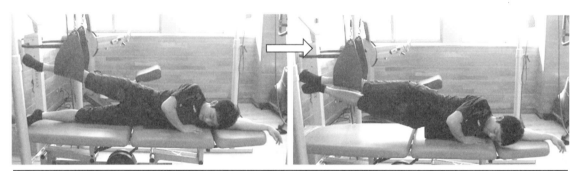

図 15-22　スリングによるサイドブリッジ
特に膝伸展位の安定性改善を図る。この図では，右膝内側広筋，右股関節内転筋～右大殿筋下部，左腹筋群をトレーニングしている。

トレーニングを行う。大殿筋は，フットストライクで身体を支えつつ，ミッドサポート以降で骨盤の前方への推進力を発揮する股関節伸筋であり，その停止部は上部は腸脛靱帯，下部は殿筋粗面である（**図 15-19**）。股関節伸展の抵抗運動時に触診すると，股関節内転作用もある大殿筋下部の収縮が相対的に弱いことが多い。大内転筋腱性部は股関節伸展の作用もあり，内側広筋斜頭の起始でもある。この2つの筋の収縮が効果的に得られるように，股関節を内転させつつ伸展させたり（**図 15-20A**），ジムボールを挟みながらのバックブリッジ動作（**図 15-20B**）を行う。前額面上

の安定性を高めるために，中殿筋や小殿筋のトレーニングだけでなく，側腹部や股関節内転筋，内側広筋のエクササイズを行う。**図 15-21**のように股関節を伸展させつつ外転外旋させることで，股関節伸展作用もある中殿筋や小殿筋の後部を効率的に収縮させることができる。スリングでのサイドブリッジ（**図 15-22**）では特に膝伸展時の安定性，片膝立ちからの後方への重心移動（**図 15-23**）では膝屈曲位での内側広筋による膝周囲の安定性を改善させることができる。

患部の状態および可動域や筋機能が改善してきた後，徐々に荷重位のエクササイズへと移行す

15. 腱障害（アキレス腱症）の治療

図 15-24 フットストライク相のトレーニング1
A：セラバンドの負荷による肩甲骨内転，胸椎伸展エクササイズ。B：軸足である右殿筋群の遠心性収縮による股関節のコントロール学習。

図 15-25 フットストライク相のトレーニング2
両手支持でのホッピング動作で軸足側殿筋群と内側広筋をタイミングよく収縮させる。接地時に過度な下肢屈曲が生じないようにする。

図 15-26 ミッドサポート相のトレーニング
軸足である右下肢と骨盤から上のアライメントを維持した状態で，前後左右へのリーチ動作を行う。

る。フットストライク時のアライメント維持は，荷重位でセラバンドの負荷による肩甲骨内転，胸椎伸展エクササイズ（図 15-24A）や，片足デッドリフトで，軸足側殿筋の遠心性収縮による股関節のコントロールができるようにする（図 15-24B）。さらに，手をついた状態でのホッピング動作で小殿筋や中殿筋後部，大殿筋下部，内側広筋を収縮させて，衝撃で身体がつぶれないようにタイミングよく遠心性収縮させるエクササイズを行う（図 15-25）。ミッドサポートでの前額面上の安定性向上のためには，前述した片足デッドリフトや片足立ちでのリーチ動作（図 15-26）を行う。テイクオフの局面では，図 15-27 のように股関節屈曲筋を働かせつつ上半身のアライメントを保つエクササイズや，手をついた状態で骨盤の前後傾の動きを極力少なくして軸足の大殿筋下部を収縮させつつ股関節屈曲動作を行う（図 15-28）。

第4章 下肢のスポーツ疾患の私の治療法

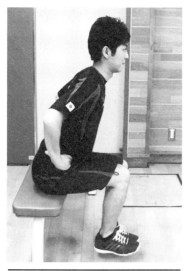

図15-27 テイクオフ相のトレーニング1
座位,体幹前傾位からの股関節屈曲エクササイズ。骨盤より上のアライメントを保ちながら,図では右股関節を屈曲させている。

図15-28 テイクオフ相のトレーニング2
両手支持でのチューブ抵抗による足踏み動作で,軸足や腰椎より上のアライメントを保ちつつ軸足側殿筋群と挙上側の股関節屈曲筋群を働かせる。

図15-29 立位でのクロスモーション
ケーブルマシンで負荷をかけ,アライメントを保ちつつ上半身と骨盤を逆方向に回旋させる。

図15-30 ステップダウン
フットストライク相のトレーニングで,ステップ台から着地した際に荷重負荷に負けないようアライメントを保つ。

図15-31 ステップアップ
テイクオフ相のトレーニングで,ステップ台に上がる際の股関節屈曲動作で,アライメントを保ちつつ軸足の殿筋群と挙上側の股屈曲筋群を収縮させる。

以上のようなランニング動作に結びつく基本動作エクササイズを行った後，上半身と骨盤から下を連動させるトレーニングを行い，実際の走りにつなげていく。図 15-29 はケーブル負荷による上半身と骨盤のクロスモーションである。軽い負荷をかけることで逆回旋の動きが誘導されやすくなる。ステップダウン（図 15-30）はフットストライク，ステップアップ（図 15-31）はテイクオフ局面での全身のエクササイズである。階段などを利用してステップエクササイズを連続で行うことで，実際のランニング動作につなげていく。

6. リスクを最小化し，機能回復を加速するための方策

ソックスやシューズなどの外的要因による腱の圧迫による組織の滑走不全や腱の走行異常を軽減しつつ，前述してきたリハビリテーションプロトコルに沿って治療を進めていく。競技復帰にあたっては，アキレス腱やその周囲の柔軟性改善だけでなく，アキレス腱に過度なストレスをかけていた原因が改善されたかを見極めて徐々に負荷量を増やしていくことが望ましい。

D. まとめ

アキレス腱症のリハビリテーションは，患部へのアプローチとともに，過度なストレスがかかった原因をみつけ，それを取り除くことが重要である。非効率的な動きが原因であれば，それを改善することは，競技力向上にもつながる可能性がある。オーバーユースによる障害は，必ずしもマイナス面だけではない。どこかに負担がかかっているという身体からのサインでもある。患部の治療だけでなく，身体の使えていないところをみつけてそれを改善していくという視点も大切である。

文　献

1. Michael S, Erik S, Udo S: *PROMETHEUS allgemeine anatomie und bewegungssystem*. Thieme Georg Verlag, 2005.
2. Lagergren C, Lindholm A: Vascular distribution in the Achilles tendon: an angiographic and microangiographic study. *Acta Chir Scand*. 1959; 116: 491-5.
3. 竹井　仁：触診機能解剖カラーアトラス下，文光堂，東京，p. 512, 2008.
4. Van Ginckel A, Thijs Y, Hesar NG, Mahieu N, De Clercq D, Roosen P, Witvrouw E: Intrinsic gait-related risk factors for Achilles tendinopathy in novice runners: a prospective study. *Gait Posture*. 2009; 29: 387-91.
5. Kaufman KR, Brodine SK, Shaffer RA, Johnson CW, Cullison TR: The effect of foot structure and range of motion on musculoskeletal overuse injuries. *Am J Sports Med*. 1999; 27: 585-93.

（高橋佐江子）

16. 疲労骨折・骨膜炎の治療

はじめに

　慢性疾患における保存的治療では，対症療法，治癒促進，再発予防という3つのカテゴリーを段階的にまた同時並行的に行う必要がある。対症療法は，現在起こっている痛みなどの症状に対する処置で，消炎鎮痛や筋スパズム軽減などを目的とするものなどがあげられる。治癒促進は，損傷した靱帯，筋，腱，骨などに対して，超音波などの物理療法を行い，組織のリモデリングを促すものである。再発予防は，先の2つの治療後に再受傷しないように取り組むものである。そのためには受傷メカニズムを明らかにしておく必要がある。疲労骨折と骨膜炎に対する保存療法についても，上記の3つの治療目的に沿って行われるべきである。

　スポーツにおける脛骨の障害として，疲労骨折と骨膜炎が代表的である。脛骨の疲労骨折は，脛骨遠位，脛骨近位，脛骨中央部，脛骨内果にみられる。脛骨遠位1/3と近位1/3にみられる疲労骨折はランナーに多く，疾走型疲労骨折と呼ばれている。また脛骨中央部にみられる疲労骨折はジャンプ動作を繰り返す選手に多く，跳躍型疲労骨折と呼ばれている。疾走型遠位疲労骨折と骨膜炎の好発部位は近い。発症早期のX線では，疲労骨折の異常所見を認めないことが多いため，その判別が難しいとされた[1,2]。一方，脛骨遠位1/3に生じる骨膜炎は，骨膜に牽引ストレスが繰り返されて生じるとされ，medial tibial stress syndrome（MTSS）あるいはシンスプリントと呼ばれている[3,4]。これらの詳細な発症メカニズムは明らかではなく，再発予防を目的とするリハビリテーションが曖昧となることは否めない。本項では，脛骨遠位に起こる疾走型脛骨疲労骨折とMTSSの受傷メカニズムとそれに基づいた保存療法について個人的見解を述べる。

A. メカニズム推論

　疲労骨折とMTSSでは，保存療法のリスクがまったく異なるため，早い段階での判別が非常に重要である。疲労骨折と骨膜炎は，ともに比較的小さな力が繰り返し加えられることにより生じる慢性的な疲労障害である。これらを引き起こす反復的な小さな力は主に骨への荷重と筋膜の牽引力であるとされてきた。

　骨組織は，外力に対応して絶えず吸収，修復，再合成を行いつつ，その形態を維持している。外力もしくは筋力が生理的範囲内であると，吸収，修復，再合成の均衡が保たれて形態を維持することができるが，それを超えると，その均衡が保てなくなり，形態を維持できなくなる。脛骨疲労骨折は，生理的範囲を超えた小さな外力が繰り返し加わった結果生じる病態である。小林ら[5]は，ウシの脛骨に40 MPaの直接応力を繰り返し加えた研究で，引っぱり応力と圧縮応力で疲労骨折の病態が異なることを示し，疾走型脛骨遠位疲労骨折は脛骨に加わる圧縮ストレスが要因であると結論づけた。しかしHaris Phuahら[6]の報告では，ランニング中の脛骨にかかる力は後方の曲げ応力とされた。これは，脛骨後内側の疾走型疲労

16. 疲労骨折・骨膜炎の治療

■ ヒラメ筋：55.4 ± 9.7%
□ 後脛骨筋：68.5 ± 6.6%
■ 長趾屈筋：49.4 ± 9.7%

□ 一般的にMTSSの症状がみられる部位

図 16-1　下腿後面筋の起始部と MTSS 発生部（文献10より引用）
MTSS 発症に関与するといわれているヒラメ筋，後脛骨筋，長趾屈筋の起始は MTSS の症状部位と異なる。

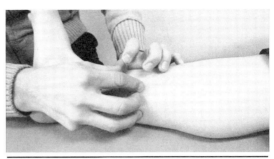

図 16-2　圧痛部位の確認
脛骨内側縁に沿って圧痛を確認する。併せて硬結部位や筋スパズムも確認する。

骨折部に引っぱり応力がかかっていることを意味し，小林らの報告とは矛盾していた。臨床的にランニング動作における足部外転位接地（以下，toe-out 接地）は，脛骨回旋負荷を強めるため脛骨疲労骨折との関連性が高いと思われる。また Kawamoto ら[7]は，ランニング時の脛骨にかかる力について，脛骨が外方へ傾斜すると回旋力が強まると結論づけた。この脛骨の外方傾斜は，脛骨に加わる回旋・圧縮力を増強させ疲労骨折リスクを高めると考えられる。

MTSS は，筋や筋膜の牽引力と脛骨に加わる曲げ応力によって生じるものとされている[8,9]。Stickley ら[10]は，骨膜炎頻発部にはヒラメ筋，後脛骨筋，長趾屈筋の付着はないことに基づき骨膜炎の筋牽引説を否定し（図 16-1），これらを包む筋膜は脛骨内側縁に広範囲に付着しているため筋収縮が筋膜を介して骨膜を牽引して MTSS を惹き起こすと考察した。

このように疲労骨折と MTSS の発症メカニズムは，脛骨に加わる力と骨膜の牽引という共通の要因により生じるとされている。脛骨の回旋・圧縮力が強くかかっている場合は疲労骨折に移行し，後足部回内や腱の弾性低下などにより骨膜への牽引力が強くかかっている場合は骨膜炎に移行するものと考えられる。

B. 評　価

1. 画像所見

一般的に脛骨疲労骨折と MTSS の診断には，X 線や MRI などの画像診断が行われる。疾走型脛骨疲労骨折の場合，発症早期には X 線像で所見が認められず判別が困難な場合が多い。Mammoto ら[11]は，MRI は骨膜浮腫や骨髄内異常がわかり，発症初期より判別が可能であるとした。また CT は X 線や MRI ではわかりにくい詳細な骨折像を描出することが可能で，腰椎や舟状骨など部位によっては必須の検査となっている。

2. 理学所見

1) 触　診

脛骨内側縁に沿って圧痛を確認する（図 16-2）。疲労骨折と MTSS はともに圧痛部位を脛骨内側縁に認めるが，MTSS の場合，脛骨内側縁に沿って広範囲にみられることが多い。圧痛部位と同時に周囲の炎症症状，足部や下腿の筋・筋膜の柔軟性を確認する。

2) 静的アライメント

前足部のアライメント，距骨下関節のアライメントを評価する。前足部アライメントは距骨下関節を中間位にして評価する（図 16-3）。距骨下関

第4章 下肢のスポーツ疾患の私の治療法

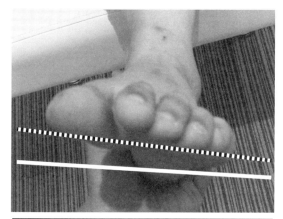

図16-3 前足部アライメント評価（非荷重位）
距骨下関節を中間位にもどして前足部アライメントを観察する。

節のアライメントは，荷重位でのleg heel angleで確認する。これらの足部アライメントと動的アライメントを関連づけて，どこにどのようなストレスがかかるかを推測する。

3）足関節可動域

踵骨と前足部を持ちながら，距腿関節の底背屈軸に沿って足部を他動的に動かす（図16-4）。背屈制限がある場合，距腿関節の背屈運動の後に距骨下関節の外返し運動が生じる。またしゃがみ込んだときの膝の位置の左右差により，背屈制限の有無を大まかに測ることができる（図16-5）。

4）筋力評価

腓腹筋，ヒラメ筋，前脛骨筋，後脛骨筋，長趾屈筋，長母趾屈筋，腓骨筋の徒手筋力検査を行い，筋力と疼痛を評価する。

5）動的アライメント

スクワット：下肢および体幹の連動性を三次元的に評価し，そこから過剰な筋活動，筋力低下，関節可動域制限などを推測する。

カーフレイズ：最終域で足部が回外して外側荷重が強くなる場合は，距腿関節の不安定性，腓骨筋の筋機能低下，足部アーチ機能低下，下腿三頭筋の過活動などが考えられる。

片脚立位：非支持側の股関節を屈曲して片脚立位をすると骨盤帯周囲の筋活動およびアライメントが変わるため，膝を後方に曲げて股関節屈曲を出さないようにする。荷重位置，バランスのとり方などに着目する。

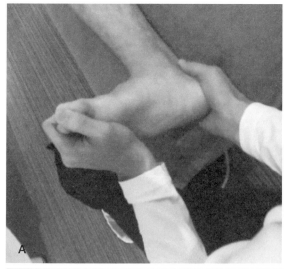 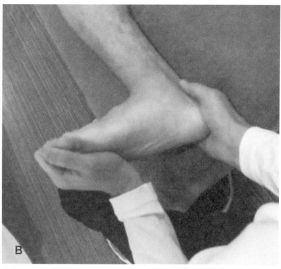

図16-4 足関節可動域の評価
A：踵骨と前足部を持ちながら，距腿関節を底背屈軸に沿って他動的に動かす。B：背屈制限がある場合，距腿関節の背屈運動の後に距骨下関節の外返し運動が生じる。

16．疲労骨折・骨膜炎の治療

図16-5 しゃがみ込みによる背屈制限の有無の評価
背屈制限がある側は下腿が前傾せず，膝が前に出ない。

図16-6 ホップテスト
片脚で真上への連続ジャンプを行う。

図16-7 フォワードジャンプテスト
片脚で前方への連続ジャンプを行う。

片脚スクワット：荷重位置，バランスのとり方，ダイナミックアライメントに着目する。

6）疼痛誘発動作

ホップテスト（図16-6）：連続で真上に片脚ジャンプを行う。その際，疼痛が出れば陽性とする。

フォワードジャンプテスト（図16-7）：できるだけ大きく，前に連続でジャンプする。より脛骨に負荷をかけることができるため，ホップテストで陰性であってもこのテストで陽性になることがある。接地面の硬さによっても異なるので，いくつかの接地面で試すのもよい。

C. 治療法

疲労骨折と骨膜炎の治療では，損傷部位の治癒促進，疼痛などの症状の軽減，ダイナミックアライメントの改善などの再発予防を行う。両者においてリスクが異なるため，治療方針も若干異なってくる。

1．疾走型疲労骨折に対する保存療法

治癒促進と消炎の目的で低出力超音波（low intensity pulsed ultrasound：LIPUS）と微弱電流刺激による治療（マイクロカレント療法）を炎症期より行う。疲労骨折の骨折部位に対するLIPUSは，遷延癒合や偽関節のリスクを軽減することが示されている[12, 13]。マイクロカレント療法は，知覚閾値よりはるかに低い極微弱電流を体内に流し，傷ついた組織の細胞修復を促進させるものである。

これらの物理療法と並行して，疼痛などの症状に対する徒手的アプローチを行う。浅筋膜リリースやリンパドレナージュの徒手療法は，腫脹や浮腫の軽減，炎症物質の除去，局所循環の改善に効果的で，結果的に疼痛などの症状を軽減することが可能である。足部・足関節の運動を痛みのない範囲で行いながら筋膜を滑走させる手技も局所循環の改善に有効である。そして筋力強化や動的アライメント改善のエクササイズを段階的に行い，再発を予防する。

非荷重位でできる患部外のトレーニングは初期から導入する。体幹，股関節，内側広筋，足趾機

第4章 下肢のスポーツ疾患の私の治療法

図 16-8 脛骨外方傾斜を強める骨盤後傾位での接地

能の向上は重要なポイントである。ランニングのアーリーサポートフェーズで骨盤後傾している場合，骨盤の荷重側方向へのシフトにつながりやすい（**図 16-8**）。これは結果的に脛骨の外方傾斜を強めることになり，再発リスクを高める可能性がある。骨盤・脊柱をアップライトに保持し，腹圧を維持できるようなエクササイズを行う。さらにサポートフェーズでの股関節の安定性を高めるために，中殿筋や股関節外旋筋の筋力強化を行う。足部アーチのアライメントを改善するため，足部機能強化エクササイズ（**図 16-9**）を行う。

荷重位でのリハビリテーションは医師の許可が出てから開始する。荷重位でのエクササイズは，非荷重位エクササイズで改善した機能が有効に活かされるように，フォームやアライメントに注意して行うことが重要である。Toe-out 接地（**図 16-10**）は，脛骨への回旋ストレスを強める可能性が高いため，改善する必要がある。Toe-out 接地は，股関節外旋，下腿外旋，距腿関節外転，距骨下関節およびショパール関節の外がえしを伴って生じるため，どの要素が強いかを評価してアライメント調整を進めていく。距骨下関節が外反し，ショパール関節が外転位となっているケースは多くみられ，そのような症例に対しては足部機能強化エクササイズとともに足底板の装着が効果的である。ただし足底板は，足部の変形をある程度改善させた状態で作製するのが望ましい。足部アライメントの調整については，足部機能強化エクササイズを十分行い，必要があれば徒手的な操作を行う。このように局所的なアライメントの問題を改善しつつ，最終的には安全で効率的な体幹・下肢のキネティックチェーンを体得させていく。

2．MTSS に対する保存療法

MTSS は，物理療法などを使って患部の消炎鎮

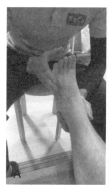 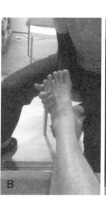   

図 16-9 足部機能強化エクササイズ
A：短腓骨筋の促通，B：長腓骨筋の促通，C：後脛骨筋の促通，D：MP 関節屈曲位での底背屈運動，E：MP 関節伸展位での底背屈運動。

16. 疲労骨折・骨膜炎の治療

痛と治癒促進を第一の目的とする。急性期には，患部周囲の消炎を目的にアイシング，浅筋膜リリース，リンパドレナージを行い，決して強いマッサージは行わない。治癒促進を目的とする物理療法は，マイクロカレント療法，非温熱効果の超音波療法を用いる。

急性期の炎症が軽減したら，ヒラメ筋，足趾屈筋群，後脛骨筋の筋スパズム改善を目的に深筋膜リリース，コンプレッションストレッチ，EMS・ロシアン波などの中周波療法，高電圧療法などを行う。

MTSS の再発予防において重要なのは，後足部回内の軽減，足部アーチによる緩衝作用の改善，下腿三頭筋・足趾屈筋群の筋腱の弾性改善である。後足部回内の軽減，足部アーチによる緩衝作用の改善のために上記の足部機能強化エクササイズを行う。また下腿三頭筋・足趾屈筋群の筋腱の弾性を改善するためにストレッチとストレッチ・ショートニング・サイクルを利用した SSC ストレッチ（図 16-11）を並行して行う。このエクササイズは，適切なアライメントと十分な足部アーチの緩衝能力が形成されてから行うのが望ましい。また接地時の体幹側屈や骨盤帯の回旋，骨盤

図 16-10　Toe-out 接地
Toe-out 接地は脛骨の回旋ストレスを増加させる。

の荷重方向へのシフトなど体幹・骨盤帯の安定性低下が，後足部回内モーメント増加につながっているケースが多い。片脚立位，片脚スクワット，歩行，走行などの基本的な動作を評価のうえ，適切な体幹・骨盤帯強化エクササイズを行う必要がある。足底板は，足部アライメント調整には有効なツールである。足底板は，足部エクササイズ，徒手療法で改善したアライメントを保持し，足部

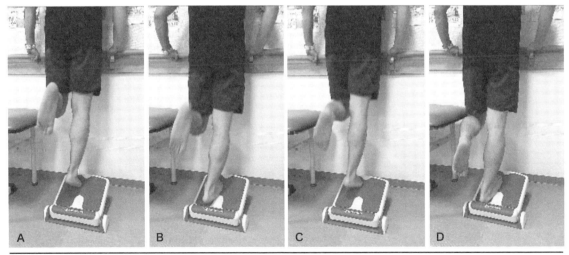

図 16-11　SSC ストレッチ
A～C：反動をつけたカーフレイズを 20 回程度行う。D：20 秒間の下腿後面の静的ストレッチ。

アーチ機能，足趾機能をさらに向上させる効果がある．

このように局所の機能を強化しつつ，軽いジョギングからランニング，ストップ動作，カッティング動作などを段階的に取り入れ，最終的には安全で効率的な体幹・下肢のキネティックチェーンを体得させていく．

D. まとめ

疾走型脛骨遠位疲労骨折とMTSSの発症メカニズムを整理し，治癒促進，対症療法，再発予防の観点からの保存療法について述べた．疾走型脛骨遠位疲労骨折の発症メカニズムは明らかではないが，脛骨に対する回旋・圧縮負荷が関与しているものと思われる．それらの負荷が軽減できるように，ランニングのフットコンタクト時のtoe-out接地の軽減やサポート側方向への骨盤シフトを軽減する必要性を述べた．またMTSSの発症メカニズムは，筋膜の牽引ストレスの関与が大きいとされている．この牽引ストレスは足部の過回内や下腿後面筋の過緊張により増幅されると思われ，それらを軽減するような保存療法について持論を展開した．対症療法や治癒促進のための治療に終わることなく，再発予防のための保存療法まで行って，競技復帰につなげることが大切であると考える．

文 献

1. Borens O, Sen MK, Huang RC, Richmond J, Kloen P, Jupiter JB, Helfet DL: Anterior tension band plating for anterior tibial stress fractures in high-performance female athletes: a report of 4 cases. *J Orthop Trauma*. 2006; 20: 425-30.
2. Daffner RH, Pavlov H: Stress fractures: current concepts. *AJR Am J Roentgenol*. 1992; 159: 245-52.
3. Yates B, White S: The incidence and risk factors in the development of medial tibial stress syndrome among naval recruits. *Am J Sports Med*. 2004; 32: 772-80.
4. Mubarak SJ, Gould RN, Lee YF, Schmidt DA, Hargens AR: The medial tibial stress syndrome. A cause of shin splints. *Am J Sports Med*. 1982; 10: 201-5.
5. 小林昌明, 村上元庸, 堀川 武, 中村 宏：疲労試験の破壊形態からみた脛骨疲労骨折発生メカニズムの考察. 日本臨床バイオメカニクス学会誌. 1998; 19: 377-80.
6. Haris Phuah A, Schache AG, Crossley KM, Wrigley TV, Creaby MW: Sagittal plane bending moments acting on the lower leg during running. *Gait Posture*. 2010; 31: 218-22.
7. Kawamoto R, Ishige Y, Watarai K, Fukashiro S: Primary factors affecting maximum torsional loading of the tibia in running. *Sports Biomech*. 2002; 1: 167-86.
8. Moen MH, Tol JL, Weir A, Steunebrink M, De Winter TC: Medial tibial stress syndrome: a critical review. *Sports Med*. 2009; 39: 523-46.
9. Goodship AE, Lanyon LE, McFie H: Functional adaptation of bone to increased stress. *J Bone Joint Surg Am*. 1979; 61: 539-46
10. Stickley CD, Hetzler RK, Kimura IF, Lozanoff S: Crural fascia and muscle origins related to medial tibial stress syndrome symptom location. *Med Sci Sports Exerc*. 2009; 41: 1991-6.
11. Mammoto T, Hirano A, Tomaru Y, Kono M, Tsukagoshi Y, Onishi S, Mamizuka N: High-resolution axial MR imaging of tibial stress injuries. *Sports Med Arthrosc Rehabil Ther Techno*. 2012; 4: 16.
12. Kristiansen TK, Ryaby JP, McCabe J, Frey JJ, Roe LR: Accelerated healing of distal radial fractures with the use of specific, low-intensity ultrasound. *J Bone Joint Surg Am*. 1997; 79: 961-73.
13. Heckman JD, Ryaby JP, McCabe J, Frey JJ, Kilcoyne RF: Acceleration of tibial fracture-healing by non-invasive, low-intensity pulsed ultrasound. *J Bone Joint Surg Am*. 1994; 76: 26-34.

〈吉村　直心〉

索 引

【あ行】

アーチ面積比率　42
アキレス腱
　——MRI像　44
　——血流　39
　——超音波像　43
アキレス腱炎　39
　——運動療法　46
　——外的因子　41
　——環境因子　41
　——観血療法　46
　——腱実質部　39
　——装具療法　46
　——治療　44
　——発生因子　41
　——発生率　40
　——物理療法　46
　——保存療法　44
　——解剖学的特徴　39
アキレス腱症　128
アジリティトレーニング　11
圧痛誘発テスト　54
圧迫ストッキング　111
圧迫ストレス　129
アライメント　93
　——修正　65
　——不良　41

異所性骨化　31
インソール　83, 100

ウォーミングアップ　11
運動療法
　　アキレス腱炎　46
　——下腿疲労骨折　100
　——膝蓋腱炎　56

エアーブレース　99
疫学, シンスプリント　105
遠位筋腱結合部　19
遠心性収縮運動　44
遠心性制御　16

遠心性トレーニング　11, 123, 126

扇形の骨欠損　64
横骨折　86
オーバーユース　72

【か行】

カーフレイズ　142
外因性力学的要因
　——下腿疲労骨折　94
　——シンスプリント　106
外側広筋リリース　89
外的因子
　——アキレス腱炎　41
　　　膝蓋腱炎　52
　——腸脛靱帯炎　70
解剖
　——膝蓋腱　50
　——腸脛靱帯　67
下後鋸筋　135
下肢キネマティクス　70
荷重エクササイズ　135
荷重下足関節背屈角度　51
荷重中心　41
画像診断
　——鵞足炎　64
　——下腿疲労骨折　97
　——膝蓋腱炎　53
　——膝蓋骨疲労骨折　87
　——シンスプリント　110
　——大腿四頭筋肉ばなれ　19
　——腸脛靱帯炎　71
鵞足炎　61
　——画像診断　64
　——鑑別診断　63
　——注射療法　65
　——物理療法　65
　——保存療法　65
　——臨床症状　63
鵞足滑液包　61
加速期　16
鵞足症候群　61

鵞足付着部　62
鵞足部の圧痛　63
鵞足部の血流　62
鵞足部の神経分布　62
片脚スクワット　142
片脚立位　142
下腿三頭筋のストレッチング
　100
下腿肉ばなれ　22
　——重症度　22
　——筋別発生数　23
　——発生率　22
下腿疲労骨折　91
　——運動療法　100
　——外因性力学的要因　94
　——画像診断　97
　——鑑別診断　98
　——危険因子　92
　——生理学的要因　94
　——装具療法　99
　——治療　99
　——内因性力学的要因　92
　——発生メカニズム　95
　——病態　95
　——物理療法　99
　——予防　99
下腿ブレース　111
滑液包炎　61
合併損傷　6
下方分枝　18
環境因子
　——アキレス腱炎　41
　——膝蓋腱炎　52
観血療法
　——アキレス腱炎　46
　——大腿骨疲労骨折　82
関節可動域　51
鑑別診断
　——鵞足炎　63
　——下腿疲労骨折　98

既往歴, 大腿四頭筋肉ばなれ　15

索　引

気温条件　41
危険因子
　　――下腿疲労骨折　92
　　――膝蓋腱炎　51
　　――シンスプリント　105
　　――大腿骨疲労骨折　78
　　――大腿四頭筋肉ばなれ　15
　　――腸脛靱帯炎　69
　　――疲労骨折　78
キック動作　16
脚長差　93
急性コンパートメント症候群　31
共同腱　6
局所灌流障害　27
虚血性疼痛　27
距骨下関節回内外可動域　42
近位筋腱移行部　9
近位筋腱結合部　19
近位遊離腱　9
筋腱移行部　6, 9, 40
筋挫傷　29
筋実質部　19
　　――損傷　17
筋内腱部損傷　17
筋別発生数，下腿肉ばなれ　23
筋膜の歪み　109
筋力評価　142

クールダウン　11
区画内圧　27

脛骨骨幹部疲労骨折　91, 95
脛骨触診テスト　109
脛骨断面積　92
脛骨内果疲労骨折　97
脛骨疲労骨折　98
脛骨浮腫テスト　109
血管分布　18
血腫　30
牽引ストレス　128
牽引理論　108
腱炎　61
腱間膜　40
腱骨移行部　40
腱実質部のアキレス腱炎　39

好発部位
　　――膝蓋腱炎　52
　　――大腿骨疲労骨折　77

股関節外転筋力　69
股関節可動域　107
股関節機能不全　122
股関節内転角度　70
骨化性筋炎　31, 34
骨欠損　64
骨シンチ　81, 98
骨髄浮腫　81, 110
骨粗鬆症　80
骨頭壊死　81
骨の不整　64
骨盤代償運動　122
骨片摘出術　89
骨膜炎　140
骨膜浮腫　110
骨ミネラル濃度　92
コルチコステロイド注射　72
コンパートメント症候群　26, 31
　　――慢性　26
　　――疼痛発生のメカニズム　26

【さ行】
三次元動作解析　96, 106

膝蓋腱炎　50
　　――MRI　53
　　――運動療法　56
　　――外的因子　52
　　――画像評価　53
　　――環境因子　52
　　――危険因子　51
　　――好発部位　52
　　――質問紙による評価　55
　　――手術療法　57
　　――装具療法　57
　　――注射療法　56
　　――超音波所見　52
　　――治療　56
　　――内的因子　51
　　――バイオメカニクス　53
　　――発生率　50
　　――物理療法　56
　　――保存療法　56
　　――有病率　50
膝蓋腱の解剖　50
膝蓋骨と膝蓋腱のなす角度　53
膝蓋骨疲労骨折　86
　　――画像診断　87
　　――手術成績　89

　　――手術療法　89
　　――治療　88
　　――発生メカニズム　86
　　――発生率　86
　　――保存療法　88
　　――予防　88
　　――臨床評価　87
疾走型疲労骨折　91, 95, 143
質問紙による膝蓋腱炎の評価　55
脂肪浸潤　19
ジャンプ能力　51
舟状骨高率　42
重症度
　　――下腿肉ばなれ　22
　　――大腿四頭筋肉ばなれ　19
　　――ハムストリングス肉ばなれ　8
柔軟性　51
　　――改善　132
手術成績，膝蓋骨疲労骨折　89
手術療法
　　――膝蓋腱炎　57
　　――膝蓋骨疲労骨折　89
　　――シンスプリント　112
　　――大腿四頭筋肉ばなれ　19
　　――腸脛靱帯炎　72
受傷機転
　　――大腿四頭筋肉ばなれ　16
　　――ハムストリングス肉ばなれ　9
症状分類，膝蓋腱炎　55
小殿筋後部　137
上方分枝　18
女性アスリートの三徴　80
シンスプリント　98, 105
　　――MRIによる重症度分類　110
　　――疫学　105
　　――外因性力学的要因　106
　　――画像診断　110
　　――手術療法　112
　　――生理学的要因　107
　　――装具療法　111
　　――治療　110
　　――内因性力学的要因　106
　　――発生メカニズム　108
　　――病態　108
　　――物理療法　112
　　――ホルモン要因　106

索　引

　　――予防　110
　　――臨床評価　109
診断
　　――下腿疲労骨折　97
　　――膝蓋骨疲労骨折　87
　　――シンスプリント　109
　　――大腿骨疲労骨折　81
　　――腸脛靭帯炎　71
心理的特性　95

垂直骨折　87
スクワット　142
スクワットポジション　88
ストライド　122
ストレッチング　11, 72
　　――下腿三頭筋の　100
ストレッチングタイプ　5, 9
スプリント動作　5, 6, 7, 9, 16, 119
スプリント動作での筋腱伸張率　7
スポーツ復帰，大腿骨疲労骨折　83
スポーツ別発生率，腸脛靭帯炎　68

性差　51
　　――大腿骨疲労骨折　79
生体力学的因子，大腿骨疲労骨折　79
静的アライメント　141
静的ストレッチング　10, 11
生理学的要因
　　――下腿疲労骨折　94
　　――シンスプリント　107
生理不順　80
摂食障害　80
剪断力　79

装具療法
　　――アキレス腱炎　46
　　――下腿疲労骨折　99
　　――膝蓋腱炎　57
　　――シンスプリント　111
走動作の位相　130
僧帽筋下部　135
足関節可動域　107, 142
足関節背屈可動域　42
足底圧　106

足部内側縦アーチ　107
組織病理，膝蓋腱炎　52
損傷位置　19
損傷組織　19

【た行】
体外衝撃波療法　34, 44, 56, 99
体幹スタビライゼーショントレーニング　10, 11
大腿骨外側上顆　67
大腿骨疲労骨折　77
　　――発生率　77
　　――圧縮タイプ　80
　　――解剖学的因子　78
　　――観血療法　82
　　――危険因子　78
　　――好発部位　77
　　――伸張タイプ　80
　　――スポーツ復帰　83
　　――性差　79
　　――生体力学的因子　79
　　――治療　82
　　――保存療法　82
　　――メカニズム　80
　　――予防　83
大腿四頭筋　4
　　――遠心性筋力　16
　　――遠心性収縮　56
　　――損傷長　18
　　――損傷範囲　18
大腿四頭筋肉ばなれ
　　――手術療法　19
　　――画像診断　19
　　――既往歴　15
　　――危険因子　15
　　――重症度分類　19
　　――受傷機転　16
　　――発生率　15
　　――保存療法　19
　　――予後予測　18
大腿神経　18
大腿二頭筋　5
　　――筋腱長　121
大殿筋下部　136
大内転筋腱性部　136
打撲　30
段階的ランニングプログラム　111

注射療法
　　――鵞足炎　65
　　――膝蓋腱炎　56
中殿筋後部　137
超音波所見
　　――アキレス腱　43
　　――膝蓋腱　52
超音波療法　32
　　――低強度　56
長距離ランナー　40
腸脛靭帯
　　――解剖　67
　　――厚　71
　　――タイトネス　69
　　――長　67
　　――歪み率　70
腸脛靭帯炎　67
　　――MRI　71
　　――手術療法　72
　　――外的因子　70
　　――画像診断　71
　　――危険因子　69
　　――臨床所見　71
　　――スポーツ別発生率　68
　　――治療　72
　　――内的因子　69
　　――バイオメカニクス　70
　　――発生率　67
　　――保存療法　72
長母趾屈筋腱　132
跳躍型疲労骨折　91
治療
　　――アキレス腱炎　44
　　――下腿疲労骨折　99
　　――膝蓋骨疲労骨折　88
　　――シンスプリント　110
　　――大腿骨疲労骨折　82
　　――腸脛靭帯炎　72
　　――膝蓋腱炎　56

低強度超音波療法　56
低出力レーザー治療　44

疼痛発生のメカニズム，コンパートメント症候群の　26
疼痛誘発テスト　82
疼痛誘発動作　143
動的アライメント　142
トレーニング要因　94

149

索　引

【な行】
内因性力学的要因
　　——下腿疲労骨折　92
　　——シンスプリント　106
内側広筋斜頭　136
内的因子
　　——膝蓋腱炎　51
　　——腸脛靱帯炎　69
肉ばなれ　3
　　——大腿四頭筋　15
　　——下腿　22
　　——重症度分類　19
　　——ハムストリングス　119
　　——保存療法　10
25°傾斜台片脚スクワット　55

捻髪音　43

【は行】
バイオメカニクス
　　——膝蓋腱炎　53
　　——腸脛靱帯炎　70
発生因子，アキレス腱炎　41
発生メカニズム
　　——下腿疲労骨折　95
　　——膝蓋骨疲労骨折　86
　　——シンスプリント　108
発生率
　　——アキレス腱炎　40
　　——下腿肉ばなれ　22
　　——膝蓋骨疲労骨折　86
　　——膝蓋腱炎　50
　　——大腿骨疲労骨折　77
　　——大腿四頭筋肉ばなれ　15
　　——腸脛靱帯炎　67
ハムストリングス　3, 4, 7
ハムストリングス肉ばなれ　119
　　——MRI所見　8
　　——発生率　3
　　——筋別発生率　4
　　——既往歴　15
　　——重症度　8
　　——受傷機転　9
　　——予防　11
　　——予防プログラム　10
パラテノン　43, 47
半腱様筋　5
半膜様筋　5

ヒールレイズ　131
腓骨疲労骨折　91, 95, 97
膝関節内旋角度　70
膝ストラップ　57
膝内側痛　63
微弱電流　44
腓腹筋の組織別伸張率　24
病態
　　——下腿疲労骨折　95
　　——シンスプリント　108
ヒラメ筋の筋腱移行部　132
疲労骨折　140
　　——下腿　91
　　——危険因子　78
　　——脛骨　98
　　——脛骨骨幹部　91, 95
　　——脛骨内果　97
　　——膝蓋骨　86
　　——疾走型　91, 95, 143
　　——大腿骨　77
　　——跳躍型　91
　　——腓骨　91, 95, 97

フォワードジャンプテスト　143
腹横筋　135
物理療法
　　——アキレス腱炎　46
　　——鵞足炎　65
　　——下腿疲労骨折　99
　　——膝蓋腱炎　56
　　——シンスプリント　112
フラットインソール　113
フリーモーメント　93
ブレース，下腿　111
分裂膝蓋骨　87

保存療法
　　——アキレス腱炎　44
　　——鵞足炎　65
　　——膝蓋腱炎　56
　　——膝蓋骨疲労骨折　88
　　——大腿骨疲労骨折　82
　　——大腿四頭筋肉ばなれ　19
　　——腸脛靱帯炎　72
　　——肉ばなれ　10
ホップテスト　143
ホルモン要因，シンスプリント　106

【ま行】
慢性コンパートメント症候群　26

メカニズム，大腿骨疲労骨折　80

毛細血管分布　27
モーメント　79

【や行】
薬物療法
　　——下腿疲労骨折　99
　　——シンスプリント　111

有限要素モデル　96
有病率，膝蓋腱炎　50
床反力　93
床面　52

予後予測，大腿四頭筋肉ばなれ　18
予防
　　——下腿疲労骨折　99
　　——膝蓋骨疲労骨折　88
　　——シンスプリント　110
　　——大腿骨疲労骨折　83
予防プログラム，ハムストリングス肉ばなれ　10

【ら行】
ランナー　63
ランニング　79
　　——シューズ　106
　　——バイオメカニクス　93, 100
　　——再教育　100
　　——障害　68, 105
　　——動作　128, 135

理学所見，ハムストリングス肉ばなれ　8
力学的ストレス　128
リハビリテーション　10
臨床症状，鵞足炎　63
臨床所見，腸脛靱帯炎　71
臨床評価
　　——膝蓋骨疲労骨折　87
　　——シンスプリント　109

【欧文】
active SLR　81

索　引

AOFAS スコア　45
Arc sign　43

biomechanic shoe orthoses (BSO)　113
BMI　107
bull's eye sign　19

center of pressure (COP)　41
contusion　29

direct (straight) head　17

eccentric contraction training (ECT)　44
extracorporeal shock wave therapy (ESWT)　34, 56, 99

FILLA (functional index of the leg and lower limb) スコア　45
Footscan　41
Fulcrum test　82

graded running program (GRP)　11

iliotibial band syndrome (ITBS)　67
indirect (reflected) head　17

low intensity pulse ultra sound (LIPUS)　56
low level laser therapy　44

medial tibial stress syndrome (MTSS)　105
microcurrent　44
MRI　81
　――アキレス腱　44
　――膝蓋腱炎　53
　――腸脛靱帯炎　71
　――シンスプリント　110
　――ハムストリングス肉ばなれ　8

Noble compression test　71

Ober's test　71
open reduction and internal fixation (ORIF)　89

patellar－patellar tendon angle (PPTA)　53

RICE 処置　33

SF－36　45
shin oedema test (SOT)　109
shin palpation test (SPT)　109
shock wave therapy (SWT)　44
single leg decline squat　55

traction theory　108

Victorian Institute of Sport Assessment (VISA-P) Score　45, 55

X 線　81

Sports Physical Therapy Seminar Series⑨
下肢のスポーツ疾患治療の科学的基礎：筋・腱・骨・骨膜　　　　　　　　（検印省略）

2015年3月1日　第1版　第1刷

監修	福 林 　 徹	
	金 岡 恒 治	
	蒲 田 和 芳	
編集	吉 田 昌 弘	
	鈴 川 仁 人	
	小 林 　 匠	
発行者	長 島 宏 之	
発行所	有限会社　ナップ	

〒111-0056　東京都台東区小島1-7-13　NKビル
TEL 03-5820-7522／FAX 03-5820-7523
ホームページ http://www.nap-ltd.co.jp/
印　刷　　シナノ印刷株式会社

© 2015　Printed in Japan　　　　　　　　　　　　　　ISBN978-4-905168-34-8

JCOPY　〈(社) 出版者著作権管理機構　委託出版物〉
本書の無断複写は著作権法上での例外を除き禁じられています．複写される場合は，そのつど事前に，（社）出版者著作権管理機構（電話 03-3513-6969，FAX 03-3513-6979，e-mail: info@jcopy.or.jp）の許諾を得てください．